本书系河北省社会科学基金项目《京津冀生态补偿机制构建研究》（HB16FX029）研究成果。

京津冀生态补偿机制构建研究

吴汶燕 著

中国传媒大学出版社

·北京·

前　言

在京津冀一体化和协同发展的推进进程中,面临环境压力日益加重和经济发展与环境保护间矛盾日益激烈的背景,京津冀三地已形成共识:加强京津冀协同发展,建设良好的生态文明,必须借助法治的建设和保障。因此,在建设良好的生态文明过程中,建立协同发展背景下的京津冀生态补偿机制,并构建确保这一机制有效运转的制度环境、组织安排和生态补偿方式,明确生态补偿机制的基本范畴、补偿责任、补偿原则、补偿方式和标准,是至关重要且迫在眉睫的。

本书在对生态补偿相关概念进行界定的基础上,立足于京津冀地区的发展现状、困境与法律需求,以生态补偿机制的法制化构建为研究视角,探析生态补偿机制的理论和立法基础,深入研究当前生态补偿机制的国际、国内立法实践,从生态补偿运行机制和保障机制两大方面探讨生态补偿机制的构建,并结合京津冀生态补偿机制的建立和法制化实践,对京津冀生态补偿机制的基本范畴、责任主体、补偿方式、补偿范围和标准等相关问题进行深入剖析,对京津冀地区生态补偿机制中的环境与环境法教育、公众参与及环境公益诉讼等问题做出深刻阐述,旨在健全京津冀区域生态补偿的法律体系,建立多维长效的补偿方式,破解当前京津冀协同发展困局,探寻兼顾生态与发展的解决之道。

第一章 京津冀生态补偿机制概述 / 1

第一节 生态补偿 / 1

第二节 生态补偿机制 / 30

第三节 京津冀生态补偿机制 / 35

第二章 京津冀生态补偿机制构建的理论基础 / 43

第一节 生态学基础 / 43

第二节 环境伦理基础 / 49

第三节 法学理论基础 / 53

第三章 京津冀生态补偿机制构建的基本原则 / 64

第一节 生态效益与经济效益协调统一原则 / 64

第二节 利益衡平原则 / 67

第三节 公平合理利用原则 / 70

第四节 政府主导、市场跟进、公众参与原则 / 74

第五节 污染者付费、使用者付费、保护者受益、受益者补偿原则 / 76

第四章　京津冀生态补偿机制构建的立法基础 / 81

第一节　我国生态补偿规范性文件体系分析 / 81

第二节　当前我国区域生态补偿立法分析 / 95

第三节　国外生态补偿立法与实践 / 107

第四节　国外生态补偿立法与实践的经验及启示 / 134

第五章　京津冀生态补偿机制构建之运行机制 / 149

第一节　京津冀生态补偿法律关系主体 / 149

第二节　生态补偿方式 / 160

第三节　生态补偿范围和补偿标准 / 180

第四节　生态补偿程序 / 193

第五节　京津冀区域生态补偿立法的优先领域 / 196

第六章　京津冀生态补偿机制构建之保障机制 / 211

第一节　一般机制 / 211

第二节　环境教育与环境法教育 / 224

第三节　公众参与 / 226

第四节　环境公益诉讼 / 229

结　论 / 233

参考文献 / 235

第一章　京津冀生态补偿机制概述

第一节　生态补偿

一、生态补偿的概念

生态补偿最早是生态学中的一个概念,在生态学范畴里它所强调的是生态系统的自我恢复和补偿,即在受到外界的干扰或破坏的情况下,生态系统通过自身的调节和恢复功能,实现其内部功能的平衡和稳定。但随着环境问题的日益严峻,人们对环境保护和可持续发展的认识日益提升,出现了越来越多的环境保护手段并在实践中发挥了重要作用,其中对生态补偿的界定也在这一过程中得到发展,由自然科学领域向经济学、法学等多领域延伸,而且对"生态补偿"这一术语的概念表述也多种多样,如自然生态补偿、生态生态补偿、生态效益补偿等。

（一）生态学中的生态补偿

生态学理论以生物之间及生物与非生物环境之间相互关系为研究对象,其从生态系统内部自然规律的演替出发,侧重强调自然生态系统的自我恢复和人为修复。[1] 生态学领域的生态补偿着眼于自然生态系统的自我修复和维护,因此也被称为自然生态补偿、自然资源的经济补偿。

生态学中最早出现的生态补偿定义是:"生态补偿就是从利用资源所得到的经济收益中提取一部分资金,以物质或能量的方式归还生态系统,以维持生态系统的物质、能量,输入、输出的动态平衡。"[2] 可以看出,这一定义立足于已经受损的生态系统,通过提取生态系统利用和开发所获取的收益的一部分,以资金的形式转化为生态系统的

---

[1] 坎宁安.美国环境百科全书[M].张坤民,译.6版.长沙:湖南科学技术出版社,2003:186.
[2] 张诚谦.论可更新资源的有偿利用[J].农业现代化研究,1987(5):92.

物质或能量的方式，反作用于受损的生态系统，以促进生态系统恢复其动态平衡。简言之，该定义将生态补偿界定为一种为恢复和维护生态系统平衡而对其实施的人为补偿途径。此后的许多学者也提出了生态补偿的概念，如叶文虎教授将自然生态补偿定义为"自然生态系统为了维持自身结构和系统功能的正常状态，对由于经济社会所造成的生态系统破坏所做的一种缓冲和补偿"，也是强调生态系统的自我修复和动态平衡。目前在生态学视域下关于生态补偿的定义的表述是《环境科学大词典》中对"自然生态补偿"(natural ecological compensation)的界定，即"生物有机体、种群、群落或生态系统受到干扰时，所表现出来的缓和干扰、调节自身状态使生存得以维持的能力，或者可以看作生态负荷的还原能力"[①]。可以看出，该定义既强调了生态系统的自我调节和修复能力，同时也强调了生态系统的整体性和复杂性，更加关注生态系统通过自我恢复或人为修复而实现的生态系统平衡。

通观生态学中生态补偿的释义可见，生态补偿在此主要包含以下几个方面的含义。首先，生态学意义上的生态补偿概念是从生态系统的整体出发，强调生态系统自身所具备的自我还原和修复能力。其次，生态学上所关注的生态补偿的目的着眼于生态系统内部的平衡稳定，而保证和实现这种平衡稳定状态的重要之处就在于，通过生态补偿手段对破坏生态环境的行为进行及时有效的矫正和弥补。由此可见，生态学意义上的生态补偿是对人类生产生活造成的环境污染、生态破坏以及消耗的自然资源直接进行恢复、替换或弥补的活动或过程，其目的是促进生态系统的平衡，体现和维护人与自然的关系。最后，生态学意义上的生态补偿认为，当人类活动的影响和破坏程度超出了生态系统本身所具有的自我净化和调节能力时，应当对人类环境资源开发利用活动进行规制，从而促进人与自然和谐发展。从这一角度来看，生态补偿机制也是一种用以调动人们生态建设积极性的利益驱动机制[②]，该机制下的补偿主体基于其污染和损害生态环境的行为需要支付一定的补偿成本，受偿主体则由于实施了保护和改善生态环境的行为而在一定程度上受益，如是，保护生态环境的行为将得以激励而增加，相应的破坏生态环境的行为将减少，进而有利于从整体上实现生态保护的目的。

(二)经济学中的生态补偿

效率是经济学理论研究的核心价值。经济学中的生态补偿是一种围绕效率进行解决环境外部不经济性问题的制度设计。庇古在解释外部性时指出："经济外部性的存在，是因为当A对B提供某项支付代价的劳动过程中，附带的，亦对其他人提供劳务(并非同样的劳务)或损害，而不能从受益者取得支付，亦不能对受害者施以补偿。"[③]其中，使其他人受益的行为具有外部经济性；对其他人造成损害的行为具有外

---

① 环境科学大辞典编委会.环境科学大辞典[M].北京:中国环境科学出版社,1991:326.
② 曾广权.建立云南省生态补偿机制的研究[M].昆明:云南科技出版社,2006:23.
③ 庇古.福利经济学[M].金镝,译.北京:华夏出版社,2007:142-143.

部不经济性。据此,生态环境具有经济外部性。一部分人实施了生态环境保护和建设行为;一部分人实施了生态环境污染和破坏行为。前者因其行为使他人受益;后者因其行为对他人造成损害。根据外部性理论,生态环境保护和建设者的行为具有外部经济性;而生态环境污染和破坏者的行为具有外部不经济性。然而在现实的经济社会交往中,生态环境保护和建设者不一定会是生态环境利益的享受者;而生态环境污染和破坏者也未必等同于生态环境污染破坏后果的承担者。这种权利与义务主体不一致的情形出现,就导致了生态资源配置的不合理和效率低下,不符合经济社会主体的利益期待和法益平衡。在此,生态补偿成了生态环境领域外部性成本内部化的重要手段。即通过对生态环境的污染和破坏者以及生态产品及服务的享受者征收费用,相应地支付给生态环境的保护和建设者以及生态产品及服务的提供者,将人们对生态环境造成的外部性成本内部化。

生态补偿在经济学上的意义指出了生态环境产品和服务生产上的外部性及消费上的公共性是生态补偿的经济原因,从而希望通过制度设计激励公共产品的足额提供,通过制度创新给予生态投资者合理回报,激励人们从事生态环境保护并使生态资本增值。经济学领域的生态补偿机制大致经历了两个时期。第一个时期是20世纪90年代前期,生态补偿初期主要以生态环境加害方对受损方的损害补偿的形式出现,是通过生态环境污染和破坏者向利益受损方支付费用的方式进行生态补偿,最典型的例子如污染者付费,即通过对生态环境污染者征收税费的方式实现生态补偿。到了20世纪90年代中后期,生态补偿在经济学领域发生了重大转变,生态补偿的内涵随着经济社会发展和生态环境保护和建设的需要有了新的发展。其最突出的表现就是突破了早期由生态环境污染和破坏者向利益受损者支付费用的局限,并关注和扩展到对生态环境保护者和建设者进行补偿,典型例子如退耕还草、退耕还林。这一变化意味着生态补偿从一种作为寻找环境治理资金的经济手段,提升为一种着眼于社会经济发展与生态环境保护、个体发展与集体发展以及不同区域之间平衡发展的重要方式。

经济学中关于生态补偿的定义,国内学者也是见仁见智。有的学者从外部性原理出发,通过对行为主体的成本-效益分析,指出生态补偿是通过对损害(或保护)资源环境的行为进行收费(或补偿),来提高这种行为的成本(或收益),从而激励损害(或保护)行为的主体减少(或增加)因其行为带来的外部不经济性(或外部经济性),进而更好地对资源进行保护。有的学者将生态补偿简要定义为"以保护和可持续利用生态系统服务为目的,以经济手段为主,调节相关利益者关系的制度安排"。中国环境规划院的研究报告(2005)指出,生态补偿应包含四个层面上的含义,即对生态环境本身的补偿、生态生态补偿费、对个人或区域保护生态环境或放弃发展机会的行为补偿、对具有重大生态价值的区域或对象进行保护性投入等。国务院《关于生态补偿机制建设工作的报告》(2013)中指出:"在综合考虑生态保护成本、发展机会成本和生态服务价值的基础上,采取财政转移支付或市场交易等方式,对生态保护者给予合理补偿,是明确界定生态保护者与受益者权利义务、使生态保护经济外部性内部化的公共制度安排。"

综上可见,经济学中的生态补偿,是立足于解决环境问题外部不经济性的一种经济手段,是着眼于将环境问题外部不经济性内部化的一种制度设计。生态补偿一方面通过对环境污染和破坏者的外部不经济行为进行收费,提高其边际成本,减少并遏制行为主体的环境污染和破坏行为;另一方面对环境保护和建设者的外部经济行为进行补偿,增加其边际收益,鼓励行为主体的环境保护和建设行为。据此,经济学视角下的生态补偿机制是以内化外部成本为原则,通过资源的重新配置,对由于生态保护和建设所付出的直接成本和机会成本作出补偿,实现对生态环境资源开发利用和保护建设过程中生产关系和分配关系的制度设计。

(三)法学中的生态补偿

法学论域下的生态补偿,侧重从权责统一、公平正义、功能目的理论等角度展开,通过调整相关法律主体之间的关系,以补偿或受偿的方式赋予生态环境污染和破坏行为或生态环境保护和建设行为以明确的法律属性,通过构建规范化、制度化和体系化的生态补偿机制,实现平衡行为主体利益和维护生态系统稳定的目的。关于法学论域下生态补偿的概念及内涵,学者们提出了不同的观点,在此列举几种具有代表性的观点。

1."狭义—广义说"

此说认为生态补偿包括两方面内容,其一是向在生态环境开发和利用过程中造成生态环境价值减损的行为主体收取费用,其二是向生态环境保护和建设者予以相应的补偿。具体而言,"生态补偿从狭义角度理解就是指对由人类的社会经济活动给生态系统和自然资源造成的破坏及对环境造成的污染的补偿、恢复、综合治理等一系列活动的总称。广义的生态补偿则还应包括对因环境保护丧失发展机会的区域内的居民进行资金、技术、实物上的补偿、政策上的优惠,以及为增进环境保护意识,提高环境保护水平而进行的科研、教育费用的支出"[①]。此说的核心立足于对生态补偿的范围进行区分,将人类活动对生态环境造成的影响及对应的补偿范围划分为三个层次,分别是生态破坏和环境污染的直接补偿、因环境保护和建设而丧失的机会成本的间接补偿,以及为提高环保意识和能力的投入性补偿。这一观点在狭义与广义的定义基础上,提出应根据生态补偿广义上的定义明确生态补偿范围,构建生态补偿机制,实现生态补偿目的。我国《生态补偿条例》草案第二条中也规定,生态补偿是指"国家、各级人民政府以及其他生态受益者给予生态保护建设者因其保护生态的投入或失去可能的发展机会而进行的补偿"。可见这里也采用了广义上生态补偿的概念。

---

① 吕忠梅.超越与保守:可持续发展视野下的环境法创新[M].北京:法律出版社,2003:355.

2."赔偿说"

此说是早期关于生态补偿的观点,基本等同于"狭义—广义说"第一方面的含义,认为生态补偿类似于排污费,是由开发利用环境资源者为其活动所引起的生态价值的减损支付相应的费用。即生态补偿是"为控制生态破坏、遏制资源衰竭而征收的费用,征收范围是现行排污费没有覆盖到的,对生态环境造成直接影响的各种行为"[①]。此说最典型的特征是引入"自然资源有价"的概念,明确了生态补偿是在合法的环境资源开发利用活动中,资源的使用人或受益人基于其开发利用行为应对资源所有者或生态保护者支付相应费用的一种法律制度。此说强调应当加大环境立法中征收补偿费的范围,主要包括对自然环境的直接补偿、对受害方的直接补偿、对生态环境造成潜在危险的补偿以及对因保护环境而受损的补偿。

3."约定说"

此说认为"生态补偿即指国家或社会主体之间进行约定,针对损害环境资源的行为,向环境资源开发利用主体进行收费或向保护环境资源的主体提供利益补偿,并将所征收的费用或补偿性措施的惠益通过约定的某种形式,转达到因开发利用环境资源或保护环境资源而自身利益受到损害的主体,以达到保护环境资源的目的的过程"[②]。"约定说"的核心是主体间的约定,生态补偿的主体是国家或社会,因此生态补偿应被视为一种约定,其内容则包含两个方面:一方面是约定对生态环境污染和破坏者或生态环境产品和服务的享受者收取费用,另一方面是约定对生态环境资源污染和破坏的受损者或生态环境资源保护者及生态环境产品和服务的提供者做出补偿,由此约定构成生态补偿法律关系成立的前提和依据。

4."增益—抑损分类说"

此说认为,"生态补偿是指为实现调节性生态功能的持续供给和社会公平,国家对致使调节性生态功能减损的自然资源特定开发利用者收费以及对调节性生态功能的有意提供者、特别牺牲者的经济和非经济形式的回报和弥补的行政法律行为"[③]。其观点阐述了生态补偿在法律机制构建上的内涵:其一,此说明确了生态补偿的目的,即"为了实现调节性生态功能的持续供给和社会公平";其二,此说指出了生态补偿法律关系的两个方面,即一方面是对致使调节性生态功能减损的自然资源特定开发利用者收费,另一方面则是对调节性生态功能的提供者和特别牺牲者进行补偿。这里对生态补偿法律关系的明确界定构成了此学说的核心,是进一步区分"增益性"和"抑损性"两种不同性质的补偿的依据,也构成了赋予不同性质的法律关系主体以对应的权利义务

[①] 韩德培.环境保护法教程[M].北京:法律出版社,2003:92.
[②] 杜群.生态补偿的法律关系及其发展现状和问题[J].现代法学,2005(3):186.
[③] 李爱年,刘旭芳.生态补偿法律含义再认识[J].环境保护,2006(10A):44-48.

的理论基础和前提;其三,此说提出生态补偿的方式包括经济和非经济形式的补偿;其四,此说将生态补偿界定为一种行政法律行为,是一种针对生态资源供给失衡的多方主体利益衡平机制和补偿机制。

综上可见,环境法学者基于不同的研究角度对生态补偿做出不同的概念界定,这也反映出生态补偿概念本身具有含义上的层次性和内容上的复杂性的特点。但在生态补偿旨在防止对自然资源的不合理利用和生态环境破坏,促进对生态环境的保护、维护和建设,并通过对积极恢复、保护和建设生态环境的行为主体给予相应费用或其他形式的补偿这一点上,已基本达成共识。因此,简言之,生态补偿就是通过法律强制手段,对减损生态者进行收费,对为生态做出贡献和牺牲者给予经济和非经济上的激励,以实现维持和恢复生态系统功能的目的。

(四)国际上的生态补偿

1.国外生态补偿的定义

国外对生态补偿的研究始于20世纪60年代由John Krutila首次提出的"自然资源价值"概念[①]。20世纪70年代,美国生态学会组织了由Gretchen Daily负责的国际环境问题研究组(SCEP,Study of Critical Environmental Problems),针对生态系统服务功能进行综合研究。SCEP于1970年首次提出生态系统服务功能概念,并列举出生态系统对人类的服务功能[②],成为生态学和生态经济学研究的重点,许多学者先后发表文章加以论述。其中具有代表性的成果主要有:1974年,Holdren和Ehrlich提出了"生态系统服务(Ecosystem Services)"概念,指的是人类直接或间接从生态系统中得到的利益,包括有形的产品和无形的服务[③];1977年,Westman第一次提出了"自然服务"(nature services)的概念及其价值评估问题[④];1997年,Daily的著述《生态系统服务——人类社会对自然生态系统的依赖》和Costanza等的文章《世界生态系统服务与自然资本的价值》的发表,标志着国内外关于生态系统服务价值评估的研究广泛展开。Carins等(1997)认为生态系统服务是人类从生态系统获得的直接或间接利益的总和,是对人类生存和生活质量有贡献的产品和功能[⑤]。

目前国际上通用的"生态系统服务"的概念,是Daily等人在1997年提出的,其表述为"Ecosystem services refers to those conditions and processes through which nat-

---

① LOOMIS J B.Assessing wildlife and environmental values in cost benefit analysis:asate of art[J].Journal of environmental management,1986(2):129-134.
② PEARCE D,TURNER K.Economics of natural resources and the environment[M].New York:Harvester Wheat sheaf,1990:45-59.
③ HOLDER J,EHRLICH P R.Human population and global environment[J].American scientist,1974,62:282-297.
④ Westman W.How much are nature's service worth? [J].Science,1977,197:960-964.
⑤ CARINS J.Protecting the delivery of ecosystem service[J].Ecosystem health,1997, 3 (3):185-194.

ural ecosystems, and the species that inhabit them, sustain and fulfill human life",即生态系统服务指的是"自然生态系统及其物种所提供的能够满足和维护人类生活需要的条件和过程"。这一定义包含了三方面的内容:第一,提供生态系统服务的主体是自然生态系统及其物种;第二,生态系统服务的对象是人类,即自然生态系统是为人类生活需要提供支持的;第三,自然生态系统的服务功能具体体现在人类生活所需要的条件和过程上。之后 Daily 又将这一概念进一步扩展,表述为"Ecosystem services refers to a wide range of conditions and processes through natural ecosystem and the species, that are part of them, help sustain and fulfill human life"。这一表述在此前研究的基础上又强调了自然生态系统为人类生活需要提供支持过程中条件的复杂性、状况和过程的广泛性以及生物物种的系统性。关于生态系统服务的内容,Daily 等人指出,满足和维护人类生活需要的条件和过程是多种多样的,主要包括净化空气和水,缓解干旱和洪水,废物分解和解毒,产生、更新土壤和土壤肥力,植被授粉,农业害虫控制,稳定局部气候,缓解气温骤变、风和海浪,支持不同的人类文化传统以及提供美学和文化、娱乐等。

1997 年,Robert Costanza 等人在《自然》杂志上发表《世界生态系统服务与自然资本的价值》一文,首次系统地对全球生态系统服务与自然资本的价值进行研究,测算出全球生态系统服务功能每年的总价值为 16 万亿—54 万亿美元,平均为 33 万亿美元,是 1997 年全球 GNP 的 1.8 倍。[①] 同时 Costanza 等人在对大量分散的研究成果进行梳理总结的基础上,概括形成了生态系统服务功能分类上的 17 类项目(如表 1-1)。实践中,生态系统服务和功能以这 17 类项目为基础,但并不意味着这些生态系统服务和功能之间是完全一一对应的。相反,在许多情况下,一种生态系统服务是两种或多种生态系统功能共同产生的,例如,控制侵蚀和保持沉积物需要土壤、养分形成和循环、气候温度、水文流动调节等多种功能。而在另外一些情况下,一种生态系统服务功能可能会提供两种或多种服务,例如,全球及地区气候调解功能对大气、气候、水调节提供了多种生态系统服务。

1998 年,联合国千年生态系统评估(MA,Millennium Ecosystem Assesment)管理委员会成立,其目的是通过对全球生态系统的综合评估,为 21 世纪有效态系统提供决策。[②] 2005 年 3 月 30 日,联合国《千年生态系统评估报告》正式发布,其中将"生态系统服务功能"定义为"人类从生态系统中所获得的效益",极大地关注了生态系统服务与人类福祉之间的关系、变化的驱动因子、评价的尺度、评价技术与方法。[③] 报告指

---

① ROBERT C. The value of the world's ecosystem services and natural capital[J]. Natual, 1997(387):253-260.
② 千年生态系统评估(简称 MA)是一个国际合作项目,它旨在满足决策者和公众对有关生态系统变化对人类福祉的影响,以及应对这些变化各种可供选择对策的科学信息需求。
③ Millennium Ecosystem Assessment. Ecosystems and human well-being: biodiversity synthesis[R]. Washington:World Resources Institute,2005.

出，生态系统为人类提供各种效益，主要包括供给功能、调节功能、文化功能以及支持功能（具体如图1-1，来源：千年生态系统评估）。

表1-1 生态系统服务功能分类（the classification of ecosystem service）

序号	生态系统服务	生态系统功能	举例
1	大气调节	大气化学成分调节	CO_2-O_2平衡，O_3防紫外线，SO_2水平
2	气候调节	全球温度、降水及其他由生物媒介的全球及地区性气候调节	温室气体调节，影响云形成的DMS产物
3	干扰调节	生态系统对环境波动的容量、衰减和综合反映	风暴防止、洪水控制、干旱恢复等主要由植被控制的环境变化的反应
4	水调节	水文流动调节	为农业（如灌溉）、工业和运输提供用水
5	水供应	水的贮存和保持	向集水区、水库和含水层岩供水
6	控制侵蚀和保持沉积物	生态系统内的土壤保持	防止土壤被风、水侵蚀，把淤泥保存在湖泊和湿地中
7	土壤形成	土壤形成过程	岩石风化和有机质积累
8	养分循环	养分的贮存、内循环和获取	固氮，N、P和其他元素及养分循环
9	废物处理	易流失养分的再获取，过多或外来养分、化合物的去除或降解	废物处理，污染控制，解除毒性
10	传粉	有花植物配子的运动	提供传粉者以便植物种植繁殖
11	生物防治	生物种群的营养动力学控制	关键捕食者控制被食者种群，顶位捕食者使食草动物减少
12	避难所	为常居和迁徙种群提供生境	育雏地、迁徙动物栖息地、当地收获物种栖息地或越冬场所
13	食物生产	总初级生产中可用为食物的部分	通过渔、猎、采集和农耕收获的鱼、鸟兽、作物、坚果、水果等
14	原材料	总初级生产中可用为原材料的部分	木材、燃料和饲料产品
15	基因资源	独一无二的生物材料和产品的来源	医药、材料科学产品，用于农作物抗病和抗虫的基因，家养物种（宠物和植物栽培品种）
16	休闲娱乐	提供休闲旅游活动机会	生态旅游、钓鱼运动及其他户外游乐活动
17	文化	提供非商业性用途的机会	生态系统的美学、艺术、教育、精神及科学价值

上述研究成果表明，生态系统对人类福祉产生着重要和深刻的影响，特别是MA中所指出的"生态系统和生物多样性具有其自身的内在价值"重要论断，要求人类在进

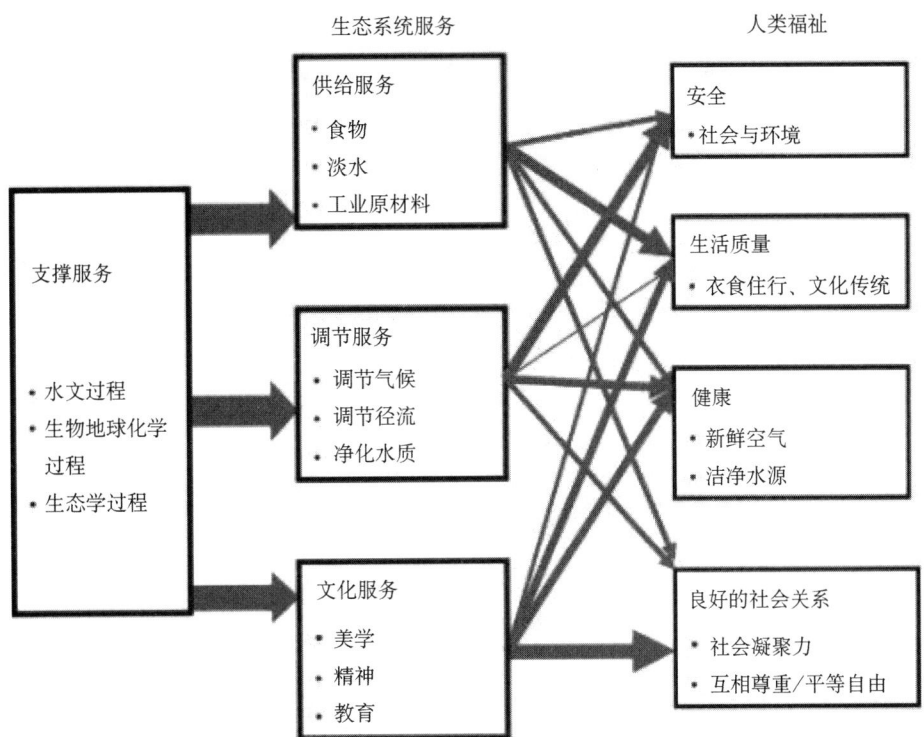

图 1-1　生态系统为人类提供各种效益

行管理决策时,既要考虑人类自身的利益,也要考虑生态系统本身的内在价值。[①] 基于此,生态系统服务这一概念对生态补偿机制的研究发挥了极其重要的推动作用,国际上围绕生态系统服务功能展开了关于生态补偿机制构建要素的探索和创新。对于"生态补偿"的概念,目前国际上尚未形成统一的术语表述,较为普遍采用的是"生态系统服务付费"(PES,Payment for Ecosystem Services;PEB,Payment for Ecosystem Benefit)或"环境服务付费"(PES,Payment for Environmental Services)这一术语来表达生态补偿的含义,是指以生态服务功能的价值量为依据,向自然资源环境保护者和生态建设者支付相应费用,从而鼓励人们保护和建设生态环境的积极性。Noordwijk 和 Sven Wunder 也认为,环境服务付费相比环境保护的强制手段而言,是一种替代管制、基于市场的经济手段,具有"自愿交易、明确界定的生态系统服务、对应的买卖者、付费是有条件的"等特点[②]。

[①] 资料来源:https://www.millenniumassessment.org/zh/reports.html。
[②] 资料来源:Noordwijk M.,Chandler F. and Tomich T.P.,A Introduction to the Conceptual Basis of RUPES. ICRAF working paper.Wunder Sven,Payments for Environmental Services:some nuts and bolts,CIFOR occasional.2005:42。

2.国外生态补偿案例

从国外生态补偿的概念界定来看,生态补偿主要着眼于运用市场机制使生态环境的外部不经济性内部化,因而在实践中出现了许多运用市场机制进行生态补偿的成功案例,在此仅举两个典型案例进行简述。

案例一:法国毕雷矿泉水公司流域生态补偿

20世纪80年代,法国毕雷矿泉水公司以法国东北部 Rhin-Meuse 流域为水源地生产天然矿物质水。然而,当地农民的农业生产活动对环境造成的不利影响导致了该流域面临在一定程度上水质下降的威胁。在这种情况下,毕雷矿泉水公司面临着三种方案的选择:一是重新选择水源地,不再以该流域作为水源地;二是投资建立一个水过滤工厂,以达到水质标准;三是仍然以该流域作为水源地,并采取措施保护和维护该地区的水源地。对于这三种方案,毕雷矿泉水公司经过反复组织论证,最后确定选取了第三种方案,即采取保护和维持该流域水源地水质的做法,通过与当地居民签订相关的生态补偿协议,为居住在流域腹地的人们保持水源水质支付相应的费用。

案例二:哥斯达黎加森林生态补偿

哥斯达黎加通过《森林法》中详备的森林生态补偿制度体系设计和配套建立起的国家森林基金(FONAFIFO)专门机构及其管理活动,开展森林生态补偿。根据法律规定,国家森林基金是负责森林生态补偿的专门机构,私有林地的所有者如果想要加入国家森林生态补偿,就必须以森林生态服务提供者的身份向国家森林基金提出申请。后者依法对上述申请进行受理和审查后,同符合法律规定的私有林地所有者签订生态补偿合同。此后,私有林地所有者应当按照约定,在其所有的土地上履行造林、森林保护、森林管理等业务;国家森林基金则在合同约定的支付期限内按照约定金额支付环境服务费用。EG 公司就是一家位于哥斯达黎加 Sarapiqui 流域、为4万人提供电力的水电公司,流域水源的不足导致公司无法正常生产,为使河流的年径流量增加并减少水库里泥沙沉积,EG 公司按照每公顷土地18美元的标准向国家林业基金提交资金,国家政府资金每公顷再增加30美元,一同支付给私有土地主,要求他们将自己的土地用于植树造林,开展可持续农业生产或保护林地。

通过以上两个案例,我们可以看出,国外生态补偿机制中十分重视发挥市场功能,其前提是认为生态环境具有重要的生态系统服务功能价值,是可以通过市场手段对其外部不经济性内部化的。环境服务付费就是通过环境服务的受益人提供财政资源并将其转移给提供环境服务的人或环境资源受托人,它体现的基本原则是环境服务资源用户和社区应该被补偿其提供服务的费用,而环境服务的受益者应该支付给他们,从而使环境正外部性行为内部化。[1] 对此,我国也有学者表示:"生态系统服务功能是人类生存与现代文明的基础,是其本身价值化的结果。"[2]"价值化过程则反映了生态经济学将生态系统服务功能这一'公共物品'产业化、商品化和货币化,形成自然资本(或生态资本),进而纳入成本-收益核算体系,以此解决人类利用自然和资源的行为对生态系统产生的经济负外部性问题。"[3]

还有一个典型案例是,荷兰在1993年修建高速公路时引入了对生态补偿这一重要因素的考量。[4] 针对由于修建高速公路而使生态服务功能减损的生态系统,通过修复或异地重建生境的方式弥补损失。[5] 通过在实践中长达十几年的研究,荷兰提出了针对补偿依据、补偿范围、补偿方式和补偿标准等问题的意见结论。正如 Cuperas 等将生态补偿定义为"对在发展中对生态功能和质量所造成损害的一种补偿,其目的是为了提高受损地区的环境质量或者用于创建新的具有相似生态功能和环境质量的区域"[6]。又如 Lofo Resources Focus 等人提出,生态补偿是"为了维持生态环境系统服务功能的可持续发展,而由环境服务功能的受益者向提供服务的保护者进行补偿的行为"[7]。

在国际层面,首次涉及生态补偿的是在1992年联合国《里约热内卢环境与发展宣言》中所提出的"经济社会发展与生态保护需要运用经济手段予以调整"。《21世纪议程》中指出:在环境政策制定上,价格、市场和政府财政及经济政策应发挥补充性作用;环境费用应该体现在生产者和消费者的决策上;价格应反映出资源的稀缺性和全部价值,并有助于防止环境恶化。由此,生态补偿在国际层面上开始得到更多国家的认识和实践。

---

[1] MAYR K, PAQUIN M. Payments for environmental services: a survey and assessment of current schemes[R]. Montreal: Unisféra International Centre, 2004:5.
[2] 欧阳志云,王如松.生态系统服务功能、生态价值与可持续发展[J]世界科技研究与发展,2000(10):28.
[3] 杜群.生态保护法论:综合生态管理和生态补偿法律研究[M].北京:高等教育出版社,2012:310.
[4] CUPERUS R, CANTERS K J, PIPERS A A G. Ecological compensation of the impacts of a road: preliminary method for the A 50 road link[J]. Ecological engineering, 1996(7):327-349.
[5] CUPERUS R, CANTERS K J, DE HAES H A, et al. Guidelines for ecological compensation associated with highways[J]. Boilogical conservation,1999(90):41-45.
[6] CUPERAS J B. Assessing wildlife and environmental values in cost benefit analysis: asate of art[J]. Journal of environmental management,1996(2):8-16.
[7] FOCUS L R. Financing environmental services: the Costa Rican experience and its implications[J]. The science of the total environment,1999:157-169.

(五)相关概念辨析

1.补偿与补助

"补偿"的定义是"弥补缺陷,抵消损失"。可见补偿指的是当主体某一方面的利益遭受损失时对其缺失的弥补,补偿的目的是对损失的挽回和抵消,不带有法律后果。

"补助"在《辞源》里的解释是一般的"增益帮助"。《现代汉语词典》中将"补助"定义为"从经济上帮助(多指组织上对个人),如补助费、事务补助"[①]。可以看出,补助着眼于帮助和救助的目的,是基于现状的用货币或物资形式给予利益上的增补,常见情形如组织对个人在年老、疾病或丧失劳动能力及其他特殊情况下所提供的经济上的帮助,带有道义和伦理色彩。政府补助还往往包括为扶持某一特定行业而给予的优惠。但无论是帮助还是优惠性质的补助,都不存在交换的概念,同时往往也没有数量上的固定衡量标准。而"补偿"则不同,由于补偿往往是由受益者对其享有的产品或服务支付给生产者一定额度的费用,因此补偿在数量上通常要以生产者的成本支出为衡量依据,故而在一定程度上也体现出平等交换的意义。

2.补偿与补贴

《辞源》将"补贴"解释为"弥补"。在《现代汉语词典》中,补贴是指"(1)贴补(多指财政上的);(2)贴补的费用"[②]。可见,补贴具有弥补和帮助的双重内涵,与补助相同,补贴更多是被放在道德的范畴里讨论。实践中,以公益为目的是补贴最显著的一个特点,常常体现为政府或公共机构以公益为目的,为促进经济社会某一领域的进步发展而采取的使接受者获益的财政措施和资助行为,如家电下乡补贴、技能提升补贴等。因此,补贴更大程度上体现出经济公平的色彩。

与补偿相比,补贴与其相同之处在于,二者都有"弥补"的含义,也都是一种解决外部性的激励手段。但二者仍存在诸多区别:第一,发生前提不同。补偿是对受损者的损失进行弥补,这就表示受偿主体的既有或潜在利益遭受了损失,使之原本应该得到的利益受到损害,亦即补偿是以发生损失为前提的;而补贴则并不以损失的发生为前提要件,因为补贴具有帮助的含义,许多场合下是针对弱势者进行扶持扶助,并未发生现实的损失或损害。第二,实现形式不同。补贴的形式基本上是财政资助行为,属于经济手段;而补偿的方式和手段是多样化的,不仅包括经济补偿手段,还包括如政策补偿、实物补偿、智力补偿等非经济性补偿手段。第三,发生时间不同。补贴往往出于公益性目的,并且采用经济手段作为其实现形式,因此既可以在受益主体行事之前发放补贴,也可以在事后再向其发放补贴;而补偿以一方对另一方造成既有或潜在利益损失为前提,故一般是受益者在造成利益减损或损害之后对受损者做出的补偿。

---

① 中国社会科学院语言研究所词典编辑室.现代汉语词典(2002年增补本)[M].北京:商务印书馆,1979:86.
② 中国社会科学院语言研究所词典编辑室.现代汉语词典(2002年增补本)[M].北京:商务印书馆,1979:86.

3.补偿与赔偿

在现代汉语中,补偿有两方面的含义:"赔偿;抵消损耗"①。《中文大辞典》将"补偿"解释为"犹赔偿也"②。《元照英美法词典》将"补偿"定义为"对他人的损失给予相当价值的货币,或其他等价物,以使受损方恢复其原有状况"③。赔偿是指"因自己的行为使他人或集体受到损失而给予补偿"④。从上述定义可以看出,补偿的原因是由于某种行为使一方受益而另一方受损,基于公平原则要求受益方支付相应的对价。法律上的"补偿"与"赔偿"并不等同,尽管都涉及一方向另一方支付费用,但与源于合法行为的补偿不同,赔偿往往针对违法行为而对加害方实施的一种惩罚,具有惩罚性。许多国家在其政策法律文件中都规定了生态环境损害赔偿责任,如我国《生态环境损害赔偿制度改革方案》中规定,生态环境损害是指因污染环境、破坏生态造成大气、地表水、地下水、土壤等环境要素和植物、动物、微生物等生物要素的不利改变,及上述要素构成的生态系统功能的退化。方案中明确提出"环境有价、损害担责"的原则,要求"体现环境资源生态功能价值,促使赔偿义务人对受损的生态环境进行修复。生态环境损害无法修复的,实施货币赔偿,用于替代修复。赔偿义务人因同一生态环境损害行为需承担行政责任或刑事责任的,不影响其依法承担生态环境损害赔偿责任"。可见,生态环境损害赔偿责任的确立是在"环境有价"的理念下对损害生态环境价值的行为采取的一项惩罚性措施。生态损害赔偿采用严格责任原则,故以行为的违法性为构成要件,除此之外还包括行为对合法权益的损害,以及行为与损害后果之间存在因果关系等。

补偿与赔偿不同。《牛津法律大辞典》将"补偿(compensation)"解释为"是付给受损害影响的人一笔钱,如因他们的土地被强制征收,或在对土地进行改良之后而不得不放弃租赁权。法律在很多情况下做出了补偿的规定,如对承租人的妨碍,对承租人所做的改良,对强制性征收的补偿……"⑤"补偿、报酬(recompense),按苏格兰法以无赠予意图之人所做的行为获益的人所负担的一种准合同之债,按其受益程度予以补偿行为人。如果仅从他人为自己之目的或利益所支出之中获得附带收益,则不存在补偿问题"⑥。根据《新英汉法学词典》对补偿所做的定义,补偿是指:"(1)弥补;(2)回报;(3)股份额。"⑦同时根据法律规定,补偿必须以合法行为为产生基础,以损失损害为实施前提,以与损失损害同等或相同的物质或其他补偿形式为手段,对于损失损害进行

---

① 汉语大辞典编辑委员会.汉语大辞典(第九卷)[M].上海:汉语大辞典出版社,1995:93.
② 中文大辞典编辑委员会.中文大辞典[M].台北:中国文化研究所,1967:131.
③ 薛波.元照英美法词典[M].北京:法律出版社,2003:268.
④ 中国社会科学院语言研究所词典编辑室.现代汉语词典(2002年增补本)[M].北京:商务印书馆,2003:956.
⑤ 沃克.牛津法律大辞典(1980年翻译版)[M].李双元,译.北京:法律出版社,2003:238.
⑥ 沃克.牛津法律大辞典(1980年翻译版)[M].李双元,译.北京:法律出版社,2003:945.
⑦ 余叔通.新汉英法学词典[M].北京:法律出版社,1998:45.

弥补，不存在违法情形，不承担相应法律后果。因此，补偿最大的特点就是其不以行为上的违法行为作为前提条件，反而是对由于合法行为给他人造成的损失损害进行弥补，或对主观明知使他人获益而为之的行为给予回报。简言之，补偿包括合法行为损失弥补和受益行为给予回报。对应之，生态补偿包括损失补偿和获益补偿，前者是补偿主体基于其合法行为对生态环境和公民利益造成损害而给予的补偿，后者是生态环境保护受益方给予为保护生态环境遭受损失者、做出牺牲者、生态环境保护者或建设者一方的补偿。但无论何种形式的补偿，其前提必须是基于合法行为所造成的。《山东省海洋生态损害赔偿和损失补偿评估办法》中就明确指出，凡违规建设项目用海所造成的生态破坏为损害赔偿，凡合法建设项目用海所造成的生态破坏为损失补偿。[①]这一规范中"违规建设"与"合法建设"明确区分，以及"损害赔偿"与"损失补偿"的表述差异，就充分体现出补偿与赔偿的主要区别。补偿强调补充性，是针对合法行为造成的损失进行弥补，不具有惩罚性；而赔偿带有明显的惩罚性，是对行为人的违法违规行为进行的惩处。是故，赔偿的数额标准也往往会高于相应标的的补偿标准，这就是赔偿之惩罚性的体现。

而且，补偿强调补充性，赔偿带有惩罚性。故补偿的标准往往会比相应标的的赔偿标准低，因为惩罚性就意味着要对行为人的行为做出一定的惩处。生态补偿是针对已经造成的损失进行弥补，并不具有惩罚性。

根据我国《生态补偿条例》草案第二条规定，所谓生态补偿是指国家、各级人民政府以及其他生态受益者给予生态保护建设者因其保护生态的投入或失去可能的发展机会而进行的补偿。由此可见，条例中的生态补偿主要强调的是受益者补偿，即对区域及个人在生态保护过程中的发展权或区域发展机会成本的损失做出的补偿，而不包括开发利用环境资源主体由于其行为对另一主体造成损失损害的补偿。以流域生态补偿为例，依照条例所指，流域的下游主体就应当对上游主体进行生态补偿，这属于条例中所指的生态补偿。然而，反之，如果上游主体在流域水资源的开发利用过程中没有采取有效的保护措施，或是更加严重地进行破坏性开发利用，造成水质污染，影响下游用水质量。那么，这种情况应依据何种方式处理？上游主体是否应当对下游受害居民进行补偿？草案框架稿中并未明确，也有学者提出这应当属于生态损害赔偿的讨论范围。因此，厘清生态补偿与生态损害赔偿的关系是构建生态补偿机制的重要前提。

生态环境损害赔偿的法理依据是："使用自己的财产应不损及他人的财产"。这一格言"适用于个人之间，……也完全适用于国家之间的关系"[②]。无论是国家之间还是国家在其本国境内以及国内各区域主体在其行政区划范围内进行各种合法活动时，都会产生相互影响，这种影响只要没有达到"重大"程度，就被认为是可以容忍的。亦即：

---

① 资料来源：《山东省海洋生态损害赔偿和损失补偿评估办法》附录 B。
② 资料来源：联大 51 届大会 正式记录 第 201 页。

对那些只造成间接或轻微损害或影响的活动通常是可以容忍的。作为一种行为规范，法律应在何种程度上禁止生态环境损害，这就涉及了损害标准的确立。此外，诸如环境破坏所造成的损害影响往往又有一个逐渐累积的过程，所以，就此来看，从环境保护角度考虑，当损害影响可估量时，就应当受到法律的限制。① 也就是说，并不是所有的生态环境损害都一概而论，都必须承担损害赔偿责任。如由于自然灾害，如地震造成的损害，就不属此例。因此，生态环境损害赔偿的探讨必须被限制在一个可以处理的范围内，而限制这些条款之范围的最有效的方法就是规定这些活动须产生实际后果，并产生严重损害。② 于是，生态环境损害具有以下特点：首先，损害必须是人类的行为所致，且其后果是物质的、数量的或是有形的。诸如某一行为造成了对个人的伤害或对财产的损害以及对国家自然资源的破坏等。换言之，损害必须对一些方面有实际破坏作用，如人的健康、工业、财产、环境或农业。这些破坏作用必须能以实际和客观的标准衡量，是一种有形的损害后果。其次，行为的有形后果所造成的损害的"重大"性。民法上的损害是指当事者一方因侵权行为或债务不履行致使他方财产、人身遭受损害而产生的债权债务关系。也就是说，民事责任上的损害一般包括人身损害和财产损害或损失。而生态环境损害不仅包括对人、财产和环境的损害，还包括为遏制或尽量减少跨界损害性影响而采取的防范措施的费用以及这些措施可能造成的任何进一步损害。③ 对于损害之"重大性"的认定标准，可以借鉴国际法律文书和法律意见在对国际法应在什么程度上禁止跨界损害的标准的确立上大都倾向于"严重损害标准"。例如，国际法协会在1966年《赫尔辛基国际水法规则》的注释中明确表示，所谓"损害"，其程度应当是严重的。④ 这一立场在该协会水资源委员会起草的"跨界污染国际法规则草案"中再次得到重申。⑤ 此外，如1988年6月2日通过的《管制南极矿产资源活动公约》、1991年2月25日通过的《关于评估跨界性环境影响的公约》和1990年通过的《关于跨界内陆水域意外污染的行为准则》等一些公约也都使用了"重大""严重"或"显著"。其他法律文书和国内法中也使用了"重大"一词。⑥ 当然，关于"重大"一词的含义，并非没有含糊性，但一般地可以这样理解："重大"的程度超过"察觉"，但不必达到

---

① 周忠海.和平、正义与法[M].北京：中国国际广播出版社，1993(5)：366.
② 资料来源：联大第51届会议补编第10号(A/51/10)《国际法委员会第48届会议工作报告》第208页。
③ 资料来源：《国际法委员会第42届会议工作报告》(中文本)第二条"用语"。
④ 周忠海.和平、正义与法[M].北京：中国国际广播出版社 1993(5)：366.
⑤ 资料来源：《国际法协会第60次会议记录》1982：160-163 和水资源委员会报告：环境保护的法律问题。
⑥ 资料来源："关于环境领域的国家间合作大会"1972年12月15日第2995(XXUII)号《大会正式记录：第27届会议补编第30号》1973：496.执行部分第1和第2段；经济合作与发展组织1974年提出的"关于有关跨界污染的原则的建议"；经济合作与发展组织：《有关跨界污染的不歧视问题：经合组织主要文件》1978：35；《赫尔辛基国际流域水的使用规则》第十条；国际法协会《第52届会议报告》赫尔辛基1966：496；泛美司法委员会于1965年拟订的《关于工业和农业利用国际流域与湖泊的公约草案》(美洲国家组织 Rios Y Lagosinternationaies 第132页)。

"严重"或"显著"的程度。①

相比生态环境损害后果的有形性和重大性特点,生态补偿更加强调对生态系统的影响,包括直接或间接、即刻或滞后的不利影响。"影响"不同于"损害"。故生态补偿不同于生态赔偿,二者存在明显的区别:第一,性质不同。生态补偿是在生态环境资源的开发利用以及生态环境保护和建设中衡平多方主体矛盾冲突的利益协调机制,而生态赔偿是依法对导致生态环境污染或破坏的行为主体追究责任的损害填补机制,是责任追究的一种方式。因此,补偿具有单方允诺性质,赔偿则是承担民事责任。第二,行为依据不同。生态补偿源于对合法行为给他人造成损失而进行弥补或因行为者有目的使他人获益而给予回报,而生态赔偿的产生基于违法行为。第三,法律依据不同。生态补偿常以政策或立法的形式出现,通过借助具有针对性的专门政策或框架立法做出一般性规定,而生态赔偿多以具体的法律规则为依据。第四,资金来源不同。生态补偿的资金来源尽管有政府和市场两种途径,但其主要资金是国家和地方的财政收入,这就意味着这部分资金具有一定的限额并有严格的落实程序,而生态环境赔偿有完善的赔偿机制,可以通过诉讼的途径实现。第五,主体不同。生态补偿的主体广泛而且多元。政府作为公共利益的代言人,在实践中成为生态补偿最主要的主体。同时生态补偿还涉及其他相关受益主体,各主体根据其受益程度承担相应的生态补偿。而生态赔偿的主体在相关的民事或环境法律中有明确的规定,生态损害赔偿由法定责任主体来承担责任。第六,法律和道德评价不同。生态补偿不仅包括对损失的弥补,更加强调激励性,通过生态补偿对那些生态环境保护和建设予以肯定甚至奖励,而生态赔偿强调惩罚性甚至制裁性,通过生态补偿对那些生态环境破坏和损害行为做出惩罚和诫示。但不论是基于对生态环境之良善行为的肯定性评价,还是对生态环境损害行为的否定性评价,生态补偿和生态赔偿从不同的角度体现了对生态环境问题的重视,并通过不同侧面的法律规制来实现生态环境保护目标。

二、生态补偿的类型

除了广义生态补偿和狭义生态补偿的分类,按照不同的标准还可以将生态补偿划分为不同的类型。

(一)依据生态补偿的环境领域不同

按照类别划分,环境资源包括森林、大气、水、湿地、土地、河流、草原、矿产、海洋等,与之相对应,生态补偿也可以按照其补偿对象的资源领域进行划分,如森林生态补偿、流域生态补偿、湿地生态补偿、草原生态补偿、矿产资源生态补偿等。依据环境资

---

① 资料来源:联大第51届会议补编第10号(A/51/10)《国际法委员会第48届会议工作报告》第202页;《关于国际法不加禁止的行为所产生的损害性后果的国际责任条款草案》第一条评注。

源类别开展生态补偿是目前实践中最普遍的一种生态补偿分类方式,几乎涵盖了生态系统的各个生态要素,其核心就是基于生态系统的组成要素所构成的环境资源类别进行生态补偿领域的分类划分。生态补偿这一分类对于生态补偿机制研究而言最重要的原因和意义就在于,明确并强调这些资源除经济价值外,还具有十分重要的生态价值。因对这些资源进行开发利用而对生态环境造成影响,必须对其进行生态补偿。

(二)依据生态补偿的空间不同

根据空间范围进行划分,生态补偿的类型具有层次性和多样性。从大类上划分,可以将生态补偿分为国际生态补偿和国家生态补偿两大类。其中,国际生态补偿和国家生态补偿又分别有着更加细化的分类。

国际生态补偿是指国家之间以及国家对各国管辖或控制范围之外地区的生态资源的补偿,通常用"生态服务付费"或"生态效益付费"来表述,主要包括四个类型:直接公共补偿、限额交易、私人直接补偿和生态产品认证。[1] 具体而言,直接公共补偿就是指由政府从公共财政中拨付费用,为特定或不特定的社会成员购买生态产品或环境服务来提供给社会成员;限额交易是一种运用市场手段的交易模式,其前提是生态系统服务可以通过一定的标准和方式进行分割,以商品形式进行交易;私人直接补偿存在于产权明晰的私人交易范围,由生态系统服务的提供方和受益方通过谈判达成协议后直接交易;生态产品认证则是对那些以不破坏生态环境的方式生产并通过相关认证的商品的生产者所提供的生态系统服务,消费者通过购买这些商品的支付行为进行了生态补偿。[2] 实践中,国际生态补偿主要在发达国家和发展中国家之间进行,其渊源主要体现为国际条约和协定,如国际"碳交换"机制中规定的"以林补碳"的制度。

国家生态补偿可以依据生态补偿所涉及的区划范畴进一步划分为几类,主要包括国内生态补偿、跨省域生态补偿、流域生态补偿和区域生态补偿。

国内生态补偿从空间范围来看,是指在全国范围内实施的生态补偿。其典型实践如国家在东西部地区之间开展的生态补偿、主要水系流域上下游之间开展的生态补偿以及国家重要生态功能区保护的生态补偿等。国内生态补偿从形式上主要通过国家财政转移支付、地方政府之间的协商一致以及市场主体之间进行交易等多种手段来实现。

跨省域生态补偿是指以省级行政区划为单位的省际生态补偿,不包括同一省级行政区内跨市之间的补偿。这是它与区域生态补偿的一大区别。在跨省域生态补偿的法律关系中,生态补偿的具体主体和受体分处于不同的省级行政区域内,此时的生态补偿是生态系统服务接受省份区域对于生态系统服务提供省份区域的补偿。

---

[1] MICHAEL T,BENNETT,LOUGHNEY M,et al.Developing future ecosystem service payment in China:lessons learned from international experience[R].Washington D C:Forest Trends,2006:5-6.
[2] 任勇.中国生态补偿理论与政策框架设计[M].北京:中国环境科学出版社,2008:8-11.

流域生态补偿是水资源作为环境要素补偿范围的一种具体补偿,指的是由流域内生态环境保护成果的受益者支付相应费用,对流域内生态环境保护者进行补偿,实现流域内生态保护外部性的内部化。从狭义的角度说,流域生态补偿是指基于流域生态服务而产生的对流域生态功能或水资源生态价值而进行的补偿,是由生态服务受益者或国家向生态服务提供者支付的,因其提供生态服务而付出的代价给予一定补偿。典型的流域生态补偿如长江、黄河、珠江等主要水系流域,对中上游地区在生态建设中付出的直接成本和丧失的机会成本,采取由国家和下游生态受益地区共同分担的生态补偿方式。

区域生态补偿是指根据行政区划的范围,在省、市、县、乡(镇)不同层面开展的同级行政主体之间的生态补偿,是在生态补偿原则指导下,各区域主体在其经济活动中,由受益地区向受损地区、开发地区向保护地区做出的生态补偿。区域生态补偿在实践中往往通过相关区域行政机关对区域生态环境保护行为给予财政补贴或奖励的方式开展,有利于调动区域生态保护和建设者的积极性,促进区域生态环境资源得以更好的保护。

由此可见,尽管跨省域生态补偿从广义来看也是一种区域生态补偿,是将相邻两省或多个省份视作一个区域所开展的生态补偿,但由于目前区域生态补偿机制的探讨大多建立在同一省级行政区划范围内市、县、乡(镇)的地域层级划分之上,故区域生态补偿并不包括跨省域生态补偿,而跨省域生态补偿也并不包括省内跨市之间的生态补偿。这是因为,在同一省级行政区划内的各地、市既有历史上的传承性,又有地缘和管理上的便利性,更加容易达成生态补偿的制度安排并顺利实施和有效监督。而这些条件在省级区划之间并不具备,甚至在有些地方还形成生态补偿机制形成和实施的障碍。所以从立法角度来看,以跨省域生态补偿和区域生态补偿作为不同类型基础,更加有利于生态补偿机制设计的科学性和可行性。

但有一点不同的是,具有特殊乃至重要战略意义的省际协同发展区域,典型例子如京津冀地区,虽然三者分别代表了三个相互独立的省级行政区划,但京津冀生态补偿绝非北京、天津和河北省"1+1+1"的物理反应,而是三者"你中有我、我中有你"融合共通的化学乃至生物反应,涉及政治、经济、文化、法制的方方面面。因此,京津冀生态补偿属于区域生态补偿,而非跨省域生态补偿。这些区域的生态补偿研究不能简单地等同于普通的跨省域生态补偿,而应当以区域整体生态补偿机制构建的思路,在分析区域整体的环境特点和资源禀赋的基础上,深入研究区域各主体在生态补偿中的地位和作用,探索区域一体化原则和背景下的生态补偿机制。

(三)依据生态补偿的主体不同

根据生态补偿的实施主体,大致可以将生态补偿分为政府主导型生态补偿、市场主导型生态补偿和民间生态补偿三种类型。

政府主导型生态补偿是政府作为生态补偿的实施主体采取直接命令控制式的方式进行的生态补偿。这种生态补偿方式是各国生态补偿实践初期和我国目前生态补偿实践中最为普遍的补偿方式，例如，财政转移支付、政策支持、财税优惠等。政府主导型生态补偿具有明显的利弊。一方面，政府由于其本身承担着生态环境资源管理和生态环境保护建设的职责，可以通过宏观调控手段进行更加高效的配置资源，而市场主体在这方面具有明显的局限性。但是另一方面，政府主导型生态补偿也体现出明显的时滞性和低效率性的弊端。因此在许多国家的生态补偿实践中，除了采取由政府提供补偿资金购买生态效益的直接控制方式，还适当采用了政府间接干预的补偿形式，即政府虽然仍作为生态产品和服务的主要购买者，但政府不是直接购买生态效益，而是引导生态补偿法律关系双方在市场机制的作用下以自愿协商的方式达成协议，实现生态保护和建设者与生态产品或服务购买者之间的生态补偿。

市场主导型生态补偿是指通过市场机制开展生态补偿，如采取碳汇交易、水权交易、排放权交易、环境责任保险和基金、环保产业的契约补偿等模式，使市场主体所蕴含的巨大潜力得以发挥，通过市场运作机制投入生态补偿。产权清晰是市场交易的基础，产权是市场交易的对象。市场主导型生态补偿就是通过建立起生态环境资源产权市场，发挥市场价格机制、竞争机制和激励机制的作用，实现市场主体对生态环境资源的平等交易和有偿使用。这也充分体现出"环境有价"的理念。毋庸置疑，市场在某些方面所具有的能量是政府力量所无法比拟的，以排污权交易为例，市场主体在其生产过程中的污水排放量是有限值的，当企业为了获取更大的经济价值而需要提高污水排放额度时，市场主导的生态补偿为其提供了排污权交易的方式来购买污水排放权，通过增加污水排放额度实现生产增值，因而使生态补偿的资金来源更加充分。较之政府主导型生态补偿，市场主导型生态补偿有利于发挥市场的灵活性和调节作用，提高生态补偿效率，降低生态补偿成本，更有利于进一步探索和拓宽生态补偿的应用范围。

民间补偿是一种介于政府主导型生态补偿和市场主导型生态补偿之间的生态补偿方式。顾名思义，民间补偿就是由民间组织作为主导力量开展的生态补偿。环境保护最早就是一种自下而上的活动，民间环保组织对于生态环境保护和建设乃至环境法的发展都发挥了举足轻重的作用。特别是伴随着近年来非政府组织的不断发展壮大，他们在许多领域都发挥了政府和市场均不可比拟的作用，在很大程度上弥补了政府和市场失灵的缺陷。这是由民间组织的公益性、非营利性特点决定的。但与此同时，民间组织的这些特性也意味着在生态补偿机制的构建和运行过程中，民间组织需要结合政府和市场的作用来充分发挥其功能。因此，民间组织开展和参与生态补偿的主要形式体现为组织生态环境保护教育和宣传活动、寻找生态补偿资金提供方、为公众提起生态补偿仲裁或诉讼提供技术及法律援助、为市场主体提供咨询和中介服务、参与政府补偿政策和标准的制定等。事实证明，民间补偿在提高社会公众对于生态环境保护意识,监督政府和市场在生态补偿中依法履职尽责,以及扩大民间资本对生态环境保护和生态补偿的支持范围和程度等方面发挥着越来越重要的作用。

(四)依据生态补偿的对象不同

按照生态补偿对象的不同,可以将生态补偿分为直接补偿和间接补偿。

直接补偿以生态环境本身为补偿对象,着眼于对生态环境的修复和重建,通过生态补偿使生态系统恢复平衡状态。直接补偿在我国采用范围较广,典型如我国的森林生态效益补偿,根据《森林法》的规定,森林生态效益补偿基金用于提供生态效益的防护林和特种用途林的森林资源、林木的营造、抚育、保护和管理,这是一种以森林资源为补偿对象的直接补偿。又如我国《草原法》第三十九条关于"草原植被恢复费专款专用于恢复草原植被"的规定,也属于直接补偿。

间接补偿是指对人的补偿,具体指的是为保护生态环境做出巨大牺牲或丧失发展机会的生态保护者和为生态环境保护做出突出贡献的生态建设者。实践中所采取的诸如"对口支援""异地开发""山海协作""山地和平原协作""生态移民"和"替代能源"的奖励政策等,都是间接补偿方式。间接补偿有利于提高人们的生态补偿意识,鼓励人们积极开展生态环境保护活动,保障生态补偿机制的有效运行。

(五)依据生态补偿的具体方式不同

从生态补偿的具体方式划分,生态补偿包括资金补偿、实物补偿、政策补偿和智力补偿等补偿方式。

资金补偿是生态补偿实践中最为常见和直接的一种补偿方式,包含多方面的费用补偿;资金的来源主要有政府财政拨款和市场筹集两种途径。实物补偿,就是以生态恢复、生境重建等实物形式开展的生态补偿,如退耕还草、退耕还林等,因而是一种更为直接的补偿方式。政策补偿相对抽象些,是国家通过在政策和制度设计上给予生态补偿工作以支持,如制定优惠政策、实施产业补偿、项目补偿等,受偿者可以利用政策制定的优先或优惠待遇,促进生态补偿的开展。这对于资金缺乏、经济落后的地区更为重要。智力补偿被认为是最典型的"造血式"补偿,指的是从技术手段和人才培养等方面上给予生态补偿以支持,如生态补偿知识普及、技术提升、专门人才培养等。有研究表明,智力补偿更加有利于生态补偿的持续发展。

(六)依据生态补偿的行政条块不同

按照生态补偿在行政管理体制中的条块划分,可以分为纵向补偿和横向补偿。

纵向补偿是指中央财政向地方财政直接拨付专门用于地方开展生态补偿的资金。横向补偿则是指地方与地方之间开展的生态补偿。例如流域生态补偿中,上游地区为保护流域腹地水质付出的成本,由下游地区对其支付相应补偿。我国首例省际横向生态补偿是2011年陕西省为改善渭河上游水质及生态状况,对位于上游的甘肃省天水市和定西市提供600万元的生态补偿资金。这一实践开辟了省际生态补偿的先河,为区域生态补偿的实践与立法提供了重要经验。

三、生态补偿的内涵

《世界自然宪章》明确指出,人类是自然的一部分,生命有赖于自然系统的功能维持不坠,以保证能源和养料的供应。这充分表明了人与自然的关系,体现了环境伦理的要求。生态补偿既要协调人与自然的关系,实现包括最大限度地减少不可更新资源的消耗、保护地球的生命力和多样性,也要协调人与人之间的主体权利义务关系,改善人类生活环境,保护人类健康,实现人类社会的可持续发展。

(一)生态补偿由生态系统及其服务功能决定

1.生态系统的含义

界定生态补偿的内涵,首先要明确生态系统的概念。《辞海》中对"生态系统"的定义是:"生态系统,是生物群落及其物理环境相互作用的自然系统。"例如,森林、草原、苔原、湖泊、河流、海洋、农田。生态系统包含四个基本组成成分,即无机环境、生产者(绿色植物)、消费者(草食动物和肉食动物)、分解者(腐生微生物)。生物之间存在食物链(或食物网)的相互联系。太阳能由绿色植物光合作用转换为生物能,并借食物链(或食物网)流向动物和微生物;水和营养物质(碳、氧、氢、磷等)通过食物链(或食物网)不断地合成和分解,在环境与生物之间反复地进行着生物地球化学循环。以生物为核心的能量流动和物质循环,是生态系统最基本的功能和特征。生态系统内的生物种类组成、种群数量、种群分布同具体的地理环境的联系构成各自的结构特征。结构与功能的统一制约着自然生态系统的生产力、生物产量,以及对环境冲击的自我调节控制。对生态系统的研究关系到合理开发与利用生物资源,以及对自然环境的保持与保护[1]。

"生态"不同于"环境"。"生态"的定义是从大自然的角度出发,在强调自然的生存权的基础上突出自然生态本身的价值。"环境"的概念离不开人的因素,指的是人类赖以生存和活动的空间环境,它包括自然因素和社会因素。自然因素指陆地、土壤、水域、大气、动物、植物、矿藏、文化和自然遗产等;社会因素指的是诸如为保护环境而采取的政策、方针、贸易措施等,以及与各国社会、经济条件有关的利用、保护和改善环境的行为[2]。关于环境概念的外延,迄今并未达成共识。科勒普费尔曾认为,环境包括了"人类的自然生存基础,即地表、空气、水、生态圈的相互关系及其与人类的关系"。不过,现在科勒普费尔则采用"创造了人类的环境"概念。该概念包括了不同的因素,

---

[1] 辞海[M].6版.上海:上海辞书出版社,2011:3967.
[2] 林灿铃,吴汶燕.国际环境法[M].北京:科学出版社,2018:7.

即环境媒介、环境客体、具体的空间(如海洋环境与太空环境保护)、相互关系(因果关系),以上因素共同构成生态系统,再加上与人类的关系,甚至包括个人的权利。总之,作为法学视野下调整对象的环境概念比自然环境概念的外延要大。但环境法的许多调整对象(例如对植物与动物的保护)则是直接针对自然环境的。① 我国的《环境保护法》规定其所保护的环境是指"影响人类生存和发展的各种天然的和经过人工改造的自然因素总体,包括大气、水、海洋、土地、矿藏、森林、草原、野生动物、自然古迹、人文遗迹、自然保护区、风景名胜区、城市和乡村等"(第二条)。但就生态补偿来看,虽然《环境保护法》中规定的自然因素属于生态系统的组成部分,但是当前立法中关于这些生态系统组成因素的补偿规则并不明确,因此有必要在生态补偿机制构建中针对各自然因素领域开展整体性研究以及分类研究。

2.生态系统服务价值

生态系统是一定空间中的生物群落与其环境组成的系统,其中各成员凭借能源和物质循环形成一个有组织的功能复合体。生态系统是包括植物、动物和微生物的生物圈的基本单元。② 在这个系统内,它们三者时刻不断地进行着物质循环和能力交换,它们相互制约、相互协调,使整个自然界保持着一定程度的稳定。也就是说,系统中生产者(绿色植物)、消费者(动物者)和分解者(微生物)之间,或物质和能量的输入和输出之间,存在着相对平衡,这就是我们所说的生态平衡。

以生态系统为基本组成的生物圈多种多样的特性——生物多样性(Biological Diversity)是指地球上各种各样的生命及其多种自然形式。《生物多样性公约》将"生物多样性"定义为:所有来源的活的生物体中的变异性,这些来源指陆地、海洋和其他水生生态系统及其所构成的生态综合体;这包括物种内、物种之间和生态系统的多样性。③

生物多样性构成人类维持生计的基础,使生命在这个行星上变得可能。生物多样性为农业提供了遗传资源。小麦、水稻、玉米提供了全人类主要淀粉来源;大豆、花生是主要的脂肪来源。没有生物多样性,我们便不能在这个行星上生存;就算勉强生存下来,我们也不会喜欢这个灰暗的、无生气的、光秃秃的世界。没有生物多样性,我们无法感受到树林带来的绿意、海洋带来的蔚蓝,也不会有我们呼吸的空气、吃的食物和饮用的水。

人类的健康和幸福也直接依赖于生物多样性。在化学制药没有发明前,我们的祖先就是用天然动植物成分来充当药物的。至今,生物制药的主要成分依然是各种动植物,全球来自遗传资源的药物市场价值估计为每年 750 亿—1,500 亿美元。而且,人

---

① 魏智通.国际法[M].吴越,毛晓飞,译.北京:法律出版社 2002(9):559-560.
② 张世义.保护人类之友:动物[M].北京:中国环境科学出版社,2001:19-20.
③ 林灿铃,吴汶燕.国际环境法[M].北京:科学出版社,2018:209.

类的卫生保健主要依赖传统药物,而传统药物直接来自自然资源。光合作用、生物固氮作用是地球上发生的规模最大的两个化学反应,更难的是,这些反应是在常温、常压下发生的,没有任何环境污染的最完美的化学反应,这两个反应为人类提供了食物、水、氧气和优美的生态环境,这是无法用化学合成产品取代的。生物多样性还为保持能量合理流动、改良土壤、净化环境、涵养水源、调节气候等众多方面提供了物质基础。

除了经济价值和生态价值外,生物多样性还具有重大的社会价值,如艺术价值、美学价值、文化价值、科学价值、旅游价值等。[①]

可见,生态系统服务价值对人类社会的支持体现在两方面,一是通过向人们提供生态产品,如粮食、饮水、肉蛋奶等,这些产品具有非公共物品属性,可以通过市场交易;另一方面则是通过生态系统服务来实现。根据联合国《千年生态系统评估》报告,生态系统可以给人类提供各种服务功能,包括调节服务功能(如气候调节、控制降雨)、栖息服务功能(如避难所、保育服务)、供给服务功能(如食物、原材料)及信息服务功能(如美学、旅游生态服务)等。简言之,生态系统服务主要是指自然生态系统及其组成物种得以维持和满足人类生命的环境条件的总和。可以看出,不同于生态产品,生态系统服务功能为人类社会提供的支持具有公共物品属性,不能进行市场交易,从而构成生态补偿的基础。[②] 同时也深刻阐明,作为生态系统构成要素的自然资源本身是具有自身价值的,而且为人类提供着具有生态价值的多样性的服务功能,因而从生态系统服务价值出发,对自然资源及生态系统服务补偿应成为生态补偿的一项重要内涵。

(二)生态补偿是生态文明建设的题中之义

1.生态文明的内涵

生态文明是人类在其历史发展过程中形成的人与自然、人与社会环境和谐统一、可持续发展的文化成果的总和,是人与自然交流融通的样态。它不仅说明人类应该用更为文明的方式来对待大自然,而且在文化价值观、生产方式、生活方式、社会结构上都体现出一种人与自然关系的崭新视角。生态文明的崛起已成为人类进入工业化后期的一种新的发展道路。从广义而言,生态文明是人类社会继原始文明、农业文明、工业文明后的新型文明形态。它以人与自然协调发展作为行为准则,建立健康有序的生态机制,实现经济、社会、自然环境的可持续发展。这种文明形态表现在物质、精神、政治等各个领域,体现人类取得的物质、精神、制度成果的总和。从狭义角度来看,生态文明是与物质文明、政治文明和精神文明相并列的现代文明形式之一,着重强调人类在处理与自然关系时所达到的文明程度。它的产生基于人类对于长期以来主导人类

---

① 林灿铃.国际环境法理论与实践[M].北京:知识产权出版社,2007:110.
② JENKINS M,SCHERR S,MBAR M. Markets for biodiversity services: potential[J].Roles and challenges,environment,2004(6):32-42.

社会的物质文明的反思,自然资料的有限性决定了人类物质财富的有限性,人类必须从追求物质财富的单一性中解脱出来,才能实现人的全面发展。生态文明观的核心就是从"人统治自然"过渡到"人与自然协调发展",是以人与自然、人与人、人与社会和谐共生、良性循环、动态平衡、全面发展、持续繁荣为根本宗旨的文化伦理形态,也是"天人合一"思想在生态文明观中的体现。

生态文明理念的提出,不仅在发展思维上需要进行全面的反思,而且也要落实到整个经济发展运行的具体方面,依照新的理念进行全面的调整。在政治制度方面,环境问题进入政治体制、法律体系,成为政治生活、社会生活的中心议题之一;在物质形态方面,创造了新的物质形式,改造传统的物质生产领域,形成新的产业体系,如循环经济、绿色产业;在精神领域,创造生态文化形式,包括环境教育、环境科技、环境伦理、环境保护意识等。生态补偿是我国建设生态文明的一项重要的环境经济政策,在生态补偿机制的设计过程中,必须按照生态文明的要求,处理好生态环境保护和经济发展之间的关系,将生态文明作为贯穿生态补偿机制设计的切入点。

2.生态文明建设的要义

人类自身作为建设生态文明的主体,必须将生态文明的内容和要求内在地体现在人类的思想意识、生活方式、行为方式和法律制度中,并以此作为衡量人类文明程度的一个基本标尺,以实现人与自然和谐相处的制度安排和政策法规,并确立环境保护和生态平衡的思想观念和精神追求。建设生态文明,应从客观实际出发选择协调推进绿色工业化和生态现代化相结合的综合生态现代化道路,形成节约能源资源和保护生态环境的产业结构、增长方式、消费模式以及改善生态环境质量的要求。[①] 生态补偿机制是协调社会经济发展与资源环境保护,促进人与自然和谐共生的有效手段,在生态文明建设中发挥着重要作用。

(1)生态补偿有利于优化国土空间布局

为进一步统筹地区发展,优化我国国土空间布局,国务院于2010年颁布了《全国主体功能区规划》,将我国国土空间划分为四类主体功能区,即优化开发区域、重点开发区域、限制开发区域和禁止开发区域。这四类功能区的划分依据是区域的环境资源承载力、以往开发程度以及未来开发潜力。其分类目的是为进行区域范围内的大规模、高强度的工业化和城镇化开发提供判断标准。据此,限制开发区域内仅允许适度开发和必要建设,而限制进行大规模、高强度的工业化和城镇化开发,限制开发区域分为农产品主产区和重点生态功能区,其功能是提供农产品、生态产品和服务产品及工业品。禁止开发区域是指依法设立的各级各类自然文化资源保护区域,以及其他禁止

---

① 林灿铃.荆斋论法[M].北京:学苑出版社,2011:394.

进行工业化城镇化开发、需要特殊保护的重点生态功能区。① 规划同时指出："限制开发和禁止开发区域主体功能定位的形成,要通过健全法律法规和规划体系来约束不符合主体功能定位的开发行为,通过建立补偿机制引导地方人民政府和市场主体自觉推进主体功能建设。"②

根据规划要求,保护和修复生态环境、增强生态产品生产能力,是禁止开发区域和限制开发区中重点生态功能区的首要任务。从空间布局来看,我国大部分重点生态功能区在西部地区,其整体经济本就相对落后,重点生态功能区的定位要求当地经济发展必须坚持绿色工业化和生态现代化的可持续发展道路,这必将会对区域自然资源开发利用权益和地区经济发展模式造成一定程度的限制和影响。在这种情况下,通过生态补偿给予区域主体由于生态保护而丧失的发展权益,可以实现资源的重新配置,协调利益冲突和矛盾,使限制开发区域和禁止开发区域中重点生态功能区切实发挥生态环境保护与生态产品生产的主体功能。实践中的退耕还林工程、三江源生态保护和建设工程等项目,通过生态补偿的财政转移支付手段将资金从东部地区转移到因为生态保护而贫困的西部地区,有助于促进地区平衡发展。由此,生态补偿机制为实施和落实《全国主体功能区规划》提供了重要的机制保障。

《全国主体功能区规划》颁布后,国家财政政策陆续发布完善。2011年财政部发布了《国家重点生态功能区转移支付办法》,规定"中央财政在均衡性转移支付项下设立国家重点生态功能区转移支付"。2012年财政部进一步修订完善并发布了《2012年中央对地方国家重点生态功能区转移支付办法》,强调按照《全国主体功能区规划》中的限制开发的重点生态功能区和禁止开发区域以及其他重要生态功能区来实施财政转移支付。政府财政转移支付是我国生态补偿实践中的一种主要方式,《办法》为全国主体功能区实现功能定位进而优化国土空间布局提供了重要保障。

(2)生态补偿有利于促进资源节约

传统的经济发展把经济增长即人均国民生产总值的增长作为经济发展的首要甚至是唯一的目标。这种发展是非科学的,是一种没有增长的发展。它以资源可以无限制供应的假设为基础,倾向于经济增长和经济利润,几乎不考虑经济增长所付出的对环境资源和生态系统造成的破坏性影响的环境成本。③ 其经济核算体系容易给人们造成"资源无价、环境无限、消费无虑"的错误思想。以这种思想为指导,在实践上必然会走一条"高投入、高消耗、高污染"的粗放式发展的道路,最终会给经济发展和环境保护带来灾难性的后果。

环境和资源税是生态补偿的一种主要方式,这一制度运用经济调节作用平衡人类

---

① 资料来源:《全国主体功能区规划》第二章第二节。
② 资料来源:《全国主体功能区规划》第二章第三节。
③ 裴广川.环境伦理学[M].北京:高等教育出版社,2002(6):191.

生产生活过程中经济系统与生态系统的良性运转。因为一般而言，对消费物品征税会导致在一定程度上消费者对消费物品需求的减少，而相应的对原材料产品征税会使生产者最大限度地减少对原材料的消耗，或是通过提高资源利用效率以节约资源、降低成本。在此，生态补偿将资源的使用纳入经济核算中，通过税收的调控作用充分体现出资源价值对其稀缺性的反应，提高资源环境的使用效率，促进资源的合理开采和有效利用与配置，促使人类在进行生产活动时充分注意生态再生产的重要性。

(3)生态补偿有利于促进生态恢复

我国在生态补偿实践初期多以生态补偿项目的形式开展，从项目取得的成效来看，生态补偿在促进生态恢复和保护方面作用显著。以森林生态补偿实施效果为例，根据国家林业局第五次森林资源清查，1998年，中国森林面积为1.589亿公顷，森林覆盖率为16.55%，森林蓄积112.67亿立方米。1999年开始，国家相继启动了退耕还林、天然林保护、退牧还草、京津风沙源治理等生态补偿项目，使森林覆盖率显著提高。据第八次全国森林资源清查结果显示，截至2013年，中国森林面积为2.077亿公顷，森林覆盖率为21.63%，森林蓄积151.37亿立方米。[①] 仅就京津风沙源治理项目来看，项目于2002年开始启动一期工程，是一个以减少京津周边地区风沙危害和荒漠化程度，以保持水土和改善生态环境为目的的生态补偿项目。截至2017年年底，北京山区林木绿化率增长了22%，森林覆盖率增加了17%，这其中京津风沙源治理工程的贡献率达到90%以上。草原生态环境在生态补偿项目推进下也呈现出局部转好的成效。以2003年正式启动的内蒙古退牧还草工程为例，根据监测数据显示，2013年，工程区植被盖度高于非工程区11.95个百分点，亩均干草产量高于非工程区45.5个百分点。通过工程区与非工程区草原生态比较可以看出，在工程建设的带动和促进下，草原生态环境显著改善，已接近80年代中期最好水平，全区草原保护建设工作进入了一个全新的发展阶段。以鄂尔多斯为例，通过十年的工程建设，植被覆盖率由过去的不到20%提高到现在的47.31%。同2000年相比，草原三化面积减少了886万亩，草原面积新增了953万亩。[②]

(4)生态补偿有利于推进生态文明建设

生态文明建设涉及对人与人之间如何相互作用以及人与自然之间如何相互作用进行约束。健全法制的发展对这种约束将是实质性的，它会约束市场如何运作，并确保维持这些约束条件，以使市场为由包括人类在内的所有物种组成的生态系统的共同福祉和经济社会可持续发展提供保障。[③] 秩序是法的重要价值，生态文明观为法律的

---

① 资料来源：中国林业网 http://www.forestry.gov.cn/。
② 数据来源：内蒙古自治区发展和改革委员会官网 http://www.nmgfgw.gov.cn/xxgk/zxzx/qqfgwdt/201406/t20140627_76834.html。
③ 林灿铃.荆斋论法[M].北京：学苑出版社，2011：396.

创建提供了一种关于秩序的背景观念,据此设计的生态补偿机制是涉及诸多行政部门以及组织和个人的综合性机制,旨在调整生态环境开发利用和保护建设过程中生态环境保护者和受益者、破坏者与受损者之间利益关系。通过生态补偿体现生态环境资源的价值,维护生态环境利益。新修订的《中华人民共和国环境法》第一条规定了其立法目的是为保护和改善环境,防治污染和其他公害,保障公众健康,推进生态文明建设,促进经济社会可持续发展。第三十一条规定了国家建立、健全生态保护补偿制度。国家加大对生态保护地区的财政转移支付力度。有关地方人民政府应当落实生态保护补偿资金,确保其用于生态保护补偿。国家指导受益地区和生态保护地区人民政府通过协商或者按照市场规则进行生态保护补偿。因此,树立正确法律观念指导下的生态文明观,并通过法律形式建立和完善生态补偿机制,恰当地发挥法律的社会功能,对于指导我国的生态文明建设意义重大。

(三)生态补偿的实质是尊重自然的生存权

1.环境伦理

生态补偿以生态系统及其生态服务价值为基础,亦即生态系统本身在具有"对于人类的重要性并为人类服务"之特性的同时还具有其内在价值,因此生态系统不仅仅是由于它对于人类的重要性和为人类服务而受到保护。1982年的《世界自然宪章》在前言中指出:每种生命形式都是独特的,无论对人类的价值如何,都应得到尊重,为了承认其他有机体的内在价值,人类必须受行为道德准则的约束。1992年的《生物多样性公约》也承认:"缔约国清楚地知道生物多样性的内在价值。"[①]越来越多的国际法律文件承认了生态系统的内在价值。这些都表达了正所谓"不唯独是人类,生物的物种、生态系、景观等,与人类一样也具有生存的权利,人类不可随意地加以否定。"这就是"自然的生存权"。

保护生物圈乃是人类的共同利益。环境伦理关注的对象虽然是其他生物的生存和生态系统的完整,它强调的也是人对其他生物和生态系统完整的态度和责任,但从根本上说,它所关注的实际上是人类持久生存下去的生态要求,或者说是人类持久生存所必需的且存在于生态系统中的"公共利益"。人类之所以应当将道德关怀扩展到其他生物和整个生态系统,根本在于人类生存有这种生态学意义上的客观要求。人类尊重其他生物的存在,维护生态系统的完整,实际上就是尊重自身的存在,关注自身存在的利益、幸福和命运。总之,环境伦理原则的确立,应以生态科学揭示的人类自然生态系统中的"公共利益"作为其现实基础和客观依据,我们只有承认了生态规律的真理性和不可抗拒性,才能发现生态系统的稳定平衡对人类生存利益的价值性,进而做出人类应当保护自然生态的道德选择。因此,人类整体的长远的生存利益才是人类保护

---

① 资料来源:《生物多样性公约》序言。

自然道德行为的最终根据。我们应按照有利于人类在自然界持久生存下去且更好地生活的要求来确立人对自然的实践行为的评价标准系统,为人类改造、利用、占有自然确定正当的范围、合理的途径方式并承担起优化自然生态系统或环境的道德义务。

与经济学视域下外部性的存在构成生态补偿的理论基础及其决定的整个社会经济效益最大化为其根本目的不同,法学视域下的生态补偿正是从权利与义务、公平与正义的角度出发,以"自然的生存权"为基础,目的在于解决因生态系统功能损益而引起的人与自然以及人与人之间的补偿。这其中既体现了人与自然的关系,也体现了人与人之间的关系。

2.环境权

环境权理论自20世纪70年代初首次被提出后便得到了学界的关注,此后环境权在国内、国际法律中的地位得以确立。作为一项基本人权,环境权是每个人生而就有的权利,是不能剥夺的,是当代人乃至未来后代人享有的在良好环境中生存和生活,接受阳光的普照、呼吸清洁空气、饮用清洁的水、观赏怡人的风景以及平等、合理地利用环境资源的权利。国际上对环境权的普遍确立出现在20世纪80年代以后通过的大多数国际人权文件中。1981年《非洲人权宪章》中规定了"有利于人发展的、令人满意的环境"是"所有人的权利"。1988年《美洲人权公约》之经济、社会和文化权利议定书第十一条题为"对健康环境的权利",规定:1.每个人应有权在健康的环境中生活,有权享受基本的公共服务;2.缔约国应促进环境的保护、保全和改善。1989年《联合国儿童权利公约》要求缔约国采取措施保障儿童的健康权,其中包括提供有营养的食品和清洁的饮用水。1991年《美国与加拿大关于空气质量的协定》增加了公众参与的机会。1998年6月25日,联合国欧洲经济理事会主持起草的《公众在环境领域获得信息、参与决策和诉诸司法的公约》在奥胡斯通过,这被视为是目前将环境权具体化的最完善的条约。[1] 环境权的实现也体现在程序制定方面,这就意味着保障权利必须创设有效的程序并使之良好运转,使这些程序构成一种保护而不是专断。因此,可以认为,环境权不应被解释为抽象定义的对理想环境的权利,而应解释为使现有环境受到保护、使之不被破坏以及在某种情况下使环境得到改善的权利。[2]

如何将环境权的内容通过完备的立法确立下来,是各国切实承担国家环境义务的前提。在全球范围内,目前约有105个国家在其宪法中明确将环境保护作为国家义务或目标,有更多数量的国家在宪法中明确了公民享有良好环境的权利,其中,阿根廷、巴西、哥伦比亚、保加利亚、韩国、葡萄牙等41个国家的宪法都是在确认了环境权的前提下,明确规定环境保护的国家环境义务或目标。我国新修订的《环境保护法》中虽然

---

[1] 基斯.国际环境法[M].张若思,译.北京:法律出版社,2000:14-27.
[2] 基斯.国际环境法[M].张若思,译.北京:法律出版社,2000:20.

仍未明确体现公民的环境权,但值得肯定的是,新《环境保护法》中确立了信息获取和一定程度上公众监督的权利,同时限定性地赋予特定主体诉诸司法的权利。根据该法五十三条的规定,一切公民、法人和其他组织都依法享有获取环境信息、参与和监督环境保护的权利。第五十八条则规定了满足特定条件的社会组织是对污染环境、破坏生态,损害社会公共利益的行为提起诉讼的适格当事人。

  从更深层次来看,对环境权的保障还凸显了"世代交替的伦理",即当代人对将来的世代之生存负有不可推卸的责任。代际公平的概念是塔尔伯特·佩基(T.R.Page)最早提出的,按照他的解释,代际公平的问题可以简单而又广义地叙述如下:假定当前决策的后果将影响好几代人的利益,那么,应该如何在有关的各代人之间就上述后果进行公平的分配。[①] 代际公平是从时间特性和人类认识能动性出发提出的一种现世人类应有的道德责任感和对未来人类利益的道德义务感。[②] 因此,我们必须在全社会范围内确立起既符合伦理的客观规律要求又区别于道德的自我约束的具有强制力的规范,那就是法律。生态环境的整体性、生态服务的公共性以及生态破坏的不可逆性、持久性、潜在性等特征决定了环境保护中的环境权益必然与其他合法权益产生冲突,这种冲突不仅体现在代内不同主体和区域之间,也会出现在代与代之间。因而在涉及生态环境保护问题时,应该将代际公平作为可行性方案的一项约束条件,对传给下一代的生态系统及其服务功能质量加以保护,为下一代提供继续发展的机会。

  真正的自由必须伴之以重任:建立完善的法律制度并培养强烈的责任感。当代的环境立法必须建立在尊重自然生存权和人类共有环境权的环境伦理基础上,摈弃狭隘的"人类中心主义"观,正确规范和调整人与自然的关系。在立法目标的确立上,应当全面准确地把握当今全球生态环境保护的理念,并使之成为指导环境立法的深层次精神原则,把人与自然的公平纳入法律目的和价值中。生态补偿立法不仅关乎人类生存生活环境质量的保障,更加着眼于保持、保护和改善生态环境及自然资源本身的可持续能力,充分体现出可持续发展的环境伦理观,那就是,人类应当在与自然和谐的方式的统一中追求健康而富有生产成果的生活权利;当代人在创造与追求与后代人的发展机会相等。

[①] 资料来源:Intergenerational Equity and the Social Rate of Discount. Environmental resources and applied welfare economics: essays in honor of John V. Krutllla.Resources for the future,1988。
[②] 林灿铃.实现可持续发展促进人与自然的和谐[J].当代广西,2007(15):53-54.

第二节 生态补偿机制

一、生态补偿机制的概念

(一)机制的概念

"机制"一词的原意是指机器的构造及其运行过程,也借指事物的内在工作方式。在现代汉语中,"机制"指的是"有机体的构造、功能和相互关系",泛指一个工作系统的组织或部分之间相互作用的过程和方式。例如,在自然科学研究视角下,机制是指生命体的构造、功能及相互关系,以及生物机体之间发生的物理、化学、生物反应和变化的过程和方式。在社会科学研究领域,机制则是指一个工作系统内部要素之间的构成关系、相互联系和相互作用,以及各系统要素相互影响和作用的过程和方式。同时机制也包含着在系统要素的规律内在运行下系统整体功能的发挥机理,如市场机制、竞争机制、激励机制等。但不论在哪个领域使用机制的概念,它都具有两方面的共同含义,一是从构成来看,机制包含多要素构成,而且构成机制的这些要素之间存在相互依存和相互作用的有机联系;另一方面体现在机制是一个不断调整的动态运行过程。一言以概之,机制就是一个由多要素有机联系而构建形成的系统及系统各要素之间不断相互影响和相互作用的运行过程。

机制有别于制度。制度是指对社会和事物的规范体系,一般可分为两个层次:根本制度和具体制度。根本制度属于宏观层次,是指人类社会在一定历史条件下形成的经济、政治、文化等方面的规则和程序体系,如社会制度、经济制度、政治制度、社会基本制度等。具体制度属微观层次,是指某个单位,或某项重复进行的活动,要求成员共同遵守的办事规程或行动准则,如财务制度、工作制度等。制度的功能主要在于对其内部成员的激励和约束,其功能是通过制度的制定、安排和实施来实现的。具体而言,激励作用主要体现为通过制度制定为制度内部成员提供一种在制度安排外部不可获得的利益,通过制度安排使制度内部成员形成合理预期,通过制度实施为制度内部成员提供持续激励。约束作用则主要体现在通过制度安排和实施防止来自制度外部成员的侵害,协调制度内部成员之间的利益冲突,同时防止制度内部成员"搭便车"行为的发生,促进制度内部的稳定和制度外部的合作与效率。

机制则是将经过实践检验有效的方式方法进行一定的加工,使之系统化、理论化,以有效地指导实践例。机制本身含有制度的因素,并且要求所有相关人员遵守;制度是机制内部构成要素的组成部分,属于规则的范畴。因此可以将机制简单地理解为制度加方法或是制度化了的方法。但机制的内涵更加强调在正视事物各个部分的存在的前提下,协调各个部分之间关系以更好地发挥作用的具体运行方式。对于任何一个系统而言,机制起着基础性和决定性的作用。当一个社会系统以良好的机制作为基础,那么当处于理想状态之时,这个系统可以接近于一个自适应系统。这就意味着,即使在系统的外部条件发生不确定变化的情况下,系统本身也能够迅速通过调整原定运行要素的方式自动做出反应,保证系统目标的实现。

(二)生态补偿机制的概念

我们所说的生态补偿着眼于对生态系统破坏的弥补及对生态功能的修复和建设,具体体现在对人的补偿和对生态系统自身的补偿两大方面,但在具体内容上范围甚广,如针对环境外部成本内部化的补偿、对重点生态保护区丧失的机会成本的补偿、对具有重大生态价值区域的保护性投入、对绿色循环经济和生态现代化等经济活动的政策补偿等。可见,生态补偿涉及诸多要素及其相互之间的关系,这就要求通过建立一系列的制度,并通过制度安排和实施来调整人与自然、人与人之间在社会经济活动中的相互关系,以及协调和促进人、自然、社会各主体和要素之间的激励和约束作用。换言之,生态补偿的目的需要通过构建生态补偿机制并使之有效运作来实现。

生态补偿机制是指以保护和改善生态环境、恢复和维持生态系统功能为目的,根据生态系统服务价值、生态保护建设成本和发展机会成本,综合运用政府和市场等多种手段,调整生态环境保护中相关主体利益关系的一系列制度安排。因此生态补偿机制着重研究的是在承认生态补偿各构成要素的存在及相互联系的基础上,各要素之间的相互关系和相互作用,以及在这些关系中各要素为实现生态补偿目的而相互联系和动态调整的途径和方式,其内容十分丰富,宏观层面如理论基础和基本原则的确立,微观层面包括生态补偿法律关系主体、补偿方式、补偿范围和标准、补偿程序等运行机制,以及财政、监管、协调、评价、环境教育、法治宣传、公众参与等保障机制。

从性质上来看,生态补偿机制是环节生态保护与破坏者之间,生态产品和服务的提供者与享受者之间冲突和矛盾的利益协调机制和促进生态保护与建设的利益驱动机制。一方面,生态补偿机制通过一系列的制度安排对生态环境污染破坏者以及生态环境受益者和生态产品和服务的享受者进行收费,从而使上述主体对其行为成本具有明确预见,对其形成约束,使其减少对生态环境造成不利影响的个体行为,进而减少和遏制生态负面影响。另一方面,生态补偿机制通过制度安排和实施,对生态环境保护和建设者,以及生态产品和服务的提供者进行制度化的补偿,使这些主体可以对其行为后果有明确的合理预期,从而对其产生激励,提高行为主体保护和建设生态环境的积极性,促使生态环境保护行为的长期化和持续化,实现生态补偿的最终目的,达到生态与经济的可持续发展。

(三)生态补偿机制的概念框架

生态补偿机制是一种为实现生态环境保护目标和维持生态系统健康状态的有效

保护机制。以森林生态补偿为例,生态补偿机制的基本逻辑如下:对于森林生态系统的管理者和开发利用者而言,他们将森林转化为牧场所获得的收益,是要远远高于从森林生态系统保护本身所获取的收益的。但是对于下游主体而言,情况恰恰相反。倘若森林转为牧场,由此带来的森林碳汇的损失和森林生物多样性的损失,将会引发下游水域环境的严重损害,这不仅增加了下游主体的用水成本,还将使下游主体从水环境生态系统中获取的收益减少。此时,通过建立生态补偿机制,由下游主体向森林生态系统保护和建设者支付费用,可以有效地解决上述矛盾。这是因为,上述生态补偿费用加上原本的森林生态系统保护和建设收益之和,是可以与森林转为牧场的获益相匹敌的。同时,下游主体虽然支付了生态补偿费用,但比起因森林转为牧场而遭受的更大的损失,他们是愿意采纳生态补偿方案的。由此可见,生态系统服务的使用者和保护者都可以通过生态补偿机制实现双赢。

关于生态补偿机制的一般框架,国际林业研究中心(Sven Wunder,2005)曾在玻利维亚的实际工作中制定了5个简单准则,具体包括:1.生态补偿是一种自愿的交易;2.明确定义生态系统服务;3.最少有一个生态系统服务的提供者;4.最少有一个生态系统服务的购买者;5.当且仅当生态系统服务的提供者能够保证生态系统服务的供给(条件性)。由此可以得出以下四项分析推论:第一,生态补偿是一种有别于传统的命令控制型方式的自愿且可协商的框架,这意味着生态系统服务的提供者拥有土地利用选择权。但事实上的情况往往并非如此,很多生态系统服务的提供者并不具有土地利用选择权。第二,生态系统服务应当是一种在市场上买卖的可以直接测量的服务。然而事实上,很多生态补偿项目设计都缺乏严谨的科学量化,隐含着科学不确定性。第三,生态补偿需要至少有一个买者和一个卖者。但实际中生态补偿会通过中间人产生交易,因此生态补偿买卖双方的确定也是生态补偿机制设计中无法回避的关键问题,尤其是卖方的确定对于实现生态补偿目的而言至关重要。第四,生态系统服务使用者付费是有条件的,也就是只有生态系统服务的供给者保证生态系统服务供应的条件下,使用者才会付费。因而使用者需要对生态系统服务提供者的履约情况进行监测。

从当前的生态补偿机制构建及运行来看,许多国家的生态补偿项目很少能够同时满足上述五项条件,实践中真正的问题是生态补偿机制的实际设计,解决这一问题取决于生态补偿项目实施中的三个关键问题:一是明晰生态系统服务数量;二是向生态系统服务使用者收取费用;三是向生态系统服务提供者付费。当然不可否认的是,上述条件为诊测生态补偿机制的设计情况提供了很好的判断依据。

二、生态补偿机制的法律内涵

法学视域下的生态补偿就是通过法律强制手段,对减损生态者进行收费,对为生态做出牺牲和贡献者给予经济和非经济上的激励,以实现维持和恢复生态功能的目的。因而在法律层面,生态补偿机制的构建作为一个整体,应涵盖所有生态补偿涉及的范围,生态补偿机制的法治化研究有助于实现人与自然及人与人的和谐共生。

(一)生态补偿机制是保护公共利益的法律机制

美国著名法学家罗斯科·庞德的"法律目的论"将"利益"定义为"人们,个别地或通过集团、联合或关系,企求满足的一种要求、愿望或期待,因而利益也就是通过政治组织社会的武力对人类关系进行调整和对人们的行为加以安排时所必须考虑的东西"[①]。进而,他将利益划分为个人利益、公共利益和社会利益三类,其中,个人利益是指"直接包含在个人生活中并以这种生活的名义出现的各种要求、需要或愿望",如物质利益、人格利益等;社会利益是指"个人利益在一定程度上的聚合",如安全利益、卫生利益等;公共利益则指"以作为有组织的合法实体的名义所主张的利益",尤其是国家作为法人的利益。据此,庞德将公共利益称为"全人类利益",并指出"自然资源是有限的,应从法治的高度保护自然资源",强调"个人利益和国家利益的实现都要和全人类利益协调起来"[②]。习总书记也提出并强调"良好生态环境是最公平的公共产品,是最普惠的民生福祉",生态保护是最大的公共物品和服务,生态补偿机制所维护的正是公共利益,是生态环境保护这一全人类共同利益。

法律是利益保护的主要方式,对利益的确定、实现和保障是法律制度的核心。公共利益的主体是全体社会成员。生态环境具有典型的公共性,这体现在当个体从公共产品中获益时,往往不需要承担额外代价,这就容易导致人们在面对生态环境这样的共同利益并做出选择时,会牺牲公共利益以换取个人利益。"法律的一个重要目的就是平衡利益,法律在调整利益的过程中,既确认、界定、分配各种利益,又对冲突的利益关系进行协调"。所以生态补偿需要通过法律的形式,实现对公共利益的确认、界定和保护,规范对在生态补偿过程中涉及的各方利益的协调。

(二)生态补偿机制是实现实质公平的法律机制

社会基本结构中的公平包含实质公平与形式公平两个层面,前者是指社会各种资源、利益及负担之分配上的公平,后者指的是社会利益冲突之解决上的公平。[③] 生态效益是人们付出必要劳动时间进行劳动生产而产生的,是人们劳动成果积累的生态价值,是人类劳动汇聚于生态环境中产生的效益。生态环境保护者和建设者通过其行为创造了良好的生态效益,为保护生态环境做出牺牲者和放弃发展者的行为使生态效益得以提升,这些主体付出或损失的利益应当得到补偿。与之相反,生态环境破坏行为使生态效益遭受损失,其行为主体就应当为此做出补偿。生态补偿机制正是运用法律

[①] POUND R.Jurisprudence[M].St. Paul,Minnesota:West Publishing Company,1959:16.
[②] 庞德.法理学:第三卷[M].廖德宇,译.北京:法律出版社,2006:257.
[③] 张文显.法理学[M].北京:高等教育出版社,2001:255.

强制手段,通过对减损生态效益者进行收费,对增进生态效益者给予奖励,来调整各主体在生态环境活动中的利益关系和促进实现各利益主体的分配公平,亦即实现在环境利益分配中的实质公平。

(三)生态补偿机制是保障权利平等的法律机制

生存权、发展权都是人类的基本人权,环境权也是每个人都享有的重要权利。生态环境保护关乎全人类公益和世代人们的生存发展,这就决定了对人们平等的生存权、发展权和环境权的保障必须依靠良好的机制构建并使之以法律形式固化,通过法律关系的调整促进利益分配的公平和平等权利的实现。在规范调整中既要禁止为满足一方利益而牺牲大多数人的共有利益的行为,又要平衡和保障为维护大多数人的共有利益而做出牺牲的主体利益。以京津冀为例,为了最大限度地确保北京和天津的用水水质,作为京津地区水源地的河北省张家口市,全面禁止建设任何有可能污染当地水源的工程和项目。这无疑会在一定程度上阻碍张家口地区的经济发展。法律面前人人平等,既体现在违法行为的责任承担上,也体现在合法权益的分配和协调中。生态补偿机制通过对生态补偿法律关系的确认,进而对利益的协调,在解决京津冀区际生态环境治理问题的同时,有效维护了因环境利益保护而遭受经济损失的地区的利益,成为保障人们权利平等的重要法律机制。

(四)生态补偿机制是协调多方利益的法律机制

在地球资源日益减少而人口日益增加且环境质量日益恶化的时代,各利益主体在开发利用有限的自然资源和空间的过程中矛盾和冲突频频升级。在此背景下的生态补偿机制,是以人与自然和谐共生为理念指导,对多方利益主体之间的冲突和不同诉求进行动态协调的运行方式和过程,其协调主要体现在对生存利益和发展利益的协调,以及对生态利益和经济利益的协调。这是因为,生态环境的特性决定了在环境问题上,我们必须深刻认识大气山川的污染并不以人为划界为限,特别是区域环境问题,事实上就做不到"各扫门前雪",一方的环境破坏或污染必然祸及相邻的另一方。这就要求生态环境的保护需要不同地区之间进行广泛密切的合作,通过合作采取共同的保护措施,实现生态环境保护的目的。但是,由于各地区环境资源禀赋的差异,长期以来区域之间围绕资源获取和惠益分享存在着戒备和博弈,这使得各地区在区域生态环境保护合作方面难以达成共识。尽管在一些特殊而又急迫的环境问题上能够达成一定时期内的合作方案,但在执行上往往流于形式,无法达到预期效果。归根到底,是各主体对其利益的享有和放弃没有形成合理预期,继而难以协调和达成一致。生态补偿机制明确了对生态环境保护者和生态建设者所遭受损失做出补偿,使环境保护者和生态建设者对自己的行为有了积极的合理预期,通过制度化的措施加以落实和保障,打消了在生态环境保护中做出贡献和牺牲者的种种顾虑和戒备,调节了利益牺牲者和利益享有者之间的冲突和矛盾,减少了不同利益主体之间的各种不良博弈,有利于促进地区公平,促进各地区主题行动的协调统一,保证区域环境保护合作的切实遵守和有效实施。

综上所述,生态补偿机制立足于维持和恢复生态系统功能,通过法律规范和制度设计实现对相关法律关系主体的利益协调,以及对生态环境的生态价值补偿,达到人与自然及人与人之间的和谐共生。故此,生态补偿机制既是促进生态环境保护的利益驱动机制和激励协调机制,更是保护公共利益、实现实质公平、保障权利平等、协调多方利益的法律机制。

第三节 京津冀生态补偿机制

一、区域生态环境问题及其特点

区域生态环境问题是指区域不同的行政地区在开发利用生态环境资源的过程中,由于生态环境的整体性和地区环境资源的有限性以及各地区环境利益的不平衡性所产生的各种矛盾。区域生态环境问题具有如下特点:

(一)区域生态环境问题具有不对称性

区域生态环境问题具有明显的不对称性,主要表现在:第一,污染制造者与污染受益者之间的不对称。在区域生态环境问题中,污染制造者往往并不是污染的受害者,如造成水污染的企业因处一个河流的上游,它们并不会因为向河流排放超标的工业废水而受到伤害,受到伤害的是下游的人们和企业。而那些受到伤害的人们和企业,并不是因为自身的过错而受害,而是因为其他人的过错而受到伤害。第二,利益和成本不对称。生态环境保护的投入者往往不是最大的受益者,受益者往往不是投入者。基于生态环境系统的整体性,区域之间的环境问题具有跨界性特征。一个地区的环境效益往往会影响到相邻地区,这种影响可能是正效益,也可能是负效益。前者是指一个地区的环境利益转移到相邻地区,如区域内上游地区投入资金和技术净化水质的行为,会使下游地区的水质和生态状况得到保证和改善,从而给下游地区带来环境正效益。后者是指一个地区的环境问题转嫁到相邻地区,如区域上游地区大量排放污水污染流域环境,下游地区就会失去清洁的水源。第三,当前利益与长远利益的不对称。生态环境建设是一种持续的投入过程,从开始投入生态效益的发挥,中间有一个"时滞"。有的时候,为了保护生态环境还要牺牲一定的眼前利益。同时,各地区,特别是贫困地区又都面临着摆脱贫困、缩小与发达地区差距的任务,加上各地领导干部任期的限制,如何处理当前利益与长远利益之间的矛盾就成了生态环境建设过程中无法回避的一个矛盾。

(二)区域生态环境问题具有复杂性和多样性

区域生态环境问题的多样性主要表现在：区域环境问题不仅表现为上游地区的企业超标排放废水给下游地区的居民生活、水产养殖和企业所造成的危害，而且还包括地处上风口地区企业超标排放的废气给下风口地区的人们身心健康所造成的损害、酸雨给下风口地区的农业生产所造成的损害；不仅包括目前所造成的损害，而且还包括潜在的后续影响。地区生态环境问题的复杂性主要表现在：第一，确定加害主体的行为与损害后果之间的因果关系具有一定的复杂性。例如，地下水污染导致某村患癌症的病人和死亡者增加。尽管上游造纸企业乱排污水是原因之一，但是，确定这些乱排污水的企业应当承担的责任、应当给予村民多少补偿，却存在着相当程度的复杂性。按照我国目前有关的民事法律规定"谁主张谁举证"的原则，村民是很难举出造纸厂污水是造成村民患癌症病人增加和死亡人数增加的唯一原因或直接原因的证据的。因为一个人患癌症是多种因素的结果。第二，在一些区域生态环境问题中，确定和分清责任具有一定的复杂性。例如，土壤沙化导致的沙尘暴频发。土壤沙化是有一个过程的，现在的结果是过去的一系列错误的政策和措施造成的，同时，沙尘的飘移又与风力、风向有密切关系，对人们身体健康造成的损害也难以进行精确定量分析。第三，导致生态环境恶化的原因本身具有相当大的复杂性。例如，关于目前全球气候变暖问题，仍有许多科学家对温室气体排放增加之外的其他原因进行争论和论证。

(三)区域生态环境问题解决过程中协调难度较大

区域生态环境问题带给各地区的影响波及面广，涉及不同地区之间的利益纷争，导致地区之间的摩擦纠纷乃至冲突和对抗不断出现。区域生态环境问题的解决必然涉及区域各主体之间的利益协调。在以经济建设为中心的改革发展时期，任何一个地区都不会主动放弃自己的发展机遇，都希望本地区发展得快些、好些。而生态环境建设本身则需要一些地区牺牲一些发展机遇。例如在上下游地区之间，上游地区需要牺牲其自身的一部分发展来为下游地区提供清洁的水源。但是，上游地区的这种牺牲需要下游受益地区给予一定的补偿。可是，一些下游地区则认为，生态环境变好了，上游地区本身也是受益者，为什么一定要给予其补偿？如果不能协调上下游之间的利益分配，就会形成上游地区不顾下游地区的破坏生态环境的行为不断发生。

解决区域生态环境问题一是要协调发达地区和贫困落后地区之间的矛盾和冲突。从地理分布来看，我国发达地区一般分布在江河下游和沿海地区，落后贫困地区则多分布在江河源头地区和内陆地区。从生态环境资源禀赋来看，贫困落后地区的自然环境较之发达地区更为丰富，但生态环境状况较差。发达地区既希望能够从贫困落后地区的生态环境保护和建设中获取更大的环境正外部性，又不愿意向贫困落后地区提供援助和补偿。而贫困落后地区为了改变地区的贫困状况,就不得不出于经济发展需要的考虑而在一定程度上牺牲环境利益,使环境问题的负外部性日益增强。于是,发达地区和贫困落后地区之间的区域环境问题日益凸显,区域间摩擦与冲突频频升级。

区域生态环境问题也出现在发达地区之间,主要体现在:第一,各地区在区域竞争中都不愿因生态环境建设而减缓发展速度,丧失竞争优势。第二,在区域合作中,各地区都不愿为保护生态环境率先做出让步和牺牲,这便使区域环境合作陷入困境。第三,在区域冲突中,各地区对生态环境问题的查处和惩治都难免存在局限性,很少从对方和区域全局的角度形成解决方案。这些问题归根到底是缺乏区域之间的生态补偿机制。

(四)不同区域的生态环境问题都具有一定的特殊性

区域生态环境问题十分复杂,总体来看分为生态破坏、环境污染和资源短缺三大类型。但在现实中,不同区域的生态环境问题由于受到自然条件和人为因素的影响,具有不同的特点和表现。例如,有的区域生态问题突出,有的区域资源短缺严重。因此对于具体区域的生态环境问题,在解决问题的办法上应当有所不同。即使是属于同一类型的问题,比如水污染问题,也要具体问题具体分析,根据具体情况采取不同解决办法。区域生态环境问题的核心归根结底就是区域间的利益补偿问题。生态环境是公共物品,其区域性公共服务的特点决定了区域生态补偿的必要性和重要性。

二、构建京津冀生态补偿机制的必要性

从现实情况来看,京津冀区域生态效益的外部性甚至比经济效应更加直接和明显。任何一地的生态正外部性或负外部性,都会给相邻地区造成即时和广泛的影响。因此,京津冀生态保护的实现必须依靠地方政府之间的联合供给。为了共同的生态利益而放弃部分本区域内经济利益的区域应该得到相应的补偿,即经济发达的生态受益地区对欠发达的生态保护地区提供的生态服务付费,维护区域间利益分配的公平性,正是京津冀生态补偿机制构建的重要意义之所在。

从京津冀区域分布来看,生态保护区与贫困地区、生态保护受益区与发达地区高度重合。以河北省环北京山区为例,不仅是北京的天然生态工程,也是京津的地表水源地,还是传统的鲜活商品供应基地。但这一地区长期处于闭塞落后状态,农业生产手段相对落后,生态环境脆弱,水土流失严重,中度以上侵蚀面积占比较高。加之经济基础薄弱,工业起步较晚且污染严重,正处于环境进一步遭受破坏的恶性循环之中。因此,要想真正改变环境资源的低效率配置局面,提升环境保护效果,就需要对区域间生态保护机制进行拓展和创新,实行付费补偿,形成京津冀地区经济社会协调发展局面。一方面,肯定生态环境保护和建设者的牺牲和贡献,并对其牺牲贡献进行补偿,变生态环境的无条件保护为有偿保护,激励生态环境保护行为主体更加积极有效地保护

生态环境。另一方面,要求生态受益地区为自己所获得的良好生态产品和服务支付费用,变生态产品和服务的无偿受益为有偿受益。在京津冀区域间,由于生态建设主体和生态受益主体都比较容易确定,构建良好的京津冀区域生态补偿机制,能够平衡各地区之间的差距,促进各地区之间的和谐发展,最终实现区域的可持续发展。从生态环境角度来看,对生态环境保护和建设地区在生态改善和环境治理过程中的牺牲和贡献进行生态补偿,将有利于维持和鼓励生态环境保护和建设地区的努力和贡献。从经济发展的角度来看,适当的经济补偿可能会给生态保护和建设地区培育新的经济增长点,为产业结构调整提供物质积累和能力支持,从而形成和保持生态保护和建设地区的发展动力。从财政负担角度来看,区域生态补偿要求建立各地区之间的横向转移支付,明确各地区之间的生态补偿与受偿关系,确定生态环境受益地区的补偿责任,有利于弥补国家财政纵向转移支付的有限性,既减轻了中央财政负担,又切实发挥了地方的积极主动性,提高了地方主体的生态环境保护责任主体意识。因此,构建京津冀区域生态补偿机制,有利于促进京津冀区域间的分工定位的实现和利益互补,对保障京津冀区域生态补偿活动的开展具有重大意义。

三、构建京津冀生态补偿机制的紧迫性

京津冀区域占全国土地面积的2%,区域人口接近全国总人口的8%,远远超出区域生态环境的承载能力。加之长期以来的历史发展和产业及能源结构的制约,使得区域生态环境问题日益加剧,生态环境长期处于超负荷承载的状态。近年来,地区空气污染、水污染问题严重,水资源、矿产资源日益短缺,区域生态环境状况较差,区域生态环境保护亟待加强。

首先,京津冀区域水资源短缺且水质较差。2017年,北京和天津水资源总量分别为29.8亿立方米和13.0亿立方米,人均水资源量仅为137.2立方米和83.4立方米,河北省大部分地市人均水资源量远低于国际极度缺水标准。京津冀区域水资源不仅是量的问题,还存在着严重的水质问题。2017年,北京、天津、河北废水排放总量分别为13.32亿吨、9.08亿吨、25.37亿吨,分别占全国废水排放总量的1.9%、1.3%、3.6%。海河主要支流Ⅳ类～Ⅴ类和劣Ⅴ类水质断面比例分别为20.8%和39.2%,属于中度污染。渤海湾水体处于富营养化状态,使海洋生物结构发生变化。

其次,京津冀区域大气污染严重。2017年,河北省废气中主要污染物排放量均达到60万吨以上,其中二氧化硫、氮氧化物和烟(粉)尘排放量在全国31个省(市、自治区)(除台湾省)中均位列前三位。河北省石家庄市、邯郸市和保定市空气细颗粒物(PM2.5)年平均浓度分别达到86微克/立方米、86微克/立方米和84微克/立方米。京津冀地区环保重点城市空气质量平均达标天数比例为53.2%,雾霾天气较多,部分城市空气质量重度及以上污染天数占全年天数的30%。

再次,京津冀区域生态系统脆弱,面临水土流失威胁。北京市水土流失面积达到4095.5平方公里,占全市国土面积的25%。天津市蓟州区水土流失比较严重,泥沙进入平原河道。河北省水土流失面积达到6.1万平方公里,占土地总面积的32.3%,对密云水库、官厅水库、潘家口水库和南水北调等水利设施造成威胁。河北省沙化土地面积2.4万平方公里,占全省总面积的12.7%,土地沙化程度加剧。

从地理上看,京津冀都属于华北平原北部,地理构造相同,同属于海河体系,温带季风气候,京津冀生态形成一个具有内在联系的系统性、整体性概念,京津冀生态问题必须放在区域范围内寻求解决,单靠局部支撑不能解决长久性、根本性问题。《京津冀协同发展规划纲要》中明确要求京津冀在生态环境保护领域应率先突破,《京津冀及周边地区落实大气污染防治行动计划实施细则》《京津冀大气污染防治强化措施》中确定的落实主体也是京津冀区域。应该说,区域生态共管共建已形成共识。但很显然,北京、天津和河北在区域生态环境及其共建共管中所处的地位和作用不尽相同。

从表1-2可以看出,在2010至2012年的三年期间,北京一直都是空气污染严重城市,河北省只有石家庄一所城市于2010和2011两年位列前十,天津则不在此列。自2013年开始,北京空气质量明显改善,自此在污染前十城市排名中彻底消失,天津则曾在2013和2014两年取而代之进入前十,后于2015年开始也退出空气污染排名城市之列。但值得注意的是,河北省列入前十行列的城市自2013年开始全面爆涌,在2013和2014年达最高值——8所城市,此后也持续占据着半壁江山。

表1-2 2010—2017年全国主要空气污染城市

年份排名	2010	2011	2012	2013	2014	2015	2016	2017
1	太原	乌鲁木齐	乌鲁木齐	邢台	保定	邢台	喀什地区	喀什地区
2	北京	兰州	兰州	石家庄	邢台	保定	和田	临汾
3	乌鲁木齐	延安	北京	唐山	石家庄	济南	石家庄	石家庄
4	兰州	济宁	成都	邯郸	唐山	郑州	阿克苏地区	邯郸
5	重庆	赤峰	延安	济南	邯郸	邯郸	保定	保定
6	济南	北京	铜川	衡水	衡水	石家庄	衡水	辛集
7	石家庄	铜川	镇江	保定	济南	唐山	邢台	和田
8	青岛	西安	渭南	廊坊	廊坊	衡水	安阳	邢台
9	广州	济南	西安	天津	郑州	乌鲁木齐	聊城	定州
10	沈阳	石家庄	扬州	西安	天津	西安	新乡	安阳

从表1-3可以看出,自2013年开始,在对京津冀、长三角、珠三角等重点区域及直

辖市、省会城市和计划单列市共74个城市按照新标准开展监测的城市①中,河北省几乎占尽空气质量较差前十位城市的版面。由此可见,虽然河北省在大气污染治理方面也投入了巨大的人力物力,但效果仍未体现。这其中不得不承认,伴随着京津冀一体化政策下三地功能定位的明确,北京的非首都功能向外疏解,使三地之间的经济贸易往来日益增多,特别是北京和天津两地的许多外迁企业属于高能耗、高污染企业,他们在土地、人力等传统成本和环境标准等新增成本的重压之下纷纷向河北转移。从2013年以来全国城市空气质量监测数据来看,观测对象中排在污染前十位的城市过半数位居河北,这不能不被认为在很大程度上与京津地区大批量的高污染企业转入有关。根据《2018中国空气质量优良城市TOP50》,河北省有两座城市位列榜单,其中张家口排名第16名,不仅排名靠前,而且名次上超过宁波、上海、广州、青岛和苏州等城市。承德则名列35名,排名超过苏州、南京等城市。这说明张家口和承德作为两个环北京卫星城市,作为京张、京承生态经济走廊的主要构成部分,为北京回归中国空气质量优良城市做出了重要贡献。可见,不仅仅是针对空气质量而言,京津冀整体生态环境的改善,绝不是依靠一地之力就能够完成的。鉴于生态环境的特殊性以及京津冀协同发展的战略背景,改善日益恶化的生态环境质量,需要京津冀三地的共同努力和统筹协调。

表1-3 2013—2017年74个城市空气质量较差城市

年份\排名	1	2	3	4	5	6	7	8	9	10
2013	邢台	石家庄	邯郸	唐山	保定	济南	衡水	西安	廊坊	郑州
2014	保定	邢台	石家庄	唐山	邯郸	衡水	济南	廊坊	郑州	天津
2015	保定	邢台	衡水	唐山	郑州	济南	邯郸	石家庄	廊坊	沈阳
2016	衡水	石家庄	保定	邢台	邯郸	唐山	郑州	西安	济南	太原
2017	石家庄	邯郸	邢台	保定	唐山	太原	西安	衡水	郑州	济南

据此,京津冀生态补偿被提上日程并付诸实践,京津冀三地围绕水源涵养、流域保护、防护林建设等方面积极开展生态补偿的实践探索。2005年开始,北京每年向河北投入2,000万元专项生态补偿资金,用以改善河北水源涵养地的生态环境。2006年北京与河北签订了《关于加强经济与社会发展合作备忘录》,商定至2009年前北京投入1亿元水资源环境治理合作资金,用于官厅、密云水库的水污染治理和节水产业建设;2008年双方签署了《关于进一步深化经济社会发展合作的会谈纪要》,商定在未来三年间北京投入1亿元用于怀来、赤城、滦平、丰宁四县的水源保护林建设。天津市每

---

① 其中,京津冀区域13个城市、长三角区域25个城市、珠三角区域9个城市。

年向河北投入 3,000 万资金,用于改善滦河水源水质。2015 年,北京市与承德市启动跨区域碳排放交易试点工作,区域生态补偿的市场化手段得以实施。这些都成为京津冀区域补偿的有益探索。

然而,总体来看,京津冀协同治理环境的合作机制目前还没有建立起来,在生态补偿的重点领域也未能实现资金、技术、人才等方面的统筹规划,尚未形成环境治理共同体。因此建立健全京津冀区域生态补偿机制显得迫在眉睫。

四、京津冀生态补偿机制的界定

目前,在生态补偿领域,我国还没有全国统一的立法。虽然在相关法律法规中零星存在着关于生态补偿的规定,但很少是着眼于生态补偿本身的规定,更多的是放在生态环境保护的大范畴之下。而且,这些分散着的规定之间一方面存在着交叉不一致不协调甚至冲突的情况,另一方面又存在着现实中亟待解决但立法空白的情形。显然,生态补偿的基本法律制度尚未建立,规范、统一且完整的生态补偿法律规范体系尚未形成。再者,我国立法中原则性条款居多,具体可操作的条款不足,同时与之相配合的实施细则迟迟不能出台,也造成了生态补偿法律结构不平衡或缺失严重。基于紧迫的现实需求,许多地方通过制定地方性法规和规章对生态补偿进行规定,但在规则制定的科学性和执行性上表现出较大瓶颈,使得关于生态补偿的地方性立法发展不平衡,执行上难以切实发挥作用以解决当前面临的生态补偿难题。

鉴于国家层面统一立法涉及的法律主体及相关因素的广泛性和复杂性,区域生态补偿基于其主体在地缘上的优势和密切关联性,更有利于形成较为统一且完整的补偿机制。区域生态补偿机制的建立前提是将生态环境资源开发利用以及生态环境保护和建设过程中的相关主体定位于区域层面,通过生态补偿的一系列制度安排,解决区域环境外部性问题,实现维护区域生态系统稳定和改善并可持续利用区域生态系统服务的目的。区域生态补偿在协调和解决区域环境问题中更为有效,这是因为区域生态补偿更加注重区域主体和区域利益,区域生态补偿方式和标准的确定充分考虑了区域各主体之间生态、环境和经济利益的不平衡,并结合区域生态系统服务价值、生态环境保护成本、区域发展机会成本等多方面因素综合考量,以最符合区域可持续发展和最大程度上协调区域各主体间利益的适当安排,实现保护区域生态系统服务功能,提升区域整体环境质量和实现区域协调可持续发展的最终目的。

京津冀生态补偿机制的构建从构建机理上看属于区域生态补偿机制构建的范畴,同时显然也适用国内生态补偿机制的制度规范,涉及现有生态环境不同类型领域生态补偿的内容措施。因此,对于京津冀生态补偿机制的构建与完善,要以国内生态补偿机制为基础,以区域生态补偿机制为蓝本,结合京津冀地区经济社会发展与环境禀赋及其决定的生态环境保护的特点,借鉴国内外较为成熟的生态补偿先进经验,明确京津冀生态补偿机制构建的理论基础和应遵循的立法的基本原则；在生态补偿法律关系中明确补偿主体和受偿主体的权利义务，将资金补偿、实物补偿、智力补偿、政策补偿等多种生态补偿方式有机结合，建立多维长效的补偿方式，从立法目的出发探讨生态建设和环境资源保护的补偿范围、标准和方式，从程序保障角度设计京津冀生态补偿的程序性规范，从而建立健全京津冀生态补偿的运行机制；从资金技术、监督管理、目标责任、环境教育、公众参与、环境公益诉讼等方面建立和完善京津冀生态补偿的保障机制；并结合在京津冀生态补偿优先领域开展森林、流域、大气、矿产等生态补偿试点的规范指导，从法律制度、管理体制、实施保障等方面构建和优化京津冀生态补偿机制。

第二章 京津冀生态补偿机制构建的理论基础

第一节 生态学基础

一、生态规律理论

生态学的研究以20世纪60年代为分水岭,在研究对象上经历了由以研究生物之间及生物与环境之间的相互关系为研究对象,发展到以生态系统为生态学的研究重心和主流方向。这与生态环境问题在20世纪五六十年代显现出全球化生态危机的现实相吻合。根据生态学的观点,生态系统是一定空间中的生物群落与其环境组成的系统,其中各成员凭借能源和物质循环形成一个有组织的功能复合体,是包括植物、动物和微生物的生物圈的基本单元。[①] 在这个系统内,它们三者时刻不断地进行着物质循环和能力交换,它们相互制约、相互协调,使整个自然界保持着一定程度的稳定。也就是说,系统中生产者(绿色植物)、消费者(动物者)和分解者(微生物)之间,或物质和能量的输入和输出之间,存在着相对平衡,这就是我们所说的生态平衡[②]。具体包括:1.多样稳定规律,指的是生态系统所包含的物种种类越丰富,物质能量传输越多样,生态系统就会越稳定;2.物物相关规律,指的是构成生态系统的各个要素之间都存在着互相依赖和制约的密切相关联系,其中任何一个要素的改变都会产生"蝴蝶效应",对生态系统其他部分乃至整个生态系统的平衡带来严重影响和破坏;3.载有额规律,即生态环境具有一定限度的自我净化和调节能力,自然资源再生也需要一定的时间,如果人类的资源需求和污染破坏超出环境自身承载能力的限度,就会导致生态危机;4.物质能量输入输出动态平衡规律,即生态系统时刻在进行着物质能量的输入输出,只有当生物个体、生态系统构成要素及其环境的各个部分在每一个层面上都能维持物质能

---

① 张世义.保护人类之友:动物[M].北京:中国环境科学出版社,2001:19-20.
② 林灿铃.国际环境法理论与实践[M].北京:知识产权出版社,2008:109.

量输入输出的动态平衡,生态系统才能维持在一个相对平衡的状态上。由于多物种系统比单物种系统具有更高的生产力和更大的稳定性,而平衡稳定的生态系统有利于具有生物多样性的多物种系统趋向良性发展,从而带来更高的生物多样性。这样,生态系统就实现了一个持续性和相对性的动态平衡。在这种状态下,部分生态要素的改变可以通过生态系统所具备的一定的自我调节能力得以平衡,而不使生态系统发生功能上的损抑。但当生态环境因子发生重大变化而超出生态系统自身的承载能力时,生态系统的平衡就会被打破,进而引发生态环境问题。这种变化的原因有很多,但其中最重要的原因是人类活动对生态环境的影响和破坏。

生态系统为人类的生存和发展源源不断地提供着丰富的物质能量和高质量的环境服务,人们也正是在从生态系统中获取的资源产品和服务中获得更高的生产力。然而,从生态系统与人类社会系统的双向反馈来看,随着经济发展带来人类社会对物质需求的迅速膨胀,人类社会对生态系统的索取已经超出了生态系统自我更新和再生产的能力,而且在自然资源环境作为供体不断被人类消耗的同时,人类社会给生态系统的补偿却是寥寥。换言之,人类社会正在以不可持续的方式挥霍着这个地球上的资源[①]:

粮食生产——已有数据充分证实,全球范围内为人类消费而生产的粮食中约有1/3被丢弃或者浪费。到 2050 年,全球至少需要再增加 50% 以上的粮食产量来养活预计的 100 亿人口。而当前的土地管理在保护生态系统服务、丧失生态资本、应对气候变化、解决能源和水安全以及促进性别与社会平等的同时,无法实现这一目标。同时,粮食生产成为生物多样性丧失的主要原因。

淡水——环境变化的全球驱动因素对水造成的多重压力显著表现为不同区域淡水数量和质量的迅速恶化。在某些区域,由于持续不断的冲突、人类迁移以及日益频繁和严重的干旱、洪水和风暴潮等问题,加剧了水环境恶化。淡水资源和相关生态系统的不合理利用引发自然灾害和人为灾害,从而削弱了生态系统的恢复力。

生物多样性——随着时间的推移,全球种群数量下降的速度没有放缓,物种灭绝风险的增加得到肯定。淡水物种的种群下降率最高,两栖类动物、形成珊瑚礁的珊瑚和苏铁植物具有最高的灭绝危险物种比例。虽然关于无脊椎动物群体的数据较少,但最近的证据表明物种在局域尺度下数量大幅下降。无脊椎传粉动物的消失已成为一个日益严重的问题,对农业生产、生态系统功能和人类福祉带来重大后果。

湿地——调查表明,由于湿地退化和污染问题,特别是富营养化、化学和金属毒性以及塑料和其他废物的危害,动植物数量显著减少。虽然湿地具有过滤和改善水质功能,但有机物和其他营养物质的不断分解可以导致水质污染临界点发生,一旦超过临

---

① 资料来源:联合国环境规划署.《全球环境展望 6》报告中文版,2020:236,272,176,285,227,246,194。

界点,湿地便不会自我更新,物种组合可能会发生明显变化。

海洋——海洋受到许多人类活动的影响,其中最严重的影响与气候变化、陆地污染和渔业有关。在气候变化的影响范围内的评估提到了几个问题:海洋酸化;海平面上升;底水形成的变化;许多鱼类和无脊椎动物的分布;以及海洋环流。近年来,气候变化对海洋最显著和最直接的影响是珊瑚礁的白化和死亡。污染(特别是塑料污染)是许多海洋和沿海生态系统的一个主要问题。

森林——1990年,森林占地球陆地面积的31.6%。2015年,这一比例降至30.6%,但森林损失率正在下降。在20世纪90年代,每年损失约有1,060万公顷的天然林。在2010—2015年期间,这一比例降至650万公顷/年。与此同时,人工林的增加约为每年320万公顷;到2015年,它们占全球森林面积的7%,其中大部分集中在高收入国家。

草原——草原面积约占陆地总面积的8%,曾是地球上一些最大的野生动植物群落的栖息地。现在,它被认为是世界上变化最大的陆地生态系统,也是大陆上数量最多,最濒危的生态系统,面临着包括土地利用变化、过度放牧、破碎化、物种入侵、抑制自然火灾、气候变化和植树造林等多种压力。据估计,49%的草原生态系统在10年间(2000—2010年)经历了退化,其中近5%经历了强烈到极端的退化,大大降低了这些生态系统支持生物多样性的能力。

总体而言,资源的开发利用已经呈现出由生态系统向人类社会的"单流向"特征,人类发展带来的生态损害已经临近乃至突破生态阈值,导致局部的生态系统失衡。为此,我们必须以了解自然、尊重自然,遵循生态规律作为处理人与自然关系的准则,恢复已经受到破坏的生态系统,改变资源单方面从生态系统流向社会系统的局面,维护和调节生态平衡。以此为目的的生态补偿机制应充分体现生态规律并以之作为指导,通过科学合理的机制设计提高生态环境破坏行为的成本,通过多样化的生态补偿方式激励生态环境保护和建设行为,以法律强制手段实现维持和恢复生态功能的目的。

二、生态系统价值理论

环境伦理学在现代有机学、生物生态学关于"物质统一性"的理论基础上阐明,人类只是大自然中平等的一员,大自然不仅具有对人类而言的工具价值,而且大自然还具有其自身的价值。针对全球生态系统服务与自然资本价值,Costanza等人在1997年展开了相关研究。首先他们将全球生物圈划分为远洋、海湾、海草/海藻、大陆架、热带雨林、温带/北方森林、草原/牧场、潮汐带/红树林、沼泽/洪泛平原、湖泊/河流、沙漠、苔原、冰川/岩石、农田和城市等生态系统类型,并将生态系统服务划分为气体调节、气候调节、扰动调节、水调节、水供给、控制侵蚀和保持沉积物、土壤形成、养分循环、废物处理、传粉、生物控制、避难所、食物生产、基因资源、休闲、文化等类型。然后他们针对每一个类型的生态系统进行自然资本价值的评估测算,再对测算结果加总求和,进而计算出全球生态系统的服务价值。根据他们的研究,全球生态系统服务每年提供的总价值约为16万亿—54万亿美元,平均为33万亿美元,这相当于研究当年全球GNP的1.8倍。更有甚者,此研究还不包括对那些人类尚未允分认识的生态系统服务的价值研究,而且即使是对于已知生态系统类型的服务价值的研究也未必彻底,计算并不精确。但即便如此,该研究也足以充分证明生态系统服务价值之巨大。

由此,学者们围绕生态系统服务价值展开了深入的研究。在我国,有学者提出,生态价值体现为资源—环境系统中的生态资源所具有的载体性功能、调节性功能等生态功能。前者如大气、水、土地这类非生命性、非可耗竭资源所具有的纳污容量和自净能力。后者如林草植被等生命性、非可耗竭资源所具有的涵养水源、防风固沙、净化空气、保持水土、减少病虫灾害的作用等;湖泊湿地等非生命性、非可耗竭资源的调蓄洪水、调节气候的作用等。此外,还有许多学者对我国陆地生态系统服务功能(欧阳志云,1999)、全国生态系统效益(张仲新,2000)、黑河流域生态系统服务价值(徐中民,2002)、青藏高原生态系统服务价值(谢高地,2004)等进行了专项研究。

生态系统价值的集中体现是生态产品和服务。其中生态产品通常是以货币表现出的商品的形式,而生态服务强调的是生态系统的重要属性价值,它往往并不以有形商品的形式存在。联合国《千年生态系统评估报告》对生态系统类型和生态系统服务进行了划分,其中将全球生态系统划分为海洋生态系统、海滨生态系统、内陆水域生态系统、森林生态系统、旱区生态系统、岛屿生态系统、山地生态系统、极地生态系统、垦殖生态系统、城镇生态系统等10种生态系统;同时将生态系统服务划分为调节功能、供给功能、支持功能和文化功能四大类型服务功能,包括提供生产生活资料,支撑地球生命支持系统,维持地球物质循环和水文循环,生物物种多样性与遗传多样性,景观价值等。[①] 迄今为止,光合作用、生物固氮作用是地球上发生的规模最大的两个化学反应,更难的是,这些反应是在常温、常压下发生的,没有任何环境污染的最完美的化学反应,这两个反应为人类提供了食物、水、氧气和优美的生态环境,这是无法用化学合成产品取代的。[②] 生态补偿机制着眼于对生态系统的恢复和重建,突破了生态环境的工具价值观,真正体现了以实现生态系统自身价值为目标追求的理念,深刻反映出生态系统价值理论的内涵。

三、生态资本价值理论

生态系统价值理论从实现人与自然和谐共生的角度,强调生态系统在具有对整个人类生存发展所需经济价值的同时,还具有其自身的生态价值和文化价值。生态资本

[①] 资料来源:Global Assessment Reports,http://www.maweb.org/en/Global.aspx。
[②] 林灿铃.国际环境法理论与实践[M].北京:知识产权出版社,2008:110.

价值理论在这一基础上,更加强调了生态要素在人类生产生活活动中作为生产资料被人们加以利用的价值核算问题。

价值是凝结在商品中无差别的人类劳动。价值通过交换价值来体现。按照价值分类,生态系统的价值可以大体分为有形价值和无形价值两类。有形价值实际上就是指生态系统的经济价值,是生态资本有形的物质价值,包括生态系统为我们提供的森林、水、矿产等,这些物质进入市场平等交换,因此生态系统的有形价值是通过环境资源作为商品进入市场,并在市场经济条件下通过商品的等价交换来实现的。但是环境资源是一种特殊的产品或商品,其一部分价值并不能完全被市场机制所涵盖。也就是说交换所得到的等额货币往往只体现出环境资源的有形物质价值,而对于环境资源同时具备的无形价值即生态价值,并未通过商品的等价交换所体现出来。而事实上,生态系统除了向我们提供实体物质,还为我们提供着更加重要的适合人类生存的自然条件。以森林资源为例,森林除了能向人类提供大量具有经济价值的产品如工业木材、薪材、纤维、食品和药品,还在土壤的形成、水土保护、空气和水的净化、促进营养循环、保护生物多样性(作为动植物的栖息地、物种和基因资源)、减弱气候变化和碳贮存等方面具有特殊的生态功能。[①] 尽管从计算方法来看,无论是计算森林存续时的正生态收益,还是计算森林减少的生态损失,都难以达到精确程度。但在评价森林生态价值的实践中通常认为,森林生态系统全部价值的10%左右是其经济价值,90%以上则被认定为森林的生态价值。印度加尔各答农业大学达斯教授曾对一棵树的生态价值进行了计算:一棵50年树龄的树,在市场上出售的价格是50—125美元不等,而这只是它真正价值的0.3%。以累计计算,一棵树50年产生的氧气的价值约31,250美元,同期吸收有毒气体、防止大气污染的价值约62,500美元;增加土壤肥力价值约31,200美元;涵养水源价值37,500美元;为鸟类及其他动物提供繁衍场所、促进生物多样性方面产生的价值约31,250美元;与此同时,创造动物蛋白质价值2,500美元左右;以上相加总计价值约为19.625万美元。而且这一价值还没有包括大树每年开花结果、调节气候、美化环境及木材价值。[②] 也曾有学者对我国长江流域森林资源的价值进行测算,其直接经济价值为1,970亿元,而其生态价值达21,000亿元,两者之比达到了1:11。由此可见,生态环境的生态价值是远远高于其经济物质价值的,但是这种生态价值往往被人们所忽视。因此就提出了生态价值的核算问题。核算的基础仍然是生态要素所具有的生态价值,但此时的生态要素又不仅仅是一个自然的利用问题,而是成了为人们生产生活过程提供获取利润的劳动对象。

我们如果要将生态价值按照市场规律运作,就应当使生态价值体现为一种资本的表现形态。生态价值的无形性决定了它只能通过间接形式来实现。环境资源的稀缺

[①] 林灿铃.国际环境法[M].北京:人民出版社,2011:354.
[②] 资料来源:http://www.southcn.com/news/community/shzt/zsj/zszl/20050310928.htm。

度和开发条件影响了这种价值的大小,而这种价值一旦可以给人们带来利益,就成了能带来价值的价值。但目前我们对资源价值的核算尤其是在交换过程中价值量的核算,仅仅以资源产品的有形的经济价值来计算,对其生态价值则很少计算或不予计算。以水资源为例,水资源的稀缺性和生态服务功能说明了水资源生态价值的重要性。① 然而,长期以来"环境无价"的观念导致人们认为"没有劳动参与的资源就没有价值",那么水资源只有经过了人类开发利用的"劳动参与",才是有价值的资源,才具有商品的属性,从而被计入供水成本,体现在商品价格上。而那些尚未经过人类"劳动参与"的未经开发利用的水资源,便不具有价值和商品属性,故而被忽视在商品成本和价格计算之外,例如污水处理费用。

在现代生态系统中,生态环境已经不是"天然的自然",而是"人化的自然"。② 也就是说丝毫不受人类影响的生态环境区域(荒野③)已然不存在了,更不用说投入人类劳动进行保护和建设的生态环境资源。生态系统的有形价值由于人类劳动的凝结而具有价值和商品属性自不待言,而生态系统无形价值尽管没有以有形商品的形式体现,但生态环境保护和建设也是人类的劳动活动,也是人类劳动的凝结,其价值亦不可否定。据此,生态环境资源价值核算应当包括生态系统有形价值和无形价值两个方面。与之相对应,生态补偿也包括两方面的内容:一是由生态环境资源的开发利用者支付费用,对环境资源所有者进行补偿;二是由生态受益者和生态产品或服务的享受者向生态环境保护和建设者或生态产品和服务的提供者做出补偿。从生态资本价值角度而言,生态补偿中对于环境资源价值的补偿是指为了恢复、维护或增进各种资源环境要素参与价值创造的能力与潜力,通过对资源环境要素进行价值补偿,赋予并实施生态环境以相对独立的地位参与价值分配的一种社会经济活动。④ 亦即,将资源环境要素所创造的价值的一部分或全部返还给生态环境。

生态资本理论认为,生态系统提供的生态产品和服务应被视为一种资源、一种基本的生产要素,具有生态效益价值,而这种生态产品和服务或者说生态效益价值就是生态资本。生态资本价值理论是生态补偿的理论基础之一,为生态环境资源价值核算以及生态补偿主体、范围和标准的确定提供了理论依据。生态补偿是将生态系统的外部经济性内部化的重要途径,是在市场经济条件下实现生态系统生产者和生态系统服务提供者和生态受益者之间二次分配的有效手段,通过生态补偿使生态环境保护者和建设者获得合理回报,激励行为主体继续投资生态环境建设,实现生态资本增值。

---

① 吕忠梅.超越与保守:可持续发展视野下的环境法创新[M].北京:法律出版社,2003:88.
② 康芒纳.与地球和平共处[M].王喜六,王文江,陈兰芳,译.上海:上海译文出版社,2002:5-11.
③ 裴广川.环境伦理学[M].北京:高等教育出版社,2002:8.
④ 谢剑斌.持续林业的分类经营与生态补偿[M].北京:中国环境科学出版社,2004:156.

第二节 环境伦理基础

一、自然的生存权

传统伦理学以人与人之间的关系和人与社会之间的关系为研究对象,然而伴随着日益严峻的生态环境问题向各研究领域的深入,伦理学将其研究对象扩展到了人与自然之间的关系,于是产生了环境伦理学。环境伦理学是关于人与自然关系中的伦理原则、伦理范畴和德行规范的知识体系,以研究人与自然关系中的伦理意识和伦理实践为己任。① 在对待自然的问题上,环境伦理学提出了自然界的价值与权利这一核心问题。

当代著名的环境伦理学家霍尔姆斯·罗尔斯顿提出,"自然具有不依赖于人的价值",这构成他所有伦理学思想的基础。他在《环境伦理学》一书中详细地阐述了自然界的各种价值,包括生命支撑价值、经济价值、消遣价值、审美价值等13种价值,②自然界中的一个物种可以同时具有若干种价值,例如红树林具有生命支撑价值、经济价值、审美价值等。进而,罗尔斯顿将自然界的价值分为两大类,一类是工具价值,另一类是内在价值。工具价值是从人的尺度来判断的自然界对人的有用性,是一种自然界服从于人的外在价值;而自然客体具有内在价值,是非人类赋予的也不依赖于其对人类的用途而客观存在的价值。换言之,内在价值是自然界及其存在物本身所固有的价值,与人的存在与否无关。同时,罗尔斯顿还指出,环境伦理是一个人的道德境界的新的试金石。一个人如果只捍卫其同类的利益,那么,他的境界并未超出其他存在物;他与其他存在物处于同一档次:仅仅依据自然选择的原理在行动。在与其他人打交道时,他是一个道德代理人;但在与大自然打交道时,他却没有成为道德代理人。人应当是完美的道德监督者,不应只把道德用作维护人这种生命形式的生存工具,而应把它用来维护所有完美的生命形式。人展现其完美的一个途径就是看护地球;人与非人类存在物的一个真正具有意义的区别是,动物和植物只关心(维护)自己的生命、后代及其同类,而人却能以更宽广的胸怀关注(维护)所有的生命和非人类存在物。不仅认可他人的权利,还认可他物——动物、植物、物种、生态系统、大地——的权益。那既是一种殊荣,也是一种责任。③

"自然的生存权"是环境伦理学三大主张之一,④其经典表述是"不唯独人类,生物

---

① 裴广川.环境伦理学[M].北京:高等教育出版社,2002:3.
② 罗尔斯顿.环境伦理学[M].杨通进,译.北京:中国社会科学出版社,2000:4-35.
③ 裴广川.环境伦理学[M].北京:高等教育出版社,2002:48.
④ 环境伦理学的三大主张是:自然的生存权、世代交替的伦理和地球有限主义。

的物种、生态系、景观等与人类一样,也具有生存的权利,人类不可随意地加以否定①";"每种生命形式都是独特的,无论对人类的价值如何,都应得到尊重,为了给予其他有机体这样的承认,人类必须受行为道德准则的约束"②。可以认为,自然界整体有依照其客观规律运转生存下去的权利,自然界中的每一种生命存在物拥有其自身生存并为(从)其他生命存在物提供(获取)生存条件的权利。各种生命在地球上按照生态规律共存且互为条件。③ 人类常常自诩为"天地之秀,万物之灵",但与此同时,我们必须认识到,人类的这种"灵秀"不仅体现在他能够有针对性、选择性和目的性地开发和利用与他同生共存的环境资源,更重要的是,他是地球上唯一的地球利益代言人和其他物种的道德代理人。人与其他存在物最重要的区别就在于,他能够从道德的角度来考虑问题,并用道德来约束自己。环境伦理学要求人们通过自我约束,把道德扩展到环境中去。④ 简单地说,就是要求人类平等地看待和尊重自然界及自然界中存在物的内在价值和生存权利,任何自然存在物的生存权利不以其对人类的价值大小来决定,任何自然存在物的价值大小不以人类自身的喜好为判断标准。人类负有保护所有自然存在物和维护生态系统平衡的责任。然而在现实中,人们往往会基于其主观好恶来决定对自然物种的保护程度。美国一位经济学家曾以1994年美国保护濒危野生动物的投资份额为例来说明这一点。当年,美国投入那些受人们喜爱的濒危动物的保护资金是150万美元,而这些濒危动物物种数量在所有濒危动物物种的占比微乎其微,而对于其他并未被人们列入喜爱范围的众多濒危动物,用于保护的资金投入全部加起来也只有50万美元,是那极少部分人们喜爱物种的1/3。然而事实上,真正濒临灭绝的恰恰是那些在自然界中大量存在、离人较远、人们尚未认识且未来得及研究的生物物种。⑤ 尽管"是否关心和保护"与"关心和保护的程度"是性质与分量两个问题,但人类对于生物圈任何一环的存在物的忽视或轻视,都极有可能给整个生态系统造成不可逆转的重大影响和破坏,所以人类绝不能再以自己的主观好恶来判断是否对自然界物种加以保护以及如何保护。

横贯生态伦理学的核心命题就是要论证"人要对自然讲道德",这一思想也贯穿在人类社会生活的各个领域。在经济领域,"人对自然讲道德",就是指经济发展必须与环境保护相协调。毋庸置疑,经济发展既是人类自身生存和进步所必需的,也是保护和改善地球环境的物质保证。但现代的经济发展绝不只是单纯的经济增长,任何经济发展都应当保持在环境的承载范围内,维持在生态系统良性循环的基础上,是一个包

---

① 裴广川.环境伦理学[M].北京:高等教育出版社,2002:52.
② 资料来源:《世界自然宪章》。
③ 钱俊生,余谋昌.生态哲学[M].北京:中共中央党校出版社,2004:325.
④ 纳什.大自然的权利[M].杨通进,译.青岛:青岛出版社,1999:10.
⑤ 叶平.环境的哲学与伦理[M].北京:中国社会科学出版社,2006:202.

括环境净化和优化在内的综合协调的发展过程。在科学技术领域,"人对自然讲道德",是指无论是农业科技的发展还是工业现代化的升级,都意味着开发利用自然资源效率的提高,但同时更要关注这一过程中资源的消耗和污染物的排放,做出在环境保护和可持续发展观下的科学选择。在人们生活的领域,"人对自然讲道德",意味着人类在追求自我幸福生活的同时,还应坚持和谐、利他和生态价值优先的伦理标准。生态补偿正是"人要对自然讲道德"这一思想在人类方方面面实践中的具体体现。对于生态环境污染和破坏者,生态补偿通过提高其行为成本来减少和遏制生态环境污染破坏行为,从而防止生态系统价值和功能的减损;当人们选择有利于生态系统恢复和维持的保护和建设行为时,生态补偿通过适当激励来鼓励和促进生态环境保护和建设行为,从而保证生态环境系统的恢复并使其功能维持下去,实现生态系统的平衡和稳定。

二、生态整体主义和生态平衡理论

生态整体主义是环境伦理学研究中的一项重要理论,其认为环境伦理学必须是整体主义的,即它不仅要承认存在与自然客体之间的关系,而且把物种和生态系统这类生态"整体"视为拥有直接的道德地位的道德顾客。[①] 现代生态学告诉我们,地球生物圈这个大"自然"系统,是一个囊括地球表面岩石圈风化壳、全部水圈、大气圈平流层以及所有有生命存在的区域,由生物与非生物的物理化学环境组成的高度复杂的有序系统。在生物圈中,各种生物有其特定的生态位,生物与其物理化学因素之间具有相互适应的双向作用。千百万个物种之间通过物质流、能量流构成各种竞争、合作、互惠、共生的关系。在生物圈这个整体中存在着完善的负反馈机制、自组织机制,从而自动调节保持着整体的稳定生态的动态平衡,并促进其不断地演化。"生物圈"以一个现代科学的术语表征着所有生命形式的整体。因此,在自然界具有的工具价值和内在价值的基础上,它们之间相互交织和转换还构成了一个新的整体的价值,即"系统价值"。系统价值与工具价值和内在价值密不可分。一方面,系统价值以工具价值和内在价值为基础,是无数工具价值和内在价值通过相互关联形成的过程和方式;另一方面,系统价值又不仅仅是工具价值和内在价值的简单叠加,而是超越了工具价值和内在价值的更加富有创造性的价值过程和方式。因而,生态整体主义不强调存在于生物圈整体中的任何一个利益体的重要性和存在于生物圈中的人的立场,而是更加注重生态圈作为整体的系统和谐,以及通过整体内部之间的联系所构成的整体利益。在人与自然的关系上,生态整体主义要求采取一种整体主义的立场看待包括人类在内的自然万物的生存与发展,认识到人与自然是一个相互依存、相互支持的共同体。因此,在丰富多彩的人类生产生活中,生态系统的整体利益,而非人类立场,是衡量自然万物与人类自身的

---

① 裴广川.环境伦理学[M].北京:高等教育出版社,2002:44.

基本尺度。人类生产生活必须建立在生态系统整体利益的基础之上,具有使自己的活动遵循生态系统客观规律的主观意识和责任感,并以之约束人类活动以促使人类承担起对生态系统应有的义务。

生态平衡理论由著名人口学家威廉·福格特提出。他在《生存之路》中写道,世界上没有哪种资源是无限的。人们必须认识到,不但每一块土地的负载能力是有限的,而且这种负载能力正在下降,而人的需求却在增加。如果我们不能认识到这一点,在制定各种政策时不考虑到这一点,那么我们就不可能掌握自己的命运。[①] 人类社会漫长的发展历程于地球而言不过只是一瞬间,在这一过程中,人类社会与自然生态系统形成了某种动态的稳定的平衡,人类社会的经济潜力和自然资源环境的生态潜力存在相互转化的因果关系,人类取得的每一次经济发展和社会进步,无一不是"依赖于自然系统的功能,以保证能源和养料的供应",生态系统稳定的平衡是其前提和基础。传统的经济发展充分体现出经济活动的功利性、实用性和短视性,"先发展、后治理""转嫁环境污染"等观念和做法比比皆是,导致在人们物质资料得到极大丰富的同时,生态平衡被破坏。而当局部生态系统的破坏和失衡程度超出生态系统承载能力时,生态系统的自我调节和恢复能力就会紊乱甚至丧失,给生态系统的整体稳定带来影响和破坏。这又会反过来危及人类生存,阻碍经济发展。[②] 因此,正如威廉·福格特所言,恢复生态平衡才是人类的"生存之路",我们必须以生态平衡作为制定社会发展战略的原则,作为处理经济、社会以及生态环境之间关系的理念。

对于我国当前生态环境与经济发展的态势而言,社会的经济潜力增长速度已经远远超过资源生态潜力的增长速度。所以人类进行生产活动时,必须充分注意生态再生产的重要性,自觉地把物质资料再生产、人口再生产和精神产品再生产与生态再生产统筹考虑,努力做到经济系统与生态系统的平衡,真正实现社会再生产的良性发展。生态补偿机制以维持和恢复生态系统功能为目的,通过对减损生态者进行收费,对为生态做出牺牲和贡献者给予激励,有利于引导和优化人们经济活动中的行为选择,促使人类在生态系统的自然承载力范围内满足自己的经济发展和生活消费。通过生态补偿调整各主体间的权益关系,弥补生态系统要素损失,改善物质能量流动,实现生态系统的良性循环和发展。

可见,生态整体主义和生态平衡理论既提出了人与自然的依存关系和价值关联,也强调了人类与整个地球生物圈之间和谐共生的复杂方式,在一定程度上为生态补偿机制的构建提供了价值导向,成为构建生态补偿机制坚实的理论基础。

[①] 福格特.生存之路[M].张子美,译.北京:教育印书馆,1981:81.
[②] 张锋.生态补偿法律保障机制研究[M].北京:中国环境科学出版社,2010:11-12.

第三节 法学理论基础

一、法的价值

(一)法的公平价值

公平的概念源远流长。柏拉图提出"公平"就是社会成员按照社会分工"各尽其能、各司其职、各居其位、各守其序"。现代汉语将"公平"解释为"处理事情合情合理,不偏袒哪一方"。① 马克思主义观点指出,公平是在人类社会实践中产生的,是人类不懈追求的崇高理想,是社会发展的目标,也是社会发展的必然结果。在人类社会实践的过程中,不同利益主体之间多元利益往来交织,难免会产生矛盾交错和利益冲突。法作为一种重要的解决手段,通过对不同主体之间利益关系的调整,化解纠纷,消除矛盾,实现公平。公平是法的重要价值追求。博登海默指出,"平等乃是一个具有多种不同含义的多形概念。它所指的对象可以是政治参与的权利、收入分配的制度,也可以是不得势的群体的社会地位和法律地位。它的范围涉及法律待遇的平等、机会的平等和人类基本需要的平等"②。

在环境法领域,法的公平价值具体体现为环境公平,即指所有主体享有同等的开发利用环境资源的权利,承担同等的环境保护和建设义务。环境公平一方面强调权利的广泛性,即所有人都享有基本的生存权及平等的发展权和环境权,"我们承诺建设一个崇尚人性、公平和相互关怀的全球社会,这个社会认识到人人都必须享有尊严"③;另一方面强调权利的限制性,即各项权利的行使必须限制在对生态规律的充分尊重和环境资源的合理限度范围内。对于代内而言,环境公平强调"不同民族、地域、群体、性别之间的环境公平"④,体现在结果公平和机会公平两个方面。环境结果公平是指环境资源分配的公正性;环境机会公平则强调在环境资源的开发利用过程中各主体的机会均等。据此,"当代人在利用自然资源满足自己的利益的过程中要体现出机会平等、责任共担、合理补偿,即强调公正地享有地球,把大自然看成是当代人共有的家园,平等地享有权利,公平地履行义务"。这就意味着,处于同一时空下生活的任何主体,既不能只享受开发利用环境资源的权利,而不尽生态环境保护建设的义务,也不能只承担环境保护的义务而不能享受开发利用自然资源的权利。当然,在开发利用生态环境资源的过程中,对资源的开发利用程度和对环境的影响破坏程度,对于不同主体而言

---

① 中国社会科学院语言研究所词典编辑室.现代汉语词典[M].5版.北京:商务印书馆,2005:506.
② 博登海默.法理学:法律哲学与法律方法[M].北京:中国政法大学出版社,1999:226.
③ 资料来源:2002年9月《约翰内斯堡可持续发展宣言》第二条.
④ 卢风.应用伦理:现代生活方式的哲学反思[M].北京:中央编译出版社,2004:148.

是有所差异的。例如在流域上下游,这种环境资源利用和保护上的不同就十分明显。由于水流的单向性属性,流域上游的资源利用和水域保护程度对下游的影响远远超过了下游利益主体行为对上游的影响程度,这就容易引发流域水资源开发利用过程中的不公平现象,上游的居民为保护流域环境付出成本做出牺牲得不到回报,下游的居民享受了良好的生态系统服务却没有支付相应的对价,在彼此之间产生价值错位和利益冲突。因此,要实现每一个人平等的生存权和生态利益,就要解决这种不公平,其最好的途径就是建立生态补偿机制,使为保护环境而遭受损失或做出牺牲的当地人获得经济补偿,或是给予使其生存发展环境得以改善和提升的其他形式的补偿,从而通过生态补偿制度设计,协调生态系统服务提供者与受益者之间的利益冲突,妥善解决生态保护地区和生态受益地区之间的不公平现象,实现代内环境公平。

　　生态补偿机制作为环境保护法律机制的一项重要内容,不仅体现了法的公平价值,也充分体现了环境法对公平价值的独特视角和追求,那就是——"我们只有一个地球,留给后代一个可以享受良好环境和利用能源的空间是当代人的责任"——代际公平。关于代际公平,爱蒂丝·布朗·魏伊丝在她的《公平地对待未来人类》一书中有经典论述:"第一,要求各世代保护自然和文化遗产的多样性,这样便不会对后代人解决自身问题和满足自身价值观造成不适当的限制,而且未来世代有权享有同其以前世代相当的多样性。第二,要求各世代维持地球的质量,从而使地球留传给未来世代时状况不比其从前代继承时有所下降,并且其有权享有与前世代所享有的相当的地球质量。第三,各世代的每个成员都有权公平地获取其从前代继承的遗产,并应当保护后代人的这种获取权。"[①]因此,代际公平要求本代人的发展不能以损害后代人的发展能力为代价,至少要留下比前辈留下的更多的自然财富,以满足后代人能进一步发展的环境资源等自然条件。代际间的环境公平意味着所有人,无论是当代人还是后代人,都平等地享有环境资源开发利用的权利和保护建设的义务,不得使受益人享受利益的同时由受损者承担损失,同样不得使当代人受益却使后代人受损。生态补偿涉及对造成生态破坏和环境污染的主体进行收费,对因环境保护而付出代价或丧失发展机会的主体予以资金、政策、技术、实物等形式的补偿,对损毁的生态环境进行恢复、维护、重建和综合治理等手段的补偿,这既是对当代人与人之间关系的调整,也是跨越代与代之间可持续发展观下人与自然的协调。所以,生态补偿机制的构建不仅立足于实现代内环境公平,而且通过生态补偿制度设计,恢复和维持生态系统的平衡状态,保证代际环境公平的实现,促进环境与经济相协调的可持续发展。

　　总之,生态系统是一个不可分割的有机整体,生态环境具有跨界性特点和公共物品属性,身处其中的每个人无一例外地享受着良好环境带来的利益,也不可避免地承

---

① 魏伊丝.公平地对待未来人类:国际法、共同遗产与世代间衡平[M].汪劲,译.北京:法律出版社,2000:5,17,41.

受生态环境问题造成的灾害。生长在同一且唯一的地球上的人类,其世世代代享有平等的生存权、发展权和环境权。生态补偿机制改变了环境利益在不同主体之间的不公平分配,通过生态环境保护外部性的内部化,实现生态系统服务提供者和受益者之间的公平;针对自然资源作为公共产品不能由市场交易体现出来的生态效益,通过制度设计实现工具价值以外的生态价值的公平核算;通过对生态环境保护和建设者以及生态产品和服务提供者的合理回报,激励人们积极开展生态保护和建设行为,促进社会经济和生态环境的可持续发展,实现环境法代内公平和代际公平的价值追求。

(二)法的正义价值

根据简明牛津字典的解释,正义是指"以一个适合的方式,公平、适宜地对待他人"。古罗马法学家乌尔比安认为,"正义乃是使每个人获得其应得的东西的永恒不变的意志"[1]。美国著名法学家约翰·罗尔斯认为,"正义的主要问题是社会主要制度对基本权利和义务进行分配""每一个人都拥有一种以正义为基础的权利,它具有即使以社会整体福利的名义也不能侵犯的不可侵犯性。因此,正义否认为了一些人的更大利益而损害一些人的自由的正当性。正义不允许为了大多数人的更大利益而牺牲少数。在一个自由的社会里,公民的平等自由不容置疑,正义所保障的权利绝不屈从于政治交易或社会利益的算计"[2]。可见,正义强调的是权利和义务的对等以及利益的平等分配,它要求所有的社会基本价值都要平等地分配。法作为调整社会关系的一种重要手段,通过机制设计和制度安排来寻求不同利益之间的均衡与协调,应当是正义的本质。

环境与发展相互联系、相互依存,体现着人类的共同利益。环境资源是人类持续经济社会生活的基础和前提,环境问题是人类生产生活的伴随产物。反过来,经济发展和技术进步是实现环境保护的物质基础,离开了经济发展谈环境,也是空洞的。于是,在每一个个体追求自身利益实现的过程中,不可避免地产生冲突和分歧。一方面,环境资源的有限性和人们对于自然资源需求的无限增长产生矛盾,具体体现就是不同群体为争夺环境资源而产生的摩擦;另一方面,人们对于经济利益的获取是满足其自身生存和发展的前提,在这一过程中往往出现与全体社会成员为实现人类的可持续发展而对良好生态环境产生的客观需求之间的不一致。这些问题都是引发经济利益与环境利益的矛盾根源。但与此同时,我们也必须看到环境利益与经济利益具有统一性和共生互动性,二者对于人类而言都是平等的基本利益需求,既体现了人类利益诉求的多样性,同时也表明生态环境具有满足人类多样性诉求的功能。只有正确认识经济利益与环境利益之间的对立统一关系,才能实现法律对权利义务关系的确认、调整与

---

[1] 博登海默.法理学:法律哲学与法律方法[M].北京:中国政法大学出版社,1999:277.
[2] 罗尔斯.正义论[M].何怀宏,何包钢,廖申白,译.北京:中国社会科学出版社,1988:7.

保护,协调环境利益与经济利益之间的冲突,实现利益的公平分配,促进人与自然以及人与人的和谐共处。然而,在现实中,各利益主体对于生态环境资源占有不均,加之不同主体之间存在的社会经济地位差异,就导致环境利益与环境负担在社会主体间存在不公平分配的现象。这主要体现为在部分群体享受环境利益的同时将环境负担转嫁给社会,由其他社会群体共同承担,违背了环境正义的要求。

  环境正义是环境伦理学的一个重要研究领域,强调在环境资源开发利用和保护建设中权利与义务的对等。环境正义的价值追求是实现人类在环境资源开发利用上的利益公正。在国际环境领域,最典型的环境不正义体现在发达国家和发展中国家之间环境利益与环境责任的不公正分担,一方面,发达国家凭借其经济优势和先进技术对不发达国家和地区进行资源掠夺;另一方面,发达国家将环境污染转嫁给不发达国家和地区,导致全球范围内资源分配不均和环境污染不平衡。国际环境正义要求必须重视和改善目前危害发展中国家经济发展与环境资源保护的问题。在国内,环境不正义则主要体现在不同区域之间环境利益与环境责任的不公平分担。由于区域内的自然资源属于公共产品的范畴,主体的环境资源开发利用行为势必会影响到其他主体,主体的环境保护和建设行为也一定会带给其他主体相应的利益。而在此种情况下,生态受益者未必支付其受益的对价,利益受损者和生态环境保护和建设者未必获得其投入的回报。这就产生了双方利益间的冲突和不协调,出现了环境不正义。而法律从其作用来看,就是"为了满足、协调、调整这些重叠和经常冲突的请求、要求,或直接予以保障,或通过界定和协调各种个人利益加以保障,以便使多数人的利益或我们文明中最重要的利益有保障,同时使整个利益清单中其他利益的牺牲降低到最低程度"。[①]可见法律通过行为激励与利益调整,有利于促进社会公平正义的实现。法律机制就是调整利益分配并为这一分配提供保障的统一体。[②] 环境正义认为,实际生活中的环境问题存在一部分受害者或受损者,同时存在与之相对应的一部分受益者。从环境正义视角出发,生态环境保护的受益者和生态产品和服务的享受者应该向与之相对应的利益受损者或生态产品和服务的提供者进行利益上的补偿。因此,生态补偿机制的构建应视环境正义为一项重要的理论基础,在环境正义的立法价值指引下构建京津冀区域生态补偿机制,就是要运用法律手段对区域内不同利益主体的行为激励与环境利益进行调整,以消除区域之间的利益失衡,合理限制区域之间的利益分化,促进区域之间利益平衡,进而实现环境利益与环境责任的公平分担,即实现环境正义。

  (三)法的效率价值

  效率是指"从一个给定的投入量中获得最大的产出,即以最少的资源消耗取得同

---

① 庞德.通过法律的社会控制:法律的任务[M].沈宗灵,董世忠,译.北京:商务印书馆,1984:9.
② 付子堂.法律功能论[M].北京:中国政法大学出版社,1999:68,69,87.

样多的效果,或是以同样的资源消耗取得最大的效果"。作为社会发展的基本价值目标,效率意味着根据预期目的对社会资源配置和利用的最终结果做出的社会评价,即社会资源的配置和利用使越来越多的人改善境况的同时又没有人因此而境况变坏,则意味着效率提高了。① 法的效率价值体现在法律以其特有的权威性分配权利义务的方式实现效率的最大化,而且是包含着社会公平因素和伦理与功利相统一的效率最大化。② 在生态补偿机制构建的视角下分析法的效率价值基础,主要包括两个方面的意义。

首先,效率是评判资源配置状况的重要标准。"帕累托最优"表述了"在资源分配调整的过程中,在没有一个人境况变坏的情况下至少使一个人变得更好"的理想状态,然而在现实生活中,这种理想状态的实现概率微乎其微。特别是在关乎不同主体经济利益的博弈过程中,一部分人境况变好的同时往往伴随着另一部分人境况变坏。所以,以实际经济活动来判断效率的实现,其显示标准应当是使经济活动的任何措施的实施都能实现所得大于所失,而这里得与失的标准应当放在人类社会整体的角度来看,也就是说,从全社会的范围来看,大多数人的受益超过小部分人的损失,宏观上的收益大于微观上的损失,长远所得大于短期所失,这就体现和实现了法的效率价值。从这一角度来看,我们就能够很好地分析和解读许多政策和措施的根本意义,如退耕还林、退耕还草等,实际上是在更大的范围内进行资源的重新配置和利益的重新调整。尽管从一时一地来看,生态环境保护使该地区牺牲和丧失了一定的经济发展机会,但从更加长远的角度来看,生态环境保护和建设的受益是远远大于生态建设地区的损失的。

但效率并不意味着丧失公平。在对资源的重新配置和利益的重新调整过程中,既要实现效率,也要兼顾公平。效率立足于资源,反映人与物之间的关系,法的效率价值要求法的实施以较小的社会资源投入获取最大的社会效益产出;公平立足于人与人之间的关系,强调人人享有平等的追求权利。③ 尽管效率标准可以实现社会资源的优化配置和财富的大量增加,但倘若不同时考虑社会资源分配和利益主体间的公平而盲目地将效率绝对化,将会引发社会不公平甚至影响社会稳定。市场机制本可以实现生态环境资源的优化配置,但其实现前提是不存在外部性问题,否则就容易产生市场失灵的情况。然而,在生态环境保护过程中普遍存在着外部性问题,这也就意味着,仅仅通过市场机制难以实现生态环境资源的优化配置。法律作为调整社会关系的规范性文件,通过具体原则和规则实现对行为主体的规制,维护公平与效率的平衡状态,促进经济社会的稳定发展。从公平和效率的角度来看,京津冀生态补偿机制通过纵向补偿与

---

① 张文显.法理学[M].北京:高等教育出版社,2001:243.
② 张文显.法理学[M].北京:高等教育出版社,2001:247.
③ 万光侠.公平与效率:法律价值的人学分析[M].北京:人民出版社,2000:135.

横向补偿相结合的方式兼顾公平和效率。纵向补偿发生于中央政府与地方政府以及上级政府与下级政府之间,是一种在行政干预下财政纵向转移的生态补偿方式,充分体现出生态补偿过程中的公平性;横向补偿在实现方式上一定程度依靠市场机制,通过市场价格和交易机制在区域生态系统功能的提供者与受益者之间进行生态服务交易,体现出生态补偿的效率。可见,京津冀生态补偿机制在调整生态环境资源配置和利益分配上,既体现出公平的价值追求,也兼顾了效率的价值目标。

其次,生态补偿机制构建中法的效率价值分析,还要从社会效益价值和经济效益价值两方面进行。社会效益指的是在生态补偿机制的构建和运行过程中,作为社会共同成员的不同利益主体之间的利益平衡和价值取向。当基于不同利益诉求的社会群体对生态补偿机制的作用价值形成一致认可且其利益冲突能够得以较好地缓和和解决时,生态补偿机制就取得了正的社会效益。经济效益则是指在生态补偿机制作用下投入和产出的比例关系。当对区域生态系统的投入换取更大的生态价值时,生态补偿机制就产生了正的经济效益。

据此,从经济效益价值层面来看京津冀生态补偿机制,区域生态保护和建设者通过既有利益的投入或潜在利益的放弃,不仅实现了区域生态资源物质性利益的增加,更大大提升了区域生态系统的生态服务价值,且这一价值要远远大于其经济价值和生态投入。在对区域生态服务价值提供者进行合理的生态补偿的情况下,更加积极的环境保护和建设行为将被充分调动,于是生态补偿作为对区域内生态要素的维持和投资,最终获取了更加丰富的生态系统功能和产品,拥有了更高的生态服务价值。可见,京津冀生态补偿机制通过对区域生态系统服务利益相关者之间的关系的调整,产生了经济效益价值。另外,从社会效益价值层面来看京津冀生态补偿机制,在区域生态环境的保护者和建设者付出了成本却不能得到补偿,而生态环境的破坏者和生态服务的受益者也无须为其行为支付任何费用的情况下,极易产生双方的利益冲突,使不同主体之间的环境利益和经济利益难以调和。生态补偿通过向区域生态环境的破坏者和生态产品和服务的受益者收取生态补偿费用,对区域生态环境保护者和建设者以及生态产品和服务提供者进行补偿,同时对区域生态环境的保护和修复进行投入,既有效缓和了区域各主体之间在开发、利用和保护区域资源中的利益冲突,也使区域生态系统功能得以恢复和改善,维持了区域环境经济一体化的可持续发展。可见,京津冀生态补偿机制是通过一系列的制度安排和实施来协调和平衡区域生态环境资源的经济效益价值和社会效益价值的关系,解决在区域经济社会发展过程中经济价值与生态价值之间的矛盾,体现出经济正效益和社会正效益的统一。

(四)法的秩序价值

秩序是法的内在价值的集中体现,是人类一切活动的必要前提[①]。正如博登海默

---

① 刘金国,舒国澄.法理学教科书[M].北京:中国政法大学出版社,1999:294.

所言,"一个法律制度若要恰当地实现其职能,不仅要力求实现正义,而且还须致力于创造秩序"[①]。苏联法学家雅维茨认为:"法律秩序是相互关系的这样一种状态,它是法律规范和法律实际实现的结果,保证社会所有成员无阻碍地享受赋予他们的权利,并且也履行他们的法律义务。""法律秩序能够被看作法律实现的终点。"[②]社会性是人的根本属性,人与人组成的社会需要维持在一个有序、和谐的关系之上,这是经济发展和文明进步的前提和基础。法作为调整社会关系的一种重要手段,法的秩序价值就是指法对社会生活中秩序的维持,具体表现在法律通过立法和执法有效疏导社会关系,通过司法制裁恢复不稳定的社会关系,通过直接调整一定的社会关系使之具有法律性质和意义,并得以维持在有序的法律秩序状态之下。法的秩序价值要求人们的行为遵循法律规定,正确地行使权利和履行义务。

就京津冀生态补偿机制而言,秩序价值尤为重要。首先,如果没有京津冀生态补偿机制进行公平公正的利益再分配,就容易造成区域各主体之间对资源分配和使用进入一种恶性竞争的无序状态,人与自然、人与人之间的矛盾将日益尖锐。其次,如果没有生态补偿的相关原则规则的调整,就会导致生态系统破坏者和建设者、提供者和受益者之间补偿权利义务关系不明和责任不清,造成一方无偿付出和另一方免费享受的现象,使生态系统破坏者和建设者、提供者和受益者之间的社会关系处于一种无序状态中。是故,京津冀生态补偿机制在其制度设计中充分体现了法的秩序价值。在规则制定上,京津冀生态补偿机制考虑和平衡所有相关利益主体的利益诉求,在公平理念下进行利益主体权利义务的再分配,构建能够实现整体利益最大化的制度模式。在程序设计上,京津冀生态补偿机制将所有相关利益主体纳入其中,通过区域各主体之间的协商谈判和广泛的公众参与,对不同群体、不同层级的利益诉求得以兼顾和平衡,最终达成跨区域生态补偿协议,解决区域主体间的无序竞争状态。在实施过程中,京津冀生态补偿机制明确了相关利益主体的权利义务关系,一方面通过约束环境污染破坏和无节制的资源利用行为,确保区域内其他主体的环境权;另一方面通过生态补偿对区域内的资源利用关系和利益关系进行平衡,促进整个区域人与环境的和谐发展。此外,在涉及公共性较强的生态环境恢复和建设方面,京津冀生态补偿机制规定了针对生态系统本身的补偿方式,并明确了补偿主体和具体行为主体,据此,区域内各主体在开发利用区域环境资源的过程中,必须遵守法律的规定对生态利益相关者进行生态补偿,以此来承担生态环境保护义务,实现区域生态环境的平衡和稳定。可见,秩序是京津冀生态补偿机制的一项重要价值追求,体现在人与自然、人与人、人与社会的关系的方方面面,倘若没有了秩序价值,区域生态的公平与效率价值也变得毫无意义。

[①] 博登海默.法理学:法律哲学与法律方法[M].邓正来,译.北京:中国政法大学出版社,1999:318.
[②] 雅维茨.法的一般理论:哲学和社会问题[M].朱景文,译.沈阳:辽宁人民出版社,1986:203.

二、权利义务

(一)权利义务对等

权利和义务是法的核心内容。任何一项权利的享有都同时伴随着相应的义务承担,权利享有者同时也是义务承担者,权利义务对等是法的本质要义。权利义务关系存在于社会关系的方方面面,是构成社会主体之间法律关系的主要内容。在生态环境保护法律中,权利主体与义务主体也具有同一性,最基本、最直接的体现就是每一个主体既有享受良好环境的权利也承担着保护环境的义务。这意味着,在任何一个区域范围内,权利和义务在总量上是相当的,如果出现了一部分主体的权利享有和其义务承担在绝对值上的不对等现象时,就说明一部分人承担了较多的义务而享受了较少的权利,与此相对应,就有另一部分人占有了超出其自身义务承担部分的剩余权利。在区域生态关系实践中,某一地区为维持和改善区域整体生态系统服务功能,往往承担起较多的保护生态环境、维持生态平衡的义务,但与此同时,该地区经济社会发展在一定程度上受到限制或剥夺。显而易见,该地区生态环境保护行为不仅使其自身受益,更重要的意义在于对周边地区及整个区域乃至国家的生态环境的积极作用。而那些受益地区享受着良好的生态环境权利却并未为此承担相应的义务。最典型的例子就是为了保障首都的天蓝水绿,河北、天津在经济发展上做出了很多贡献,许多企业关停并转,却得不到补偿。再如淮河流域为保障国家商品粮基地的粮食储备和输出,在粮食生产中所使用的化肥和农药使淮河生态系统恢复的成本提高,但这部分负担并没有主体做出补偿。

尽管作为调整人们之间相互关系的行为规范,法律不是唯一的手段,但法的强制力使行为主体可以清楚地确定自己行为的回报预期,合理做出行为的价值判断。当出现权利享有与义务承担的不对称情况时,仅依靠良心和道德自觉来回报道义行为,不具有长久性和激励性,此时就必须通过法律手段对这种不对等的权利义务分配进行纠正。法律既强调对公民个体权益的保护,也要求对社会公共利益进行合法保障。当行为主体投入有利于生态环境保护和建设的成本时,法律应秉承平等保护合法权益的理念,通过规定社会中的受益者群体公平分担上述环境保护和建设投入的方式,调和个体权益与公共利益之间的不平衡状态,实现法律的公平价值。

京津冀生态补偿机制就是要在法学的视域下研究并以法律的方式明确生态环境破坏者与建设者以及生态系统服务提供者和受益者之间的权利义务关系,使环境破坏受损者、环境保护建设者和生态服务提供者的付出的利益得到修复,使环境破坏者和生态服务受益者支付相应对价。因此,区域生态补偿在法律上主要反映为一种人对人的补偿,它是环境破坏者和生态服务受益者通过资金、实物、技术或政策优惠等方式对环境破坏受害者和受损者、环境保护建设者和生态服务提供者在区域环境资源开发、利用和保护过程中为建设和保护生态系统而支付的各项费用、丧失的机会成本、遭受的利益损失等做出的补偿,实现了生态保护主体和生态受益主体间权利义务关系的平衡。

(二)公民的环境权

环境直接影响着人类的生存,而人类的生产生活活动也无时无刻不在直接或间接地影响着环境。日益严峻的环境危机使人们深刻反思自身的行为,重新审视人类和自然本应的存在关系。环境问题的实质并不是环境本身出了问题,而是人类自身的存续问题,原因就在于人类一旦离开了环境就无法存活。[①] 当我们有了这种深刻的认识后,对环境权就有了清晰的认识。环境权是人类环境问题发展的产物,从表面上看,环境权着眼于人与自然之间的关系问题,但实质上,环境权关注的是人与人之间的关系以及人与社会之间的关系问题。既然环境问题的实质在于人,在于人类社会的生产生活活动超过了生态环境所能承受的范围,那么,环境问题的解决必然要通过确定人与人之间的权利义务关系,调整主体行为以规范人类社会活动来实现。

于是从20世纪60年代开始,理论界开始了关于环境权的研究。美国学者萨克斯教授在20世纪70年代初根据公共信托原理提出了"环境权理论"。他指出,公共信托理论有如下三个相关的原则:"第一,像大气、水这样的一定的利益对于市民全体是极其重要的,因此将其作为私人所有权的对象是不贤明的。第二,由于人类蒙受自然的恩惠是极大的,因此与各个企业相比,大气及水与个人的经济地位无关,所有市民应当可以自由地利用。最后,增进一般公共利益是政府的主要目的,就连公共物也不能为了私人利益将其从可以广泛、一般使用的状态而予以限制或改变分配形式。究极地看待信托问题的指标,不是单单看事实上将公共财产按不同用途做出再分配、或包含各种补助金的要素等,而是看其中是否缺乏由此而达成代偿各种公共利益的重要证据。"他认为,"人们不必将清洁的大气和水这类共有的财产资源仍然视为企业的垃圾场,或者任由追求利润的人们尽情消费的免费的美味,而必须将其视为全体市民共同的利益。这些利益与所有的私人利益一样,都同样具有受到法律保护的资格,并且其所有者具有强制执行的权利""在不妨害他人财产使用时使用自己的财产,不仅适用于现在以及所有者之间的纠纷,而且适用于诸如工厂所有者与对清洁大气的公共权利之间的纠纷、不动产业者与水产资源和维持野生生物生存地域的公共权利之间的纠纷、挖掘土地的采掘业者与维持自然舒适方面的公共利益之间的纠纷"[②]。这就是萨克斯提出环境权理论的主要根据。对此,萨克斯认为,"只有当我们一方面提出这样的问题,另一方面又意识到将公共权利的正当性作为与传统的私人财产利益相对等的东西来看

[①] 林灿铃.国际环境法[M].北京:人民出版社,2011:40.
[②] 萨克斯.环境保护:为公民之法的战略[M].山川洋一郎,等译.东京:岩波书店,1970:186.

待时,才能说我们开始走上建立有效的环境法体系的真正道路"。

环境权在国际文件里最早出现于1972年《人类环境宣言》。该《宣言》提出:"人类环境的两个方面,即天然的和人为的两个方面,对于人类的幸福和对于享受基本人权,甚至生存权利本身,都是必不可少的。""人类有在尊严和幸福生活的环境中享有自由、平等和适当生活条件的基本权利,并且负有保护和改善这一代和将来的世世代代的环境的庄严责任。"之后很多国家都在其立法中提出了环境权,认为每个公民都有在良好的环境下生活的权利,公民的环境权是公民最基本的权利之一,应该在法律上得到确认并受法律的保护。[①] 1992年《里约环境与发展宣言》在原则一中又一次明确提出:"人类处于备受关注的可持续发展问题的中心。他们应享有以与自然相和谐的方式过健康而富有生气成果的生活的权利。"越来越多的国家通过环境权立法明确国民的环境权并赋予国民环境诉讼主体资格,建立了环境权司法审判程序。[②] 可见,环境权在国内、国际法律中的地位已经得以确立。作为一项基本人权,环境权是每个人生而就有的权利,是不能剥夺的,是当代人乃至未来后代人享有的在良好环境中生存和生活、接受阳光的普照、呼吸清洁空气、引用清洁的水、观赏怡人的风景以及平等、合理地利用环境资源的权利。[③] 可以认为,环境权不应被解释为抽象定义的对理想环境的权利,而应解释为使现有环境受到保护、使之不被破坏以及在某种情况下使环境得到改善的权利。因此,人人享有环境权,生态补偿是公民环境权实现的一种重要形式,生态补偿机制的构建是区域环境主体享受环境权的充分体现。

(三)可持续发展理论

可持续发展思想由世界环境与发展委员会在其1987年发表的《我们共同的未来》的报告中正式提出。报告将可持续发展定义为"既满足当代人的需求,又不危及后代人满足其需求的发展"[④]。由此,可持续发展包括发展和可持续两个层面的含义,即在实现发展的同时必须保证这一发展是可持续的。发展仍是当前的第一要务,但是现在要求的发展并不是单纯的经济增长,不仅仅是经济增长和人民生活水平的提高,而应当是社会整体的进步。同时发展还要受到社会因素、经济因素、生态因素等各方面的影响,其中生态因素的影响是最基本的,没有生态系统为人类提供源源不断的物质能量支持,发展将无从谈起。1992年《里约热内卢环境与发展宣言》提出的可持续发展观完善了保护性利用资源制度。"最优化的而不是最大的"或者"长期有利环境的"资源利用模式将维持自然的生存基础(包括为了下一代人)与提高不发达国家的生活水平有机结合起来。"不是孤立地看待环境保护,而是将环境保护视为发展过程中的有

---

① 金瑞林.环境法学[M].北京:北京大学出版社,1990:112.
② 吕忠梅.环境法新视野[M].北京:中国政法大学出版社,2000:236.
③ 林灿铃.荆斋论法:全球法治之我见[M].北京:学苑出版社,2011:412.
④ 环保总局行政体制与人事司.环境保护基础教程[M].北京:环境科学出版社,2004:80.

机组成部分。"环境与发展密不可分的关系更加深入人心,可持续发展被众多的国家纳入本国的发展战略中。① 中国政府于1994年率先在世界范围内推出第一份可持续发展战略实施方案——《中国21世纪议程：人口、环境与发展白皮书》,高度体现了对可持续发展思想认识的深化和对生态系统保护的重视。

可持续发展理论首先强调发展,认为人类生活的需要和贫困状态的改善是必要而且首要的,但发展并非不受限制,可持续发展的概念中包含着制约,这种制约既来自人类目前的技术状况和环境资源方面的社会组织,也来源于生物圈承受人类活动影响的能力。人们能够对技术和社会组织进行管理和改善,以开辟通向经济发展新时代的道路。因此,可持续发展理论要求在发展过程中坚持两个观点：一是在自然承载力范围内实现经济建设和社会发展,满足人们日益增长的物质文化需求,但绝不能使资源耗尽、环境恶化;二是在经济社会发展过程中不断恢复和修复遭受破坏或濒临破坏的生态系统,促进生态系统的可持续性发展,持续为后代人发展提供资源保障和环境安全,保证当代人与后代人发展的机会平等②。

以维持和恢复生态系统功能为主要目的的生态补偿机制,充分体现出可持续发展理论要求。生态补偿机制的构建着眼于不同利益主体间经济利益和环境利益的平衡,首先承认在经济社会快速发展和人们生活水平提高的过程中会出现区域环境外部化问题,同时通过生态补偿调整生态环境保护者和破坏者等各方主体之间的利益关系,通过生态补偿机制设计,综合运用多种方式和措施实现对区域生态环境的有效保护,运用生态补偿手段促进外部成本内部化,运用有效的生态补偿形式消除生态环境的负外部性影响,最终促进生态系统的保护和区域资源环境的可持续发展。③ 由此可见,生态补偿机制把生态环境保护提升到国家管理的层面上来,有利于利用社会宏观管理手段,规范生态环境资源的开发利用过程,从整体上对整个社会的生产活动进行宏观调节,有利于推进资源的可持续利用,实现不同利益群体的和谐发展。生态补偿机制有利于提高全民环保意识,规范每一个社会成员关注其生存的自然环境,使生态环境保护意识深入人们生产和消费的各个环节中去,解决人类发展同环境保护之间的矛盾。因此建立和完善生态补偿机制将从根本上有助于促进实现人类社会的可持续发展。

---

① 林灿铃,吴汶燕.国际环境法[M].北京:科学出版社,2018:64.
② 朴光洙等.环境法与环境执法[M].北京:中国环境科学出版社,2002:45.
③ 杨娟.生态补偿法律制度研究[M].北京:科学出版社,2006:138.

第三章 京津冀生态补偿机制构建的基本原则

法律原则是法律的基础性真理或原理,为其他规则提供基础性或本源的综合性规则或原理,是法律行为、法律程序、法律决定的决定性规则[1]。法律原则具有蕴涵与储存价值的属性与功能,体现着法律制度的基本属性以及价值倾向。[2] 任何法律机制在其调整的权利义务关系领域,所有的法律规范都以基本原则为指导思想,各项具体原则、规则和制度都是基本原则的具体化。

生态补偿机制构建的基本原则,充分蕴含和体现了生态补偿法律制度的属性和功能。作为生态补偿应当遵循的基本准则,它直接指导生态补偿主体在区域环境法律关系中开展活动。因此,生态补偿机制构建的基本原则必须体现环境法的基本属性和精神,维护生态利益和可持续发展的价值倾向,其范围适用于生态补偿的全过程,并对生态补偿机制发挥指导作用。

第一节 生态效益与经济效益协调统一原则

一、生态效益与经济效益协调统一原则概述

生态效益与人类社会生存发展的长远利益息息相关,这指的是人类在生产生活中利用生态平衡规律使自然界的生态系统对人类生存发展和生态环境产生的有益影响和有利效果。[3] 经济效益是社会经济活动中对劳动耗费和劳动成果的比较,即依靠商品和劳动与外界之间的流通和交换获得的社会劳动剩余,提高经济效益就是指用最小的劳动量获得最大的经济成果,或者用相同的劳动量获得更多的经济成果。[4] 生态效

---

[1] Black's Law Dictionary[M].St. Paul,Minnesota:West Publishing,1983:1074.
[2] 科特威尔.法律社会学导论[M].潘大松,译.北京:华夏出版社,1989:67-71.
[3] 辞海[M].6版.上海:上海辞书出版社,2011:578.
[4] 辞海[M].6版.上海:上海辞书出版社,2011:2259.

益与经济效益的关系实际上就是环境与发展的关系,生态效益与经济效益协调统一实际上就是可持续发展。生态系统的有序维持和良性运转是实现生态效益与经济效益协调统一的前提和基础。可持续发展是21世纪的主题,其中心内容是要求经济增长与环境保护的协调。这是人类社会发展的一种新理念、新模式。可持续发展原则要求环境与发展两方面的互相结合,维护经济效益和生态效益的协调发展,从而实现整个社会的和谐可持续发展。生态效益与经济利益协调统一原则是环境法可持续发展原则的重要体现,有利于实现人与自然的和谐发展。

我国环境立法从确立之初就十分重视正确认识和处理经济发展与环境保护的关系。1979年《环境保护法(试行)》中明确规定,"国务院和所属各部门、地方各级人民政府必须切实做好环境保护工作;在制定发展国民经济计划时,必须对环境的保护和改善统筹安排,并认真组织实施……"(第五条)。1981年,国务院发布《关于在国民经济调整时期加强环境保护工作的决定》,其中也提出将保护环境和自然资源作为综合平衡的重要内容。1983年召开的第二次全国环境保护会议制定了环境保护与经济建设统筹兼顾、同步发展的方针,并明确提出将经济建设、城乡建设和环境建设同步规划、同步实施、同步发展,实现经济效益、社会效益、环境效益相统一。1989年出台的《环境保护法》第四条规定:"国家制定的环境保护规划必须纳入国民经济和社会发展计划。国家采取有利于环境保护的经济技术政策和措施,使环境保护工作同经济建设和社会发展相协调。"《环境保护法》作为我国环境保护的基本法,其中的这一规定作为一项基本环境政策,体现出环境与经济协调发展的指导意义。2014年修订的《环境保护法》第四条第二款也明确提出:"国家采取有利于节约和循环利用资源、保护和改善环境、促进人与自然和谐的经济、技术政策和措施,使经济社会发展与环境保护相协调。"

二、生态效益与经济利益协调统一原则的要求

长期以来,人们在开发利用生态环境时,往往只关心自己的经济利益,很少有人关注对生态环境的污染和破坏,更鲜有人会主动治理和恢复生态环境,使得环境功能和经济功能的矛盾冲突不断升级。生态补偿机制的构建是应时所需,是由于人们在生产生活活动中的生态环境开发利用行为造成生态资源稀缺和生态环境破坏,环境外部不经济性问题突出而未决,进而导致生态环境保护和建设者以及生态产品和服务提供者的积极性受挫,反过来在很大程度上阻碍了环境外部性问题的解决和经济与生态的可持续发展。生态补偿成为解决环境外部不经济性和缓解生态产品和服务不足的必然选择。生态效益是依附于生态系统发生的外部效益。如前所述,生态环境资源要素不仅具有对于人类而言的经济价值,同时还具有远超过其经济价值的自身的生态价值。因此,经济社会中效益原则的内涵也应相应包括经济价值和生态价值的统一。只有经

济效益而忽视生态效益的做法是错误的。在生态补偿机制设计上尤其要关注到这一点，并将生态环境资源要素的生态价值作为重要构成部分，科学规范和调整经济效益和生态效益的关系，承认生态效益是经济效益的前提，生态效益的损毁将直接作用于经济效益，二者的正负增长具有同向性，并在此基础上构建生态补偿机制中经济效益和生态效益的发展逻辑。唯有维护并努力改善生态效益，才能使经济效益得以保障和提高。

生态补偿机制的实质是一种利益调节机制，其内涵覆盖了人与自然、人与人、人与社会、今世与后代的种种关系中的利益调节，当然也包括对经济效益和生态效益的调节，也就是通过生态补偿实现生态环境资源经济效益和生态效益的可持续发展。价值理论的研究往往会涉及当不同价值发生冲突时应该更多地保护何种价值，事实上，尽管经济发展与生态环境保护在一定程度上存在冲突和矛盾，这主要体现在经济发展对于生态环境资源的无限需求与生态环境资源的有限供给上，同时也包含了经济发展的增长性和生态环境的稳定性之间的差别，但二者拥有共同的目的，就是通过改进生活质量而增进社会福利。它们辩证地统一于"可持续发展"，牺牲任何一种利益都不利于人类社会的发展，我们没有必要在环境保护和贸易自由之间做出非此即彼的选择，更不能将经济效益与生态效益粗暴地对立或割裂开来，简单地划分两者的先后等级。因为二者对人类的生存和有一个更加美好的未来都是缺一不可的。但与此同时，我们也要意识到，贫穷是最大的环境问题，因为贫穷加重了对环境资源的压力使环境质量退化，而环境质量的退化又加剧了贫穷。所以，在特定时期、特定地区可以采取优先发展经济的政策，因为消除贫穷是实现可持续发展的必不可少的条件。这是毋庸置疑的。但这并不意味着要解决贫困问题就可以毫无顾忌地开发利用生态环境资源，否则将给生态环境带来不可逆转的重大损害。事实证明，可持续发展才是从根本上解决经济发展与生态环境保护一体化的有效途径，这表示在二者的冲突中，决不能顾此失彼，而必须从长远的角度来看待和处理经济利益与生态利益的协调发展问题。

因此，在具有内在增长性的经济发展与具有内在稳定性的生态环境保护之间，是存在一种协调机制的，它可以有效保证在经济与环境发展过程中，不会因为一种利益的最大化而牺牲或放弃另一种利益。倘若能够通过一系列制度安排和实施建立起这种协调机制并使之发挥应有作用，就能够实现经济发展与环境保护的协调统一。建立区域生态补偿机制一定要立足于我国新时期建设社会主义和谐社会的重大目标，将生态建设和经济社会发展协调统一起来，以经济发展为支撑，合理使用现有的生态产品，有效保护现有的生态资源，按照统筹区域协调发展的要求，在生态补偿的同时，使经济社会得到发展。区域生态补偿机制的立法目的和意义就在于通过一系列的生态补偿制度安排和实施，促进区域经济利益和生态利益的协调统一，一方面以生态补偿中的经济利益为驱动，推动生态环境的保护和建设；另一方面以生态补偿中的生态利益为前提,实现经济利益更好更快的发展。① 如是,经济利益和生态利益在生态补偿机制的构建和运行过程中相互协调,统一发展,促进整个社会经济效益与生态效益的同时最大化和一体化可持续发展。

第二节　利益衡平原则

一、利益衡平原则的意义

经济发展是人类自身生存和进步所必需的,不得不承认,在竞争残酷的现代社会中,个人功利主义思想占据一定的地位。行为主体的所有经济活动都以自身利益为出发点,设法最大限度地开发利用生态环境资源这一公共物品,却不愿与他人分担和共享生态利益。这就导致在生态环境资源的开发利用过程中,大多数主体一方面只考虑个人眼前利益、局部利益和短期利益,不考虑人类的长远利益和整体利益,为了保证自身的经济增长,毫无顾忌地向自然掠夺资源,破坏生态环境,使经济增长与环境失调,造成人与自然关系的失衡。另一方面,不同利益个体从功利主义出发形成了各种各样的利益群体,各利益群体在追求自身利益的竞争中不惜牺牲其他利益群体的利益,加剧了人与人之间的利益冲突。无论是从世界各国还是各国国内的经济发展历程来看,以政治地域划分作为单元,我们不难发现存在着这样几种情形:一部分地域的经济发展是以牺牲另一部分地域的自然资源和生态环境为代价的;一部分地域的经济发展是以牺牲另一部分地域的发展机会为代价的;一部分地域的环境享受是以牺牲另一部分地域的经济发展为代价的;一部分地域的环境享受是以牺牲另一部分地域的环境享受为代价的。这种极具功利性、短视性的思想和行为的危害性是很大的。因为,第一,对于环境保护来说,预防成本往往远比治理成本低,环境污染和破坏一旦到了无以复加的地步再来治理,比通过预防和日常维护所花费的成本要高得多。第二,即便花费再高,有些环境条件的改变和丧失是永久的、不可逆的,如动植物物种一旦灭绝,付出再大的代价也无法挽回,而且,这种损失及其对生态环境的影响更是无法用货币来衡量的。第三,实践中的这种短视行为会引发一系列的社会问题,如围绕社会与自然关系产生的原料、能源和资源危机,环境污染蔓延;围绕人与社会关系产生的人的自由和人的异化问题以及由此造成的心理危机和信仰危机等。这就必然导致不同主体之间的利益冲突甚至对立。尽管环境保护行为从长远的角度来看,其正向效益的受益主体既包括保护者同时又远远超出保护者乃至全人类,但就保护者个体而言,其生态保护行为的付出成本并不能即时获得经济效益和补偿,因而大大限制了这些利益主体从事这

---

① 陈慈阳.环境法总论[M].北京:中国政法大学出版社,2003:37.

种内部效应为负的行为的积极性和实效性。同样,尽管对于任何一个区域而言,它所享有的发展权和环境权是平等的,但在权利的实现程度上,不同的主体是存在差异的。

那么,如何协调不同利益主体之间在发展区域经济和环境保护过程中的利益冲突和权利平衡,就需要科学合理地设计生态补偿机制并使之有效运行,引导行为主体改变单纯考虑自身利益的功利主义发展观,树立和实现经济、生态、社会效益相统一的全面发展。而且,必须明确生态补偿机制运行的基本原则以平衡各主体在区域经济发展和环境保护二者利益调整的动态过程中可以并行不悖。台湾学者陈慈阳指出,"环境保护之衡平性是环境立法的一项基本任务,必须衡平环境使用者彼此间或其与公益间的利益冲突与矛盾"。在生态环境资源的开发利用与生态环境保护过程中,利益分配不均和利益冲突情况时有发生,常常会出现个人利益、区域利益与生态利益的不一致、不平衡的矛盾和冲突。只有以利益衡平为基本原则构建生态补偿机制,才能有利于实现各相关利益主体权益的动态平衡,有效化解主体间的利益冲突。

二、利益衡平原则的要求

环境公平要求所有主体在生态环境资源的开发、利用和生态环境保护上享有同等权利,承担同等义务。利益衡平原则的总体要求是人们在以开发、利用自然为基础的生产生活活动中维持生态系统平衡和生态效益不被损害,使生态环境资源在价值形态上始终保持增值的状态。因此,当一部分地域的经济发展以牺牲另一部分地域的自然资源和环境或发展机会为代价,抑或一部分地域的环境享受是以牺牲另一部分地域的经济发展或环境享受为代价时,利益衡平原则要求通过对生态环境破坏者和生态服务受益者的实际受益进行货币化计量并相应支付给环境破坏受损者、环境保护建设者和生态服务提供者,以有效实现生态环境保护主体的自身利益,通过生态补偿协调和平衡不同区域之间的利益关系,缓解因区域利益分配不均或区域生态功能选择不同而导致的利益冲突,促进经济发展与生态保护在各地区、各行业之间的动态平衡,最终推动区域整体的全面可持续发展。

在对生态补偿机制的政策研究中,利益衡平原则始终被加以强调。例如中国生态补偿机制与政策研究课题组从制度角度进行分析,指出"生态补偿"(Eco-compensation)就是:以保护和可持续利用生态系统服务为目的,以经济手段为主要方式,调节相关者利益关系的制度安排。生态补偿政策是以保护生态环境、促进人与自然和谐发展为目的,根据生态系统服务价值、生态保护成本、发展机会成本,运用政府和市场手段,调节生态保护利益相关者之间利益关系的公共政策。[①] 2007 年发布的《关于开展生态补偿试点工作的指导意见》中提出:"生态补偿机制是以保护生态环境、

---

① 中国生态补偿机制与政策研究课题组.中国生态补偿机制与政策研究[M].北京:科学出版社,2007:22-34.

促进人与自然和谐为目的,根据生态系统服务价值、生态保护成本、发展机会成本,综合运用行政和市场手段,调整生态环境保护和建设相关各方之间利益关系的环境经济政策。"可见,生态补偿机制强调在保护和改善生态环境的同时衡平和调整各方利益,着眼于实现生态环境保护相关各方利益的平衡。作为京津冀生态补偿机制构建的一项基本原则,利益衡平原则的重要性尤为突出。这是因为,生态环境资源是人类的共同财富,所有人都拥有平等利用生态环境资源的权利和机会。但是在京津冀区域生态建设中存在着落后地区和发达地区间的不公平问题。许多落后地区由于生态环境保护而牺牲了地区经济发展利益,但其提供的生态产品服务却没有体现出价值。这就造成了地区之间发展的不平衡。此时,生态产品和服务的享受者应以其受益程度为根据,向生态环境保护和建设者及生态产品和服务提供者做出适当的经济补偿。反之,在生态环境资源开发利用过程中造成生态环境损害或破坏的,其行为主体应承担相应的经济利益补偿。当前的现实是,经济发展水平较高的地区往往生态意识较强,生态环境保护状况较好,而为生态建设付出代价和做出贡献的往往是经济发展较为落后的地区,然而由于地缘上的紧密联系,如果一个地区的生态环境遭到严重破坏,对相邻地区的影响是首当其冲的。坚持利益衡平原则并基于此原则建立有关区域生态补偿机制,通过生态补偿支持落后地区的经济社会发展,逐步建立权责利相一致的规范有效的生态补偿体系,有利于协调各方利益,明确各方义务,通过生态补偿机制的构建设立跨区域的协调管理机构,开展针对生态补偿相关具体问题的协商,有效地促进不同的区域利益主体之间的利益平衡与协调,解决相关主体之间的矛盾和冲突,实现生态保护地区和受益地区的共同发展。

三、利益衡平原则的延伸

社会生产生活方式是自然条件和社会条件共同作用形成的。不同区域的自然条件和社会条件存在差异,使各区域的社会生产生活方式呈现多样性的特征。与此同时,不同地区在生态环境保护方面的任务、目标及其优先顺序也不尽相同,由此的生态补偿标准和目标也会存在较大的区别。因此在制定区域环境治理政策和法律规制时,应充分看重区域差异,无视社会生产生活方式的差异和不平衡的现状,对不同区域或不同主体实行整齐划一的标准,是难以有效实现管制目标的。

在区域生态补偿机制的构建中,基于不同地区和不同主体之间存在的差异性,生态补偿的实施既要满足对受偿者的对等补偿,同时也要将补偿者的实际情况充分考虑在内,协调好补偿者和受偿者之间的利益平衡。这就要求在区域生态补偿标准的制定上坚持适度性原则。在京津冀生态补偿机制构建中贯彻适度性原则,是利益衡平原则的延伸。而京津冀生态补偿坚持适度性原则,其实质就是正确处理补偿标准的问题。合理明确的生态补偿标准直接影响着京津冀生态补偿中行为主体的行为选择,进而决定着京津冀生态补偿的实施效果。如果生态补偿标准设定过高,生态补偿的受益地区不愿意甚至不能接受补偿标准,将导致生态补偿无法实施;如果生态补偿标准设定过低,又会直接影响到生态保护和建设地区同利益受损和牺牲地区的积极性,不利于京津冀区域整体的生态环境保护。所以在确定京津冀生态补偿标准时,既要考虑生态环境保护和建设区域的牺牲和损失,又要衡量生态受益区域的现实补偿能力,进而在对二者主、客观因素综合考量的基础上找到一个平衡点,并据此来制定生态补偿标准,使生态补偿的补偿者和受偿者都能接受并有意愿持续做出有利于促进物质资料再生产、人口再生产与生态再生产良性发展的有益行为。

第三节 公平合理利用原则

一、公平合理利用原则的内涵

(一)公平

公平和正义作为法的基本价值属性,长期以来是人类社会共同追求的目标。公平强调平等对待每一个相关对象,形容处理事情合情合理,不偏袒任何一方;正义则被解释为公正的、正直的。公平正义的基本含义是社会中各种收益和风险、权利和责任应该得到公正的分配,犹如天平的平衡。

公平与法律的紧密关系一般是我们在对公平这一概念进行考量时会最先思索的问题。[①] 法律是人类公平诉求的载体。法实际上就是善良和公正的艺术,[②]实质的公平是法律的灵魂所在,也是法律不懈追求的精神旨意,生态补偿的重大意义就在于践行这一法律精神。[③] 在生态补偿机制中强调公平,实质上就是要实现各主体间利益的合理分配。公平是生态补偿追求的价值目标,也是生态补偿原则的一项重要内涵,贯穿于生态补偿的方方面面,既包括机会公平和分配公平,也体现在生态补偿的代内公平和代际公平,更蕴含于生态伦理所追求的人与自然及人与人之间的公平。

(二)合理

合理原则最早确立于1911年"新泽西标准石油公司案",要求法官在处理垄断案件时采取谨慎的态度,认真权衡利弊得失,在充分考虑当事人的行为意图、行为方式以

---

① 西季威克.伦理学史纲[M].熊敏,译.南京:江苏人民出版社,2008:56.
② 这句格言来自乌尔比安(Ulpianus)的《法学阶梯》(*Institutionum*)第一卷,原话是:致力于法的研究的人首先应该知道"法"这个称呼从何而来.法其实来自正义;实际上,就像杰尔苏定义的那样,法乃善良与公正的艺术.
③ 金勇义.中国与西方的法律观念[M].陈国平,等译.沈阳:辽宁人民出版社,1989:74.

及行为后果等因素后,再对当事人的行为是否构成垄断和是否违法做出判断。① 因此,合理原则重在追求个案公正,强调在法官的审理过程中综合考量多重要素,全面地解释事实,有利于提高案件解决效率和实现结果公平。

生态补偿机制是一个利益调节机制,实际上伴随着对不同主体利益的调整,也是一个利益再分配、物质财富重组的过程,因此在生态补偿中必须遵循合理原则,审慎考虑各种相关因素和各方权益,特别是在自由裁量空间范围更应以合理原则为依据,避免在缺乏具体规定的情况下,过多地依靠政府行政手段而导致操作中弹性太大,无形中为以言代法、以权代法打开方便之门。

二、公平合理利用原则的要求

1997年联合国大会通过的《国际水道非航行使用法公约》明确提出"国际水道"②这一概念,并建立了关于"国际水道"的公平合理利用原则,③这被公认为是跨界水资源开发利用领域公平合理利用原则的基石。公平合理利用原则规定各国有权在其领土内公平合理地使用跨界水资源并分享其利益,但不能剥夺其他国家公平利用的权利。它在明确各流域国有权利用位于其领土内的跨界水资源是每一流经其领土或为其领土边界的国家都享有的权利的同时,规定各国享有与其他流域国所享有的跨界水资源开发利用权利相等且相关的使用权利。同时,公平合理利用原则承认,如果对跨界水资源的开发利用并不能充分实现所有有关国家的合理利用和从中受益而导致使用冲突,为了维护各国对于跨界水资源所享有的平等的权利,应当努力寻求跨界水资源开发利用的最佳方式。

可以说,不仅仅是跨国河流,在一国境内的跨区域自然资源的开发利用都涉及公平合理利用的问题。所以,关于跨界资源的管理、开发和利用,不同区域的相关主体均应考虑到其他资源共有区域公平利用这些资源的权利。

公平合理利用原则在京津冀生态补偿机制构建的许多方面都起着重要的指导作用。在生态补偿标准上,公平合理原则要求标准的制定要考虑补偿地区的经济发展水平,生态标准要客观、适度、合乎理性。在生态补偿方式上,公平合理利用原则要求每一种补偿方式的确定都要综合考虑相关因素,比如在考虑征收生态税的问题上,要通过公众广泛参与的社会调查,对税收的社会影响、征收幅度、征收方式等因素加以综合考虑。在生态补偿实施的过程中,公平合理利用原则直接适用于在法律没有规定或只有原则性规定而具体规则和措施缺失时,生态补偿主管机关要按照该原则指导执法行

---

① 刘洁.关于《反垄断法》实施中一些问题的疑惑[J].法制与社会,2014(11):90,91.
② 根据公约第二条用语,"水道"是指地面水和地下水的系统,由于它们之间的自然关系,构成一个整体单元,并且通常流入共同的终点;"国际水道"是指其组成部分位于不同国家的水道。
③ 资料来源:《国际水道非航行使用法公约》第五、六条。

为,进行自由裁量。此时,公平合理原则的要求就是,生态补偿机关的执法行为和裁量决定必须符合生态补偿的立法目的和客观规律。这是因为,一方面,立法目的是立法的内在精神和价值所在,法律原则、规则和制度无一不是为实现立法目的而制定的,那么在法的实施过程中,尤其是在做出自由裁量的时候,首先要考虑的就是是否有利于立法目的的实现。生态补偿的立法目的就是为了实现维持和恢复生态系统功能,因此公平合理原则要求生态补偿主管机关的行为必须有利于实现这一立法目的。另一方面,在任何一个领域,规律都是客观存在的,我们必须使我们的行为建立在对客观规律的尊重和遵循上,生态补偿亦如此。在京津冀生态补偿工作实践中涉及多地区、多主体,多种因素交织,多种需求和利益胶着,会有各种各样在立法时难以预料的问题出现,因此公平合理利用原则要求在没有具体法律规则指导的情况下,生态补偿工作的开展就必须遵循客观规律,从规律出发制定生态补偿方案,保持生态补偿的科学性和稳定性。

三、公平合理利用原则的体现

公平是法律的基本价值,也是京津冀生态补偿立法的价值基础。在京津冀生态补偿机制中,坚持公平合理利用原则协调区域各主体之间的关系,能够体现区域之间的利益平衡,最终实现区域间利益的公平享有和责任的公平负担。因为公平的核心是等价交换,京津冀生态补偿的核心简言之就是:有损失就有填补;有效益就有付出。

(一)有损失就有填补

"有损失就有填补"立足于受损地区接受补偿。这首先是指因相邻地区的活动直接造成本地区的生态环境遭受污染或破坏的地区接受补偿。这是导致环境污染和破坏的活动主体对相邻地区的直接损失的填补。其次,还包括为区域生态环境保护做出牺牲和贡献的地区接受补偿。这是因为该地区的牺牲或贡献使相邻地区因此而受益,生态受益地区应对其受益做出补偿。为此,"有损失就有填补"意味着在区域各主体之间明确了生态补偿关系,解决了由于区域生态环境保护和区域生态环境资源开发利用所带来的利益转移和污染、损害转嫁问题,协调了区域不同利益主体的权利义务的不对等状态,促进区域各主体间的和谐统一,有利于区域生态环境保护的整体统筹发展。

从当前实践来看,"有损失就有填补"还集中表现在国家对重点生态环境建设区域的补偿。这些区域由于生态功能价值的定位,不得不限制和禁止一定的经济活动,从而牺牲和丧失了许多发展机会。因此应当对这些地区进行补偿。从权益角度来看,这里体现了发展权与环境权的矛盾和统一。当国家为了维护公共的生态环境权益而限制和禁止生态功能区一定的经济发展时,生态功能区就做出了牺牲。奥托·迈耶曾说:这种牺牲(特别牺牲)必须公平,才合乎正义之要求。若有不公平情形,片面令人民承担,则必须由国库予以补偿[①]。正是因为如此,对于生态功能区的生态补偿,在实践中大都以财政转移支付的方式实现。在河北省建设京津冀生态环境支撑区区划定位上形成了"四区一带"[②]的格局,河北许多地方也被划定为自然保护区、饮用水水源保护区等重点生态功能区,要严格按照区划主体功能定位谋划区域发展,因地制宜地发展不影响主体功能定位的适宜产业,强化生态保护和生态功能。由此,在京津冀生态补偿机制中设计国家对生态功能区在生态效益和发展机会上的特别牺牲的补偿制度,使京津冀不同区域的环境权益得以实现的同时,生态功能区的生存权和发展权也得到了保障。

(二)有效益就有付出

"有效益就有付出"立足于受益区域做出补偿,要求区域生态环境受益者应该根据其受益程度向区域生态建设者做出补偿。"有效益就有付出"既调整区域生态受益者与区域生态环境保护和建设者之间的关系,也调整区域生态受益者之间的利益关系。

首先,在区域生态受益者与区域生态环境保护和建设者之间,"有效益就有付出"是指区域生态受益者应当对区域生态环境保护和建设者承担补偿义务。这是因为,区域生态环境保护和建设者的行为带来了区域生态效益的维持和促进,这一行为后果不仅使区域生态环境保护和建设者自身地区受益,也给区域相邻地区带来了生态效益的增进,使相邻地区能够享受到更好的生态环境效益,而在这一过程中,区域生态环境保护和建设者承担了更多的生态环境建设的义务。"有效益就有付出"既是对区域生态环境保护和建设者利益的填补,也为区域生态环境质量的进一步提升提供了更多的资金和技术支持。

在京津冀生态补偿机制中强调受益者补偿的制度设计特别重要,因为承担区域生态建设压力较大的区域往往是区域生态比较敏感或脆弱的区域,而这些区域常常又是经济上比较落后的区域。如果不能落实受益者补偿,区域生态保护的义务将完全转嫁到当地政府身上,而地方政府囿于地方财政条件难以支撑生态建设补偿,反过来又会进一步影响区域经济社会环境的可持续发展。

其次,"有效益就有付出"还着眼于区域生态受益者之间义务的公平分配。"分配正义所要关注的是个体成员或群体成员之间进行权利、权力、义务和责任配置的问题。"[③]区域生态环境保护和建设的受益者主要是国家和直接受益区域。因此京津冀生态补偿机制通过区域生态补偿的制度安排和实施,使京津冀区域生态补偿的责任分担具体化、规范化,明确由国家和其他生态受益区域共同合理负担区域生态补偿,其中

[①] 城仲模.行政法之基础理论[M].台北:台湾三民书局,1994:664.
[②] "四区一带"即指坝上高原生态防护区、燕山—太行山生态涵养区、海岸海域身体防护区、低平原生态修复区和京津保中心区生态过渡带.
[③] 博登海默.法理学、法哲学及其方法[M].邓正来,译.北京:中国政法大学出版,1999:265.

生态受益区域的补偿应综合考量区域受益程度和补偿能力。通过区域间的磋商合作等方式，确定不同生态受益区域的补偿标准，促进京津冀生态补偿的有效实施。

第四节　政府主导、市场跟进、公众参与原则

一、政府主导、市场跟进、公众参与原则的内容

(一)政府主导

生态环境具有典型的公共物品属性特征，生态补偿机制是涉及法律、经济和行政管理等多种手段的综合调整机制，政府作为公共利益的代表和公共权力的拥有者，在整合社会资源进行公共活动方面具有不可比拟的优势，因此在生态补偿机制中发挥着主导作用。主要体现在：第一，制定生态环境管理政策和长期规划，制定生态补偿相关法律法规，明确界定生态补偿的主体、方式、标准、程序的机制构成要素，对生态补偿相关主体的权利义务进行规制；第二，在与市场的双向互动中，建立适应市场流转的生态环境资源物权法律制度和环境资源交易制度，辅之以生态环境质量和自然资源信息管理制度，为市场参与生态补偿活动提供途径和导向；第三，对公众主体参与生态补偿加以调动和有效引导。通过环境教育、法治宣传、法律法规、管理支持等手段，鼓励民间组织和个人积极参与到生态补偿活动中，调动他们维护生态利益的积极性，形成政府与社会组织和个人的良性互动。

同时，生态补偿机制涉及政府及相关部门和多个非政府主体，其实施需要跨地区、跨部门、跨行业的综合性协调。特别是在京津冀一体化区域政府间建立区域生态补偿的利益协调机制、区域协商和合作机制，开展区域生态补偿科学研究，制定有利于区域生态环境保护的生态补偿措施和标准，将区域主体经济利益和生态利益的维护和平衡相结合，通过区域生态补偿合作机制和国家、地方立体式全方位的立法协调区域间重大环境问题。

(二)市场跟进

随着我国生态补偿实践的丰富，加强地区间的横向生态补偿制度的建设的共识越来越明确。以京津冀流域生态补偿为例，在生态补偿的推进下，天津、河北的水源地水质达标率大大提升，但生态补偿单纯依靠政府，行政管制费用高、经济效率低，上游治理压力仍然较大。

党的十九大报告指出"要建立市场化、多元化生态补偿机制"。因此生态补偿既要实行政府主导，尤其是加强横向财政转移支付制度建设，也要坚持市场跟进，建立健全市场交易，把生态补偿纳入市场调节范畴，充分发挥市场在生态环境和自然资源优化

配置中的决定性作用,实现政府补偿与市场补偿两种方式的结合。例如国际上认可度较高的生态标签制度,就是充分发挥市场的竞争和激励作用,以成本—效益模型考察人们开发利用生态环境资源的行为,通过消费者的价值选择使投资于生态环境保护的市场主体获得合理回报,实现生态资本增值,体现生态环境资源价值。

(三)公众参与

人类有权在一种能够有尊严和福利的生活环境中享有自由、平等和充足的生活条件的基本权利。[①] 承认个人安全健康的环境的独立权利是具有重要意义的,它是人类尊严的一种表达形式,它不仅完善今世的人权,也是实现后世人权的必要前提条件。[②] 从根本上说,正是一个一个的人的活动所产生的影响汇聚成了人类共同面对的环境危机,而生态环境保护的最终受益者也是生活在地球上的一个一个的人。因此所有环境保护法律制度基于其公益性的特点,为所有人创设权利和义务。

在生态环境保护和建设上,公众具有目标一致性和利益共同性。因此,要实现生态补偿的根本目标就必须提高人们对生态补偿机制所体现的科学规律和价值追求的认识,明确生态补偿既体现了公民平等享有的基本环境权益,也是公民在生态环境保护和建设中应尽的社会义务。这是使生态补偿机制能够有效运转最基本的和不可或缺的。公众参与就是要把生态补偿建立在更加广泛和全面的民主基础上,鼓励公众积极参与到生态补偿立法、司法和执法活动中,提高公民环境保护意识,强调公众的监督权和环境公益诉讼权,把政府和其他主体的生态管理和补偿活动建立在公众知情、支持、参与和监督的基础之上。因为如果说人们是造成环境问题的主要原因,那么基本上这些同样的人群至少可以对治愈这些问题有实质性的影响。这正是实施环境保护与经济发展并重、进一步加强与完善环境法制建设的关键所在。

二、政府主导、市场跟进、公众参与原则的意义

目前,京津冀区域生态环境利用的现实状况是,环境资源的开发和利用已经远远超过了生态环境自身的承载容量,这已经导致局部甚至全局性的自然生态系统的失衡。各种环境问题相互联系、相互制约,使我们所面临的各种环境问题构成一个复杂的生态环境问题群,京津冀地区成为水资源污染、大气污染等环境与发展矛盾尤为突出的区域。尽管京津冀都采取了一系列政策并在区域联防联治方面做出很大努力,但京津冀生态困局依然没有得到破解。这其中一个很重要的原因就是生态保护的公益性和外部性以及收益与成本的不对称性。环境资源的公共性和环境保护的公益性使企业和公众很大程度上将生态环境保护责任依赖于政府,再加上当企业和个人为环境

---

① 资料来源:《斯德哥尔摩人类环境宣言》原则一。
② 林灿铃.国际环境法[M].北京:人民出版社,2011:105.

保护做出牺牲时不能得到有效补偿,积极性更加受挫。地方政府迫于压力,不得不为地方环境保护投入更多的成本,如果国家不能够支付其相当的补偿,地方财政同样面临巨大的压力。因此,为了保护赖以生存的区域环境,恢复并维护已经受到破坏的自然资源环境及其生态潜力,区域里的每一个主体必须联合起来采取共同行动,进行广泛合作。为此,确立生态补偿政府主导、市场跟进、社会参与的原则,特别是加快相关市场领域的改革,尽早实现利用市场手段进行补偿,有利于充分调动政府、企业、社会组织和个人各方在生态补偿中的积极性,激励并发挥各主体在生态补偿中的优势作用,建立起一个多方参与、分工明确、多措并举、体系完善的生态补偿机制,这对于解决现阶段京津冀生态环境问题大有裨益。

第五节 污染者付费、使用者付费、保护者受益、受益者补偿原则

一、污染者付费

污染者付费原则(Polluters Pay Principle,简称PPP)最早由经济合作与发展组织(OECD)环境委员会于1972年提出,当时主要是针对欧洲社会工业化发展带来的日益加剧的环境污染,使各个国家投入生态环境保护的资金迅速增加,而这种政府主导的财政援助政策一方面使各国政府承担了高额的经济负担,更重要的是,它实际上产生了一种污染转嫁,使环境污染者的补偿责任转嫁给了全社会。这显然是不合理的。长此以往将使污染行为愈演愈烈,生态环境污染和环境资源破坏将越来越难以控制。因此OECD确定了污染者付费原则,规定为保证环境处于一种"可接受的状态",由指定的公共机构负责制定减少和控制污染的措施,由污染者来负担实施这些措施的费用。污染者付费原则的提出解决了许多国家面临的环境污染补偿责任承担的难题,该原则很快就被各国所采纳而成为国家环境政策和立法的一项重要原则。

在我国,污染者付费原则在环境保护立法之初就已确立,并在环境政策和立法中逐步完善。1979年《中华人民共和国环境保护法(试行)》中规定了"谁污染谁治理的原则";1989年《中华人民共和国环境保护法》规定了"污染者治理"原则;1996年《国务院关于环境保护若干问题的决定》中提出"建立并完善有偿使用自然资源和恢复生态环境的经济补偿机制",并规定了"污染者付费"且"排污费高于污染治理成本"的原则;2014年修订的《中华人民共和国环境保护法》明确了"污染者负担"原则。至此,污染者付费原则在我国环境法中有了明确的表述,而且体现出了该原则的内涵。首先,根据我国法律规定,污染者付费原则的负担主体包括了污染排放者和污染物的产生者双主体。其次,污染者付费原则的承担方式不仅仅是传统意义上的付费形式,还包括了责任保险制度、污染环境的工艺设备和产品淘汰制度等非资金形式。再次,污染者付

费原则的负担范围既包括环境污染造成的损失,还包括防治区域污染及参与区域污染控制的相应费用。这大大丰富和完善了污染者付费原则的内涵。

从实践看来,污染者付费原则的实施对于恢复和实现生态环境保护和环境资源的合理配置具有重要的调控和促进作用,使原本的"企业污染、公众受害、政府出资"的不合理现象得到了根本改变。而且,污染者付费原则还有利于企业提高环境保护意识,降低其在环境资源开发利用过程中的污染程度,并通过费用的二次分配实现企业污染的集中治理和生态环境的修复和补偿,这样小企业不会再因无力治理污染而困扰,大企业也不会再出现治污设施闲置浪费的现象,专业化的环境污染治理企业促进了环保产业的发展,在全社会范围内实现了经济效益与环境效益的最大化。

生态补偿是环境治理外部费用内部化的一种重要手段,其污染者付费原则正是基于外部性而提出的。因为如果生态环境的价值无法通过市场交易得到体现,那么就必须采取措施使这种生态环境保护和建设的治理费用由生态环境污染的生产者或是生态产品和生态系统服务的消费者来承担。这就是生态补偿所体现出的环境治理外部费用内部化。污染者付费原则确定了"环境有价、损害担责"的理念,实现了污染者个体责任范围的扩大和公共权益的保护诉求,充分体现了生态环境资源的公共性和生态环境保护的公益性质。因此,构建京津冀生态补偿机制应确立污染者付费原则,这既强化了环境立法的实用主义指向,也体现了法的公平正义的价值取向。

二、使用者付费

使用者付费原则(User Pays Principle,简称UPP)是在污染者付费基础上衍生出来的一项原则,主要是指生态环境资源的使用者应当对其利用环境资源付费补偿,比较常见的例如生活污水处理、垃圾处理收费制度等使用环境基础设施的付费行为。此外在一些生态环境要素开发利用领域,如耕地占用、矿产开发等,使用者付费原则也有所体现。再者,排污权的有偿获得和交易机制,也是使用者付费的体现。在排污权交易中,首先是由政府机关科学评估出特定区域内生态环境所能承载的最大排污量,进而将最大排污量等额划分为若干排放份额,然后政府机构将这些份额通过招标、拍卖等方式有偿转让给排污者。当排污者在一级市场上购买到排污份额后,可以依规定在二级市场上进行排污份额的买卖。

实践证明,使用者付费原则在肯定了生态环境资源开发利用的权利的同时,明确了生态环境资源开发利用者的义务,这对于提升环境资源管理能力和效力发挥了重要作用。正因为如此,在英、美等发达国家,超过60%的污染削减和控制投资是由私营主体,即企业和公众来承担支付的。使用者付费原则使政府、企业、个人在环保投资上的权责更加明确,避免将更多的生态环境治理责任推给政府,促进投资主体多元化、融资渠道多样化和资金使用有偿化,有利于环境保护投入体制的建立健全。

传统经济发展模式下"资源无限"和"环境无价"的错误观念导致生态环境危机愈演愈烈,在环境综合治理不断推进过程中应运而生的生态补偿机制,将生态环境的经济价值和生态价值放在同等重要的地位,综合考量和设计生态补偿政策的制定和机制的构建,使生态产品和服务外在的非市场化体现的价值转化为一部分主体付费、一部分主体受偿的激励措施。使用者付费原则使作为生态补偿补偿主体的企业和公众参与有了更加具体的抓手,他(它)们在可操作的前提下有偿使用生态产品和购买支付生态系统服务,使生态保护和建设者能够享受到其劳动成果带来的经济利益,实现了以人为主体和以生态系统为主体的双重服务价值补偿。

三、保护者受益

保护者受益,也有学者称之为"养护者受益",是指特定自然人、法人或非法人组织,以保护和改善生态环境为目的的,并以各种具体的方式,对那些已经污染或可能遭受污染的生态环境进行综合治理和投资,对此应该享有与其行为相应报酬的权利,而有关单位及个人均不得以任何非法理由,妨碍养护者这一劳动报酬的权利。保护者受益是与受益者补偿相对应的,既然对于那些生态环境产品和服务的享受者而言是"谁受益谁补偿",那么与之相对应,对于那些生态环境保护和建设者来说,就是"谁保护谁受益"。

保护者获益与污染者付费、使用者付费、受益者补偿既有关联又不相同。这些原则产生的一个共同基础就是由于生态保护活动的经济外部性,不同的是,污染者付费、使用者付费、受益者补偿都是为了解决环境保护的负外部性问题而产生的,是要求环境污染者、生态环境资源的使用者和生态环境受益者基于其行为的外部不经济性做出补偿,强调的是这些主体的社会责任。而保护者获益原则是一项增进生态环境保护正外部性的原则。在现阶段,生态环境保护者的行为往往是基于行政强制或社会公益,这就使其既不能直接从生态环境保护行为中得到经济收益,也无法获得必要的经济补偿,长此以往必然会使生态环境保护行为难以有效持续下去,使生态环境保护者失去热情和动力,最终导致生态环境资源的过度开发和不合理利用。保护者受益原则解决了这一问题,根据这一原则,由生态产品或服务的享受者向生态产品和服务功能提供者给予相应的经济补偿,而当生态产品和服务提供者所提供的生态产品和生态系统服务以生态补偿的形式转化为可获得的经济效益时,环境保护者的积极性将得到持续调动,区域生态环境将得到更佳的保护效果。以华北地区流域生态补偿为例,为了更好地保护密云水库上游白河的水质,张家口赤城县在短短几年时间里先后关停小造纸厂、小采矿厂等20余家企业,并严格限制了白河流域的矿业发展。当时检测结果表明,白河在赤城县出境水的6项主要指标全部达标。然而,据初步估算,赤城县因此减少就业机会近5万个,减少收入20多亿元。同样,为保护上游潮河的水质,承德市仅在1996年一年就关闭了70余家小型污染企业;此后5年时间里又取缔了100多家矿山企业和38家沿岸企业。[①] 2002年,承德市规定禁止在潮河沿岸放牧,以防止河上游的水土流失。但承德市为此牺牲和限制了冶金和矿山选材业的发展,而这本是承德市的支柱产业之一。然而实践证明,提高构建京津冀生态补偿机制,由北京、天津用水地对为流域生态环境保护做出贡献的承德、张家口进行生态补偿,使生态环境资源保护者能够得到合理补偿,有利于流域生态系统的持续保护和改进。

可见,保护者受益原则有利于明确区域各主体在区域生态环境资源开发与生态环境保护活动中的权利和义务,提高生态环境保护者的积极性和生态环境保护成效。而且保护者获益原则激励了生态环境保护的正向行为,符合环境保护和环境法中事前预防的思想。环境损害通常是不可能弥补的,即使损害可以补救,其恢复原状的过高成本也常常令人望而却步。所以对于环境问题而言,事前的预防比事后的治理更为重要。保护者获益原则也是从"重污染防治,轻生态保护"到"污染防治与生态保护并重"的生态环境保护理念和立法原则的重要体现。因此,我国《国务院办公厅关于健全生态保护补偿机制的意见》中也明确指出,要加快形成受益者付费、保护者得到合理补偿的运行机制。所以确保保护者获益原则的落实将大大有利于生态补偿机制的实施和生态环境的保护。

四、受益者补偿

受益者补偿,也称"受益者付费(Benificiary Pays Principle,BPP)",是指生态环境受益者应该对生态环境保护者和建设者及生态环境服务价值提供者支付一定的费用,即"谁受益谁补偿"。它与使用者付费既有相同的产生基础又各有所侧重。使用者付费立足于环境资源和环境基础设施的使用,体现为生态环境资源的使用者对其利用的环境资源付费。受益者补偿则着眼于生态环境的改善,如流域治理、区域绿化等,通过相应的受益者主体为之付费实现对生态环境保护和建设者的市场化回报。

生态保护的成果的直接体现是向社会提供更好的生态产品和服务,例如森林生态系统保护成果是提供更好的生物多样性并维系整个地球的生态平衡;草原保护的成果是改良土壤、改善水环境、净化空气等环境效应,以及提高畜牧产量、促进生态生产生活良性循环的经济效益。实践中典型的生态服务功能投入如对国家生态安全具有重大作用的大江大河源头区、防风固沙区、洪水调蓄区等区域的保护和建设,自然与文化遗产地、国家级自然保护区与国家级地质公园的保护等。这些生态服务保护与建设的受益者既不是环境开发利用者,也不是环境污染者,但生态环境产品和服务的享受者又确实从环境资源开发利用和生态环境保护建设中获得了实际利益,因而应当向生态

---

① 郑海霞.中国流域生态服务补偿机制与政策研究[M].北京:中国经济出版社 2010:153.

服务产品和服务提供者支付费用。推而广之,为了在全社会范围内能够公平可持续地享用生态福利,就必须确立受益者补偿原则,以使生态环境受益者对生态福利的享有得到有效规制。

在京津冀区域生态环境的开发利用和保护建设中,保护者和受益者之间的利益关系更加紧密,矛盾也更为凸显。区域生态环境保护和建设者以牺牲自我发展机会为代价,为整个区域的生态环境保护和建设做出了贡献,使区域其他主体能够享受到区域生态效益。在没有开展生态补偿的情况下,这些区域生态效益的贡献者将无法获得合理回报的利益补偿。这种不公平的利益分配严重影响了区域生态环境保护和建设者的积极性,最终将不利于区域生态环境保护和可持续发展。受益者补偿原则的提出很好地解决了这一问题,据此,区域生态环境保护和建设者可以依法获得其投入或损失的生态环境保护和建设的经济利益补偿,而区域生态效益的受益者应根据其受益程度承担相应比例的补偿责任。区域生态补偿的实施促进了社会公平和正义,推动了社会的和谐发展。流域生态补偿是最典型的区域生态受益者补偿的体现。此外如京津冀三北防护林建设、水源地保护和水源涵养区建设、风沙源头治理区等区域的生态补偿,也属于区域生态受益者补偿的范畴。此时的生态补偿通过经济手段有效调节了区域生态环境保护和建设者与区域生态受益者之间的利益关系,保障和提高了区域生态保护和建设者的积极性,很好地平衡了区域环境保护与发展的关系,也是区域社会主体主动适应、融入、推动和引领区域生态环境高质量发展的重要机制保障。确立受益者付费原则并使之落到实处,将大大有利于推进生态补偿目的的实现和经济、社会、环境的可持续发展。

第四章 京津冀生态补偿机制构建的立法基础

第一节 我国生态补偿规范性文件体系分析

一、政策文件的规定

我国最早发布的体现生态补偿的政策性文件可以追溯至 1953 年,党中央本着"林业建设周期长,建设林业不仅是为了当前,更重要的是为了将来,为了子孙后代"的指导思想,指示林业部做出了《关于在国有林区建立"育林基金"的决定》,建立了育林基金制度,这被认为是我国最早体现生态补偿理念的政策文件,为此后国家生态补偿政策的出台奠定了基础。

20 世纪 90 年代以来,国家发布了一系列有关生态补偿的政策文件。1990 年《关于进一步加强环境保护工作的决定》指出"各级人民政府和有关部门必须执行国家有关资源和环境保护的法律、法规,按照'谁开发谁保护,谁破坏谁恢复,谁利用谁补偿'和'开发利用和保护增值并重'的方针"。1992 年,党中央、国务院转批了外交部、国家环保局在《关于出席联合国环境与发展大会的情况及有关对策》中提出的"按照资源有偿使用的原则,要逐步开征资源利用补偿费,并开展对环境税的研究;研究并试行把自然资源和环境纳入国民经济核算体系,使市场价格准确反映经济活动造成的环境代价"。同年,国务院转批国家体改委《关于 1992 年经济体制改革要点的通知》,指出"要建立林价制度和森林生态效益补偿制度,实行森林资源有偿使用"。1993 年,国务院发布了《关于进一步加强造林绿化工作的通知》,提出"要改革造林绿化资金投入机制,逐步实行征收森林生态补偿费制度"。1994 年《中国 21 世纪人口、环境与发展白皮书》发布,其中要求"建立生态效益补偿制度,实行森林资源开发补偿收费"。同年,《中国生物多样性保护行动计划》出台,要求对采矿、修路等影响自然景观的工程建设项目实行项目实施后土地回复制度,在土地水域(包括陆地水域和海域)开发利用方面实行长期使用许可证和有偿使用制度。1996年《关于"九五"时期和今年农村工作的主要任务和政策措施》要求"按照分类经营原则,逐步建立森林生态效益补偿费制度和生态公益林建设投入机制,加快森林植被的恢复和发展";《国民经济和社会发展"九五"计划和2010年远景目标纲要》指出"尽快完善自然资源有偿使用制度和价格体系,建立资源更新的经济补偿机制";《国务院关于环境保护若干问题的决定》指出"要建立并完善有偿使用自然资源和恢复生态环境的经济补偿机制",同时明确提出了有关部门要按照"污染者付费、利用者补偿、开发者保护、破坏者恢复"的原则,在基本建设、技术改造、综合利用、财政税收、金融信贷及引进外资等方面,抓紧制定和完善促进环境保护、防止环境污染和生态破坏的经济政策和措施。……建立并完善有偿使用自然资源和恢复生态环境的经济补偿机制。1997年,《关于加强生态保护工作的意见》要求开发企业必须对湿地的破坏采取经济补偿,并要求环保部门积极探索生态补偿机制。同年,《关于农业和农村工作的意见》要求"县和县以上各级地方政府要尽快建立水利建设基金,森林生态效益补偿基金也要抓紧研究,尽快建立起来"。2000年,《全国生态环境保护纲要》再次强调"坚持'谁开发谁保护,谁破坏谁恢复,谁使用谁付费'制度。要明确生态环境保护的权、责、利,充分运用法律、经济、行政和技术手段保护生态环境"。2001年,财政部和国家林业局制定了《关于开展森林生态效益补助资金试点工作的意见》,要求将重点防护林和特种用途林纳入补助范围,公益林管护的费用由国家公共财政支出;2002年,国务院办公厅发布了《关于做好2003年西部开发工作的通知》,明确指出"加强草原保护和建设的力度,尽快启动退牧还草工程,实行休牧育草、划区轮牧、封山禁牧、舍饲圈养;要高度重视退耕还林工作,……确保补助粮食和资金按时足额兑现"。

2005年开始,我国生态补偿制度建设进入新的快速发展阶段,尤其是在2005年到2015年的十年间,建立和完善生态补偿机制在有关生态环境保护工作的主要政策文件中都有所体现,建立生态补偿机制的要求越来越频繁地出现在我国各类政策文件中(见表4-1)。其中,2005年12月国务院颁布的《关于落实科学发展观加强环境保护的决定》明确"要完善生态补偿政策,尽快建立生态补偿机制,中央和地方财政转移支付应考虑生态补偿因素,国家和地方可分别开展生态补偿试点"。至此,国家文件中正式明确提出"建立生态补偿机制",并鼓励国家政府部门在进行财政转移时要充分考虑和重视生态补偿,注重生态补偿试点工作的开展,并且通过生态补偿政策的完善来加快推进生态补偿机制的建立[①]。2006年《国民经济和社会发展第十一个五年规划纲要》首次以中央文件的形式正式提出"按照谁开发谁保护、谁受益谁补偿的原则,加快建立生态补偿机制"。2007年《关于开展生态补偿试点工作的指导意见》详细阐述了

---

① 资料来源:国合会专题政策报告《生态补偿机制与政策研究》,中国网 http://www.china.com.cn/tech/zhuanti/wyh/2008-01/11/content_9518546.htm。

生态补偿的重要意义,规定了生态补偿的指导思想和基本原则,并提出将建立自然保护区、重要生态功能区、矿产资源开发、流域水环境保护等重点领域的生态补偿体系和区域生态环境共建共享的长效机制作为工作目标,通过生态补偿试点工作,推动相关生态补偿政策法规的制定和完善,为全面建立生态补偿机制奠定基础。

表 4-1　2005—2015 年我国关于建立生态补偿机制的主要政策文件

时间	政策文件	主要内容
2005	《国务院 2005 年工作要点》	资源开发利用补偿机制和生态环境恢复补偿机制
2005	《关于落实科学发展观加强环境保护的决定》	完善生态补偿政策,建立生态补偿机制,国家和地方可分别开展生态补偿试点
2006	《国务院 2006 年工作要点》	抓紧建立生态补偿机制,健全环评体系
2006	《国民经济和社会发展第十一个五年规划纲要》	建立生态补偿机制
2007	《十七大报告》	加快建立生态补偿机制
2007	《国务院 2007 年工作要点》	加快建立生态补偿机制
2007	《关于开展生态补偿试点工作的指导意见》	开展生态补偿试点
2008	《国务院 2008 年工作要点》	改革资源税费制度,完善资源有偿使用制度和生态补偿机制
2008	《深化经济体制改革工作意见的通知》	建立健全资源有偿使用和生态环境补奖机制
2009	《关于 2009 年深化经济体制改革工作的意见》	推进跨省流域生态补偿机制试点,扩大排污权交易试点
2010	《关于 2010 年深化经济体制改革工作的意见》	出台资源税改革方案,研究开征环境税的方案
2010	《国务院 2010 年工作要点》	将研究制定生态补偿条例列入立法计划
2011	《中国国民经济和社会发展第十二个五年规划纲要》	设立国家生态补偿专项资金,探索市场化生态补偿机制
2012	《关于 2012 年深化经济体制改革工作的意见》	建立健全生态补偿机制
2012	《十八大报告》	建立反映市场供求和资源稀缺程度、体现生态价值和代际补偿的资源有偿使用制度和生态补偿制度
2013	党的十八届三中全会《决定》	实行资源有偿使用制度和生态补偿制度。坚持谁受益、谁补偿原则,完善对重点生态功能区的生态补偿机制,推动地区间建立横向生态补偿制度,建立吸引社会资本投入生态环境保护的市场化机制

续表

时间	政策文件	主要内容
2013	《国务院关于生态补偿机制建设工作情况的报告》	加快出台生态补偿政策法规
2014	《中央财政林业补助资金管理办法》	进一步规范森林生态效益补偿制度;首次建立了湿地补贴政策,将湿地生态效益补偿试点、湿地保护奖励支出列入补贴范围
2015	《关于加快推进生态文明建设的意见》《生态文明体制改革总体方案》	要加快形成受益者付费、保护者得到合理补偿的生态保护补偿机制

2016年,国务院办公厅印发《关于健全生态保护补偿机制的意见》,要求推进体制机制创新,加强组织实施,提出我国生态补偿机制建设的目标任务和七大领域(主要包括森林、草原、湿地、荒漠、海洋、水流、耕地)的重点任务,特别是推进横向生态保护补偿,这是其中极为重要的任务之一。《意见》是国家层面首次出台的关于生态补偿机制的专项文件,通过生态补偿的顶层设计为我国生态补偿机制的构建,尤其是对重点领域补偿、重要区域补偿和地区间生态补偿,提供了行动纲领,为《生态补偿条例》的制定和深化生态补偿机制建设提供了行动指南。2017年,党的十九大报告再次明确提出"在生态文明建设中应坚持人与自然和谐共生,加大生态系统保护力度,建立市场化、多元化生态补偿机制"。这意味着生态补偿机制成为生态文明建设的重要内容。

以上这些国家的政策性文件中关于生态补偿的规定,有效指导和推进了相关领域内生态补偿实践。然而,生态补偿实践也证明,必须依靠法治的力量,通过将政策上升为一系列具有法律约束力的制度安排,通过法律关系的规范确立和利益调整,才能更加充分有力地保证生态补偿目标的实现。

二、相关立法规定

(一)宪法中的规定

宪法作为根本大法,其对自然资源权属和利用以及生态环境保护的总体性规定,是构建生态补偿机制的依据和基础。关于自然资源的权属和利用,宪法第九条规定:"矿藏、水流、森林、山岭、草原、荒地、滩涂等自然资源,都属于国家所有,即全民所有;由法律规定属于集体所有的森林和山岭、草原、荒地、滩涂除外。国家保障自然资源的合理利用,禁止任何组织和个人用任何手段侵占或者破坏自然资源。"关于生态环境保护,第二十六条规定:"国家保护和改善生活环境和生态环境,防治污染和其他公害。"这些规定为生态补偿相关规范的制定和实施提供了法律依据和宪法保障。

(二)民法中的相关规定

民法中的相关规定主要体现在《中华人民共和国民法典》和《中华人民共和国物权法》中。根据《中华人民共和国民法典》第二百五十条规定,"森林、山岭、草原、荒地、滩涂等自然资源,属于国家所有,但是法律规定属于集体所有的除外"。《中华人民共和国物权法》第四十六条规定,"矿藏、水流、海域属于国家所有";第四十七条规定,"城市的土地,属于国家所有。法律规定属于国家所有的农村和城市郊区的土地,属于国家所有";第四十八条规定,"森林、山岭、草原、荒地、滩涂等自然资源,属于国家所有,但法律规定属于集体所有的除外"。在"用益物权"部分,第一百一十八条规定,"国家所有或者国家所有由集体使用以及法律规定属于集体所有的自然资源,单位、个人依法可以占有、使用和收益";第一百一十九条规定,"国家实行自然资源有偿使用制度,但法律另有规定的除外";第一百二十条规定:"用益物权人行使权利,应当遵守法律有关保护和合理开发利用资源的规定。所有权人不得干涉用益物权人行使权利"。这些条款明确地规定了国家和集体对自然资源的所有权以及单位和个人对自然资源的用益物权。但同时可以看出,用益物权所体现的仅仅是自然资源的经济价值,其生态价值却并未包含其中。

(三)环境保护法中的规定

《中华人民共和国环境保护法》是我国环境保护的基本法,对自然资源开发、环境污染防治和生态环境保护做出了原则性规定。1989年颁布实施的《环境保护法》第十九条规定:"开发利用自然资源,必须采取措施保护生态环境。"这一规定在承认行为主体拥有开发利用环境资源权利的同时,强调了采取生态环境保护措施的义务,体现出生态补偿的理论基础和内涵。2014年修订的《环境保护法》第三十条规定:"开发利用自然资源,应当合理开发,保护生物多样性,保障生态安全,依法制定有关生态保护和恢复治理方案并予以实施。"第三十一条明确提出:"(一)国家建立、健全生态保护补偿制度。(二)国家加大对生态保护地区的财政转移支付力度。有关地方人民政府应当落实生态保护补偿资金,确保其用于生态保护补偿。(三)国家指导受益地区和生态保护地区人民政府通过协商或者按照市场规则进行生态保护补偿。"这一条款标志着生态补偿制度构建首次被确认为国家环境保护基本法层面的内容。此外,《环境保护法》第八条"各级人民政府应当加大保护和改善环境、防治污染和其他公害的财政投入,提高财政资金的使用效益"的规定;第十一条"对保护和改善环境有显著成绩的单位和个人进行奖励"的规定;以及第四十三条关于"征收排污收费和环境保护税"的规定,都与生态补偿制度的制定存在密切关联。

2018年1月1日,《中华人民共和国环境保护税法》开始施行。"环境保护税"成为我国首个明确以环境保护为目标的独立型环境税税种。根据《环境保护税法》的规定,环境保护税的纳税人是指"在中华人民共和国领域和中华人民共和国管辖的其他海域,直接向环境排放应税污染物的企业事业单位和其他生产经营者"(第二条);应税污染物,是指该法所附《环境保护税税目税额表》《应税污染物和当量值表》规定的"大气污染物、水污染物、固体废物和噪声"(第三条)。其中"应税大气污染物、应税水污染物按照污染物排放量折合的污染当量数确定;应税固体废物按照固体废物的排放量确定;应税噪声按照超过国家规定标准的分贝数确定"(第七条)。在税率的确定上,坚持因地制宜的原则,赋予地方一定的自主权,允许在考虑地方污染物排放情况、环境承载能力和地方经济社会生态发展目标等综合因素后制定税额标准;在税收的征收上,坚持"谁污染谁缴税"的基本原则,引导企业减少污染物排放,同时通过减税免税的税收优惠政策,鼓励纳税人增加节能减排投入。《环境保护税法》的出台再一次明确了"环境有价、污染补偿、损害赔偿"的基本生态价值观,环境保护税也成了生态补偿的重要组成部分。

(四)单行环境立法中的规定

单行环境立法是我国环境法律体系中的重要组成部分,这其中分散存在着许多关于生态补偿的规定,在此选取部分简要探讨。

1998年修订颁布的《森林法》是我国第一个涉及生态补偿制度含义的法律,首次从法律层面规定了生态补偿的原则[①],其中第八条第二款规定"国家设立森林生态效益补偿基金,用于提供生态效益的防护林和特种用途林的森林资源、林木的营造、抚育、保护和管理。森林生态效益补偿基金必须专款专用,不得挪作他用"。2000年颁布的《森林法实施条例》第十五条第三款规定,"防护林、特种用途林的经营者有获得森林生态效益补偿的权利"。2020年修订的《森林法实施条例》保留了这一规定。2004年中央森林生态效益补偿基金正式建立,《中央森林生态效益补偿基金管理办法》同步实施。

2002年颁布的《中华人民共和国水法》针对开发、利用、节约、保护、管理水资源和防治水害做出了系统的规定,并明确确立了取水许可制度和有偿使用制度,在此基础上提出水工程建设前期补偿、补助与后期扶持相结合的原则;详细规定了水资源的保护以及水资源费的征收和管理方面的内容。其中第四十八条规定:"直接从江河、湖泊或者地下取用水资源的单位和个人,应当按照国家取水许可制度和水资源有偿使用制度的规定,向水行政主管部门或者流域管理机构申请领取取水许可证,并缴纳水资源费,取得取水权。"第五十五条规定:"使用水工程供应的水,应当按照国家规定向供水单位缴纳水费。供水价格应当按照补偿成本、合理收益、优质优价、公平负担的原则确定。"2008年施行的《水污染防治法》规定"国家通过财政转移支付等方式,建立健全对

---

① 蔡守秋.环境资源法教程[M].北京:高等教育出版社,2004:323.

位于饮用水水源保护区区域和江河、湖泊、水库上游地区的水环境生态保护补偿机制"（第七条）。① 这是法律条款中首次明确出现对于水环境生态补偿的内容。

2010年修订的《中华人民共和国水土保持法》对水土流失的预防、治理和补偿制度进行了完善。其中第三十一条规定："国家加强江河源头区、饮用水水源保护区和水源涵养区水土流失的预防和治理工作，多渠道筹集资金，将水土保持生态效益补偿纳入国家建立的生态效益补偿制度。"第三十二条规定："开办生产建设项目或者从事其他生产建设活动造成水土流失的，应当进行治理。在山区、丘陵区、风沙区以及水土保持规划确定的容易发生水土流失的其他区域开办生产建设项目或者从事其他生产建设活动，损坏水土保持设施、地貌植被，不能恢复原有水土保持功能的，应当缴纳水土保持补偿费，专项用于水土流失预防和治理。"

2004年修正的《中华人民共和国野生动物保护法》第十四条规定："因保护国家和地方重点保护野生动物，造成农作物或者其他损失的，由当地政府给予补偿。补偿办法由省、自治区、直辖市政府制定。"②2016年其修订后的第十九条在上述基础上增加了"有关地方人民政府可以推动保险机构开展野生动物致害赔偿保险业务。有关地方人民政府采取预防、控制国家重点保护野生动物造成危害的措施以及实行补偿所需经费，由中央财政按照国家有关规定予以补助"的内容。

2001年颁布的《中华人民共和国防沙治沙法》对防沙治沙的生态保护行为不但直接给予资金补偿，而且还给予政策优惠的鼓励。如第二十五条第三款规定"采取退耕还林还草、植树种草或者封育措施治沙的土地使用权人和承包经营权人，按照国家有关规定，享受人民政府提供的政策优惠"；第三十三条规定"国务院和省、自治区、直辖市人民政府应当制定优惠政策，鼓励和支持单位和个人防沙治沙。县级以上地方人民政府应当按照国家有关规定，根据防沙治沙的面积和难易程度，给予从事防沙治沙活动的单位和个人资金补助、财政贴息以及税费减免等政策优惠。单位和个人投资进行防沙治沙的，在投资阶段免征各种税收；取得一定收益后，可以免征或者减征有关税收"。

2002年修订的《中华人民共和国草原法》③第三十五条第二款规定"在草原禁牧、休牧、轮牧区，国家对实行舍饲圈养的给予粮食和资金补助"；第三十九条明确规定"因建设征用集体所有的草原的，应当依照《中华人民共和国土地管理法》的规定给予补偿；因建设使用国家所有的草原的，应当依照国务院有关规定对草原承包经营者给予补偿。因建设征用或者使用草原的，应当交纳草原植被恢复费。草原植被恢复费专款专用，由草原行政主管部门按照规定用于恢复草原植被，任何单位和个人不得截留、挪

---

① 资料来源：《中华人民共和国水污染防治法》（2017修正）第八条。
② 资料来源：《中华人民共和国野生动物保护法》（2016修订）第十九条。
③ 《中华人民共和国草原法》于2013年修订。

用";第四十八条第二款规定"对在国务院批准规划范围内实施退耕还草的农牧民,按照国家规定给予粮食、现金、草种费补助"。

2002年修订的《中华人民共和国农业法》[①]设有专章规定"农业资源与农业环境保护",对农业资源利用与保护以及需要承担的生态保护法律责任进行了总体规范,明确规定对在国家批准规划范围内实施退耕的农民(第六十二条第三款),和根据当地人民政府统一规划转产转业的农(渔)民(第六十三条第二款),应当按照国家规定予以补助。

2004年修正的《中华人民共和国土地管理法》[②]第三十一条规定:"国家实行占用耕地补偿制度。非农业建设经批准占用耕地的,按照'占多少,垦多少'的原则,由占用耕地的单位负责开垦与所占用耕地数量和质量相当的耕地;没有条件开垦或者开垦的耕地不符合要求的,应当按照省、自治区、直辖市的规定缴纳耕地开垦费,专款用于开垦新的耕地。"

2009年修正的《中华人民共和国矿产资源法》第五条规定:"国家实行探矿权、采矿权有偿取得的制度;开采矿产资源,必须按照国家有关规定缴纳资源税和资源补偿费。"第十条规定:"国家在民族自治地方开采矿产资源,应当照顾民族自治地方的利益,做出有利于民族自治地方经济建设的安排,照顾当地少数民族群众的生产和生活。"第二十一条规定:"关闭矿山,必须提出矿山闭坑报告及有关采掘工程、安全隐患、土地复垦利用、环境保护的资料,并按照国家规定报请审查批准。"第三十二条规定:"开采矿产资源,必须遵守有关环境保护的法律规定,防止污染环境。开采矿产资源,应当节约用地。耕地、草原、林地因采矿受到破坏的,矿山企业应当因地制宜地采取复垦利用、植树种草或者其他利用措施。开采矿产资源给他人生产、生活造成损失的,应当负责赔偿,并采取必要的补救措施。"

此外,我国《中华人民共和国海洋环境保护法》[③]《中华人民共和国清洁生产促进法》[④]《中华人民共和国渔业法》[⑤]等单行环境立法中也都有涉及生态补偿制度和措施的规定。

(五)行政法规、规章的规定

自从我国政策文件和法律越来越多地涉及生态补偿的规定以来,行政法规、规章中也出现了许多规定生态补偿的内容。如2005年颁布实施的《关于实施〈中华人民共和国民族区域自治法〉若干规定》第八条第三款提出:"国家加快建立生态补偿机制,根

[①] 《中华人民共和国农业法》于2012年修正。
[②] 《中华人民共和国土地管理法》于2019年第三次修正。
[③] 资料来源:《中华人民共和国海洋环境保护法》(1982年通过2017年第三次修正)第二十四条。
[④] 资料来源:《中华人民共和国清洁生产促进法》(2002年通过2012年修正)第四章:鼓励措施。
[⑤] 资料来源:《中华人民共和国渔业法》(1986年通过2013年第四次修正)第十九条。

据开发者付费、受益者补偿、破坏者赔偿的原则,从国家、区域、产业三个层面,通过财政转移支付、项目支持等措施,对在野生动植物保护和自然保护区建设等生态环境保护方面做出贡献的民族自治地方,给予合理补偿。"2016年修订的《退耕还林条例》专章列明了关于"补助"的详细规定,其中第三十五条规定"国家按照核定的退耕还林实际面积,向土地承包经营权人提供补助粮食、种苗造林补助费和生活补助费"。2017年修订的《自然保护区条例》第二十三条规定:"管理自然保护区所需经费,由自然保护区所在地的县级以上地方人民政府安排。国家对国家级自然保护区的管理,给予适当的资金补助。"2020年修订的《森林法实施条例》第十五条规定:"防护林和特种用途林的经营者,有获得森林生态效益补偿的权利。"2018年与《中华人民共和国环境保护税法》同步施行的《中华人民共和国环境保护税法实施条例》,对《环境保护税税目税额表》中其他固体废物具体范围的确定机制、城乡污水集中处理场所的范围、固体废物排放量的计算、减征环境保护税的条件和标准,以及税务机关和环境保护主管部门的协作机制等做了明确规定。

此外,《对外合作开采海洋石油资源条例》(1982年通过,2011年修订)、《海洋石油勘探开发环境保护管理条例》(1983年颁布实施)、《森林和野生动物类型自然保护区管理办法》(1985年颁布实施)、《河道管理条例》(1988年通过,2017年最后一次修订)、《土地复垦规定》(1988年通过,1989年实施)、《渔业资源增殖保护费征收使用办法》(1988年通过,2011年修订)、《资源税暂行条例》(1993年通过,2011年修订)、《对外合作开采陆上石油资源条例》(1993年通过,2013年最后一次修订)、《矿产资源补偿费征收管理规定》(1994年通过,1997年修订)、《基本农田保护条例》(1998年通过,2011年修订)等行政法规和规章中,都有涉及生态补偿的相关规定。

(六)地方性法规的规定

自进入21世纪以来,尤其是国家正式提出"建立生态补偿机制"以来,许多地方政府也根据国家和各省整体战略部署,结合前期实践探索成果,制定出台了与当地经济社会发展状况和生态协调要求相适应的生态补偿相关规定,并取得了较为明显的实践效果,在很大程度上为生态补偿制度化、规范化措施在全国范围推行和实施发挥了基础示范作用。

2005年,浙江省政府出台了《关于进一步完善生态补偿机制的若干意见》,明确指出要"建立和完善生态补偿机制",并规定了生态补偿的基本原则、主要途径和措施;同年,杭州市制定了《关于建立健全生态补偿机制的若干意见》,明确了生态补偿机制的基本内涵和基本原则,提出要建立健全生态补偿的公共财政制度,明确生态补偿标准,制定生态补偿的产业扶持政策,建立生态补偿管理制度及生态补偿的市场化机制,逐步建立责权统一的生态补偿责任制度。2006年,云南省出台《云南省矿山地质环境恢复治理保证金管理暂行办法》;2007年,江苏省出台《江苏省环境资源区域补偿办法

（试行）》；2008年，山东省出台《山东省生态补偿资金管理办法》，安徽省出台《安徽省矿山地质环境治理恢复保证金缴存使用管理办法规定（试行）》，海南省出台《海南省人民政府关于建立完善中部山区生态补偿机制的试行办法》，辽宁省出台《辽宁省东部重点区域生态补偿政策实施办法》；2010年，山东省出台《山东省生态补偿条例（草案）》和《山东省海洋生态损害赔偿费和损失补偿费管理暂行办法》，河南省出台《河南省水环境生态补偿暂行办法》，江苏省出台《江苏省矿山地质环境恢复治理保证金收缴及使用管理办法》等，制定了规范各领域生态补偿的相关法律制度。

地方性法规的陆续出台以及生态补偿地方试点的丰富实践，有效促进了生态补偿试点在全国范围的推进，也为进一步推进生态补偿立法奠定了更加成熟的基础。2010年4月，国家开始启动《生态补偿条例》的立法进程，并组织调研小组起草《生态补偿条例》草案，这标志着我国的生态补偿法律制度步入立法的新阶段。调研小组成员来自当时的14个部委，根据流域生态补偿、森林生态补偿、草原生态补偿、海洋生态补偿、矿产资源开发生态补偿、立法综合等不同领域分组，奔赴全国各地开展调研工作。最终形成的《生态补偿条例》草案覆盖了生态补偿的定义、补偿原则、补偿领域、补偿范围、补偿对象、补偿标准、权利义务、考核评估、责任追究等生态补偿机制的重要内容，特别是首次将湿地和生态功能区列入国家生态补偿立法范围，明确了政府补偿与市场补偿双管齐下，这些都具有重大的进步意义。然而，由于条例规制的内容广泛、涉及的利益错综复杂，尽管框架已经初步确定，但付诸实施的条件仍未充分和成熟。

在此之后，生态补偿的地方性立法活动开展得更加如火如荼。各省纷纷出台了本省关于健全生态保护补偿机制的实施意见，许多省制定出台了关于生态保护红线、流域生态补偿、海洋生态补偿、矿山生态补偿、森林生态补偿、湿地生态补偿、生态重点区域生态补偿、自然保护区生态补偿等领域的专项地方性法规。还有一些地级市制定出台了生态补偿条例。2014年，《苏州市生态补偿条例》颁布实施，其适用范围主要是针对"通过财政转移支付方式，对因承担生态环境保护责任使经济发展受到一定限制的区域内的有关组织和个人给予补偿的活动"（第三条）。2019年6月1日起正式实施的《无锡市生态补偿条例》第二条第二款规定："本条例所称生态补偿，是指通过财政转移支付等方式，对因承担生态保护责任而使经济发展受到一定限制的区域内有关组织和个人给予补偿的活动。"这里将生态补偿方式从"财政转移支付方式"扩展到"财政转移支付等方式"，一个"等"字之差，使政府财政转移支付以外的资金补偿、实物补偿、智力补偿等多元化的生态补偿方式被纳入法制化、规范化的生态补偿方式之中，为生态补偿市场化发展提供了法治保障。

2016年，河北省发布的《关于健全生态保护补偿机制的实施意见》明确提出生态补偿的总体目标，即"到2020年，实现全省森林、草原、湿地、荒漠、海洋、水流、耕地等重点领域和禁止开发区域、重点生态功能区等重要区域生态保护补偿全覆盖，补偿水平与经济社会发展状况相适应,京津冀横向生态保护补偿试点示范取得明显进展,初步建立多元化生态保护补偿机制,基本建成符合我省省情的生态保护补偿制度体系,促进全省形成绿色生产方式和生活方式"。随后,河北省人民政府办公厅发布了《关于进一步加强河流跨界断面水质生态补偿的通知》,其中分别规定了 COD、氨氮、总磷超标后扣缴生态补偿金的标准;提出除按月实施生态补偿金扣缴外,年终考核时,视考核断面水质年度均值情况实施奖惩相结合的制度,达不到考核要求的最高扣缴 500 万元。2017 年,《天津市人民政府办公厅关于健全生态保护补偿机制的实施意见》明确提出 2020 年重要区域生态保护补偿要全覆盖,并指出京津冀跨区域横向生态补偿是生态保护补偿的一项重点任务。2018 年,天津市开始实施《湿地生态补偿办法(试行)》,有效期为 3 年,旨在完善湿地生态补偿机制,促进湿地保护与修复。2018 年,北京印发《北京市人民政府办公厅关于健全生态保护补偿机制的实施意见》,其中"跨地区重点任务"之一就是"健全京津冀水源涵养区生态保护补偿机制"。

2018 年 11 月,河北省政府、北京市政府正式签署《密云水库上游潮白河流域水源涵养区横向生态保护补偿协议》,提出自 2018 年至 2020 年,北京市每年安排约 3 亿元、中央每年奖励约 3 亿元、河北省配套资金 1 亿元,用于密云水库上游潮白河流域生态保护补偿。2019 年,河北省印发《密云水库上游潮白河流域水源涵养区横向生态保护补偿资金管理办法》,并于 7 月 1 日起施行,有效期为 3 年。其对生态保护补偿资金的分配和管理做出了详细规定。

三、存在的问题

(一)现行政策的缺陷

1.缺少专门的生态补偿政策

在我国生态补偿实践中,大量的生态补偿都是以相关政策中的规定作为依据的,但从我国目前涉及生态补偿相关规定的政策文件来看,大多数政策的出台并非以生态补偿为目标指向,很多政策文件的制定是为了平衡和解决经济社会发展过程中不断出现的环境与发展的新问题和现实矛盾,其核心目标都是围绕其他目标服务的。于是,生态补偿作为在强调生态环境保护的整体利益时的一项具体措施,当政策在实施过程中出现不同主体利益关系或行为规则不协调或者发生一定冲突时,为了政策核心目标的实现,其他目标都会被弱化,其中包括生态补偿。因此,鉴于生态系统的复杂性和生态补偿的特殊性,必须制定生态补偿的专门政策以明确生态补偿的根本目的作为生态补偿政策的核心目标,通过对生态补偿机制各要素的具体规划和设计,使生态补偿成为一个有机构成的系统性机制,最大限度地保证其在实践中得以顺利实施,而不至于在政策实施过程中一产生冲突就被弱化和让步。

2.生态补偿政策的部门利益化严重

生态补偿涉及生态环境资源的开发利用,涉及生态系统服务功能的维持和维护,涉及的农林牧副渔产业齐全,涉及的环境资源保护和管理部门众多,多头管理情况严重,这就使得不同部门都从各自的利益出发来制定生态补偿政策,极易出现主体权利义务的交叉和空白,再加上生态补偿的实施必然要涉及生态价值的计算、生态补偿标准的量化等多方面的科学技术因素,很容易造成不同生态补偿规定之间的各种各样的冲突,缺乏系统性和协调性,导致生态补偿实施困难,生态补偿效果更是难以实现,在现实中呈现出生态环境保护与受益相脱节的"三多三少"现象,即部门补偿多,受益者收到的补偿少;资金和实物补偿等输血式生态补偿多,造血式生态补偿少;直接向生态建设补偿多,产业扶持和生产方式转换补偿少。

3.大多数生态补偿政策缺乏延续性

就我国出台的生态补偿政策来看,无论是国家层面还是区域范围,大部分生态补偿都是以规划、工程等项目的方式进行,如天然林保护工程、退耕还林还草工程、三江源生态保护和建设工程、京津风沙源治理工程等,而这些项目往往是有一定期限的。在项目工程期限内,相关各方往往能够相互配合共同促成生态补偿政策的落实。[①] 但一旦项目、工程或规划结束,费尽周章制定的相关生态补偿政策便随之结束,生态补偿实施效果也只能维持有限的时间范围,生态补偿的目的最终难以实现。因此,生态补偿相关政策既要有针对性和精准性,也要保持政策的长期性、稳定性和持续性,只有构建起规范化、系统化的生态补偿机制并保持机制的持续建设和完善,才能实现生态补偿的根本目的。

4.生态补偿政策的制定缺少公众参与

生态补偿政策从根本上说,是通过调节不同社会主体之间的经济利益关系,促进人与人、人与自然之间的平衡和协调,涉及的利益相关者众多。这就要求生态补偿政策的制定和实施必须充分考虑和了解各利益主体的实际情况和诉求。然而,在目前的生态补偿政策制定和实施过程中,基本上是政府在主导,因此往往集中和代表的是政府部门或是强势群体的相关利益,缺少相关利益主体的广泛参与,使弱势群体,特别是山区居民、农村居民、贫困地区居民的利益很容易被忽视或被侵害,地区之间的差异也往往被忽略,生态补偿在补偿对象、补偿标准等具体的制度措施方面很难做到因地制宜。

(二)现行法律法规的不足

1.环境保护基本法存在体例上的不平衡

作为我国环境保护领域的基本法,《中华人民共和国环境保护法》是指导我国环境

---

① 张锋.生态补偿法律保障机制研究[M].北京:中国环境科学出版社,2010:46.

保护工作的纲领性立法。因此,环境保护的基本国策、原则、目标以及重要制度,都必须以环境保护基本法的形式加以确定,才能为环境保护各项领域的立法和实践提供依据和指南。

2014年修订的《中华人民共和国环境保护法》在总则第一条就开宗明义,在"防治污染和其他公害,保障人体健康"的基础上,进一步强调了环境保护法为推进生态文明建设和促进经济社会可持续发展的重要作用和意义。这充分表明环境保护思想从"人类中心主义"向"可持续发展伦理观"的根本转变。生态环境的经济价值和生态价值成为生态环境保护法律规制的价值基础。但从法律文本的规范来看,尽管新修订的环境保护法在公民个人的环境法主体地位、政府及企业信息公开和公众参与、监督环境保护、企业污染防治责任以及环境违法行为法律制裁等方面有所强化,但整体来看,该法中污染防治的规则较为广泛和详细,相比而言保护和改善环境的相关规定体现出较强的原则性。如果能够像抑制污染物排放的外部不经济行为的可操作性较强的排污者义务和责任条款那般,对于因生态环境保护而产生的生态正效益和经济正效益的行为予以更加完整、协调和明确的法律规定,必将有利于推进我国生态补偿制度的健全和完善。

2.生态补偿法律体系尚未形成

生态补偿的有效实施需要以构建独立且完备的法律体系为前提,然而从当前我国生态补偿实践中的依据来看,我国既没有专门的《生态补偿法》加以明确,也尚未建成一套行之有效且有针对性的生态补偿立法体系和补偿机制,而只是在不同层级的法律性文件中散落地存在着一些并没有逻辑关联的生态补偿相关规范,而且上位法和下位法对有些具体问题的规定还存在不一致的情况。这种在立法上的分散以及统一性和一致性的缺乏,不仅难以满足生态补偿在实践中各种关系调整的需要,而且极易导致在生态补偿实践中出现法律适用的冲突和主体的不明确,使生态补偿难以进一步推进,从而对我国生态保护进程的有序推进和社会环境利益的公平分配产生影响。

3.生态补偿具体规范欠缺

尽管在当前环境保护法律法规的制定和修订中,生态补偿越来越多地被作为环境保护领域的一项重要制度得以体现,但仍然属于原则性规范,缺少具体规则和措施,这就使得生态补偿相关规定在实践中难以与其他规则进行有效衔接。例如新修订的《海洋环境保护法》第二十四条规定"国家建立健全海洋生态保护补偿制度",但是针对生态补偿的具体制度缺乏明确规范。在其他领域的生态补偿相关规定中也大致都是类似情况。生态补偿涉及方方面面的利益主体,生态补偿机制本身就是对不同主体的利益协调和平衡机制。因此,唯有明确各利益主体在生态补偿中的权利与义务,才能使生态补偿顺利开展并实现其目标。然而,从现行法律法规关于生态补偿的规范来分析,原则性条款较多,细化条款较少,自愿性补偿的规定较多,明确的强制性补偿标准的规定较少。这就使得相关利益主体难以从立法规范中对自己的权责利做出清晰的判断,加上生态补偿的内容、方式和标准等具体问题也不甚明确,致使生态补偿在实践中难以进一步落实。

4.生态补偿概念界定狭窄

纵观目前涉及生态补偿内容的相关法律规定,在相当大的程度上实际是针对传统损害环境、违法行为造成的损害赔偿的规制,还有一部分是由于合法行为致损而做出生态补偿的要求。但对作为人类共同利益的生态环境本身所造成的破坏,以及威胁生态系统生存和可持续发展的行为却基本没有涉及。这显然是不符合生态补偿制度设计的根本目的,也与环境保护的伦理要求和基本原则相背离。例如《中华人民共和国渔业法》第二十八条规定:"县级以上人民政府渔业行政主管部门可以向受益的单位和个人征收渔业资源增殖保护费,专门用于增殖和保护渔业资源。"但这些规定着眼于自然资源的经济价值,换言之,保护的目的是为了更好地开发,并未重视和体现自然资源的生态价值。我国诸多环境资源保护单行法都体现了资源有偿使用原则,如《中华人民共和国矿产资源法》第五条第二款规定"开采矿产资源,必须按照国家有关规定缴纳资源税和资源补偿费";《中华人民共和国土地管理法》第二条第五款明确规定"国家依法实行国有土地有偿使用制度";《中华人民共和国水法》也明确了取水许可制度和水资源有偿使用制度。环境单行立法中缺乏"生态有价"的理念,制约了我国生态环境保护的发展。因此在生态补偿的立法及实践中,应当将解决生态环境本身的补偿问题作为一个价值思考点和重要着力点。

5.在自然资源权属方面的规定不够完善

目前,我国法律中明确规定了国家和集体的自然资源所有权,以及单位和个人享有的用益物权,但却缺乏明确具体的规定,使现实中关于资源的分配存在不畅。再加上当前关于用益物权的立法规定集中体现自然资源的经济价值,其生态价值并未得到明确承认,造成市场机制难以在环境资源的配置过程中充分发挥作用。然而,成熟的生态补偿机制离不开多元化、市场化的主体和制度,必须使市场机制能够在生态补偿中发挥更大的作用。那么,明确清晰的资源权属必将有利于使生态补偿中资源的主客体得以明确,为充分发挥市场机制的作用提供依据。当然,尽管通过市场途径解决生态补偿问题的方式简单明确,但并不是所有的自然资源都可以容易地被明晰产权,因此生态补偿在方式上要靠政府和市场双管齐下,通过市场机制解决不了的难题可以通过政府补偿加以协调,这将会有效提升生态补偿的实践效果。

第二节　当前我国区域生态补偿立法分析

一、概述

一方面,由于地理环境、发展战略、文化科技等因素的影响,区域间的发展水平存在不同程度的差异;而另一方面,市场经济发展过程中追求的利益最大化,又会导致生产要素向平均利润率较高的地区转移,从而进一步加大了区域之间的发展不平衡程度。同时,在处于工业化发展的地区,往往还会出于区域生态环境保护的考量而在区域经济结构调整过程中将非环境友好型产业转移到其他区域,而那些接受这些产业的区域恰恰就是经济欠发达地区。这些地区生态环境好,生产资料成本低,但普遍缺乏生态环境保护和评价能力及措施,加上长期的经济贫困,使这些地区对经济利益的渴望超出了对生态环境保护的考虑。在这样的背景下,市场要素进一步向这些地区流动,进而更加扩大了区域之间的发展差距。更为严重的是,一旦这些地区的生态环境遭受破坏,其将难以恢复或恢复成本令人却步。因此,必须从区域协调发展的整体层面设计针对经济发展和环境保护的协调机制,实现区域可持续发展。

从区域经济的角度来看,由于区域具有特殊性、系统性和复杂性的特点,区域经济对于区域内各地区和区域整体而言意义重大,尤其是在协调和解决区域内各地区之间存在的各种冲突和矛盾中具有重要作用。而且,区域生态危机的出现,对于区域内各地区和区域整体乃至全国的经济社会环境的可持续发展,都会产生巨大的威胁。从区域环境保护的角度来看,长期以来,我国环境治理一直采用属地管理的模式,生态环境保护和建设的法律责任主体是地方政府。各地方政府受属地管理权限的约束,当涉及跨多地政府属地管理权限范围的区域环境合作治理时,囿于区域整体管理模式、手段和措施的缺乏,各地方政府在应对跨界污染时都束手无策,现有的各自为政的环境治理模式难以从根本上解决区域生态环境问题。这一难题成为区域生态补偿机制构建的主要障碍。

京津冀区域一体化是重要的国家战略,而生态一体化是区域一体化的基础。京津冀三地山水相连,其生态建设具有广域性、整体性和系统性,为促进京津冀区域生态建设,国家今年启动了多项生态工程,如京津风沙源治理、三北防护林、退耕还林、太行山绿化等。然而,由于京津冀区域生态环境保护合作机制尚未健全,生态补偿机制不尽成熟,一体化的生态环境治理机制尚未建立,导致京津冀区域生态环境保护和建设效果并不理想。因此,唯有加快建立京津冀区域一体化的生态环境治理机制,特别构建京津冀区域生态补偿机制并使之有效运行,促进京津冀区域生态环境保护合作的广泛深入开展,才能实现京津冀协同发展的要求,保障京津冀区域生态目标的实现。

二、区域生态补偿立法的作用

马克思曾经指出:"物与物的关系后面,从来都是人与人的关系。"生态补偿是一种利益协调,也是一种矛盾协调。区域之间基于地缘联系存在生态环境的整体性与生态利益的地区性之间的矛盾。区域生态补偿的实质就是在区域生态环境关系中协调不同利益之间的矛盾与冲突,以调整这一关系的方式和过程。区域主体基于其地缘因素更容易发生矛盾和冲突,但与此同时也更利于达成一致与合作。区域内的各政府作为本区域利益的总代表,往往都是从自身利益出发,做出最利己的行为选择和价值衡量,追求本行政区域内的利益最大化。但是,区域间的竞争并不影响它们选择区域合作,区域内不同主体的合作也不代表它们就放弃了自己的利益。恰恰相反,各区域主体会在寻求合作的过程中对自身的发展及其在发展中的地位进行再思考、再定位,因为各区域政府的自协调往往无法实现区域利益的最大化,有时甚至都无法实现企业自身利益的最大化,所以当有一种机制能够打破各区域自身利益实现的局限性,通过发挥区域间合作一体化的优势实现区域整体和部分利益最大化时,每一个区域主体必将积极寻求与区域其他主体相匹配的联系形式,主动地去追逐和寻找超越本地区之外的区域协调。此时的区域协调有多种实现方式,比如通过市场机制的经济途径,通过道德规范的观念途径,以及通过利益协调的制度途径等。其中,制度途径是一种与其他方式不同的直接协调方式。它以存在冲突的利益关系为调整对象,直接作用于利益冲突和矛盾,通过对人们之间利益关系的重新定位和对人的利益行为范围的限制来实现利益协调,化解利益冲突。因此,制度协调往往通过政府协调的形式出现。在区域利益协调中体现为政府的协调、规划与平衡的重要职能,最常见的就是制定政策和法律,因为通过法律机制的协调,可以有效降低政策协调、经济协调和观念协调的主观随意性,从而最大限度地协调利益冲突和保持社会稳定。因此,在协调区域生态补偿各方主体的利益上充分发挥法律制度的重要性、权威性、稳定性、一致性的优势,是实现区域整体利益最大化以及保护和促进区域的可持续发展的重要保障。

区域生态补偿立法,顾名思义,就是指有权机关根据宪法和法律的规定,制定关于区域生态补偿相关法律法规的活动。区域生态补偿立法以行为主体在区域生态补偿过程中发生的各种社会关系为调整对象,通过创设区域生态补偿原则、主体、范围、方式、标准等一系列原则、规则和制度,为区域生态补偿提供具有强制约束力的法律依据,以指导区域生态补偿实践,实现区域生态利益的协调平衡和区域生态环境公平正义。从立法实践来看,区域生态补偿立法中的区域,主要是指具有重要生态功能的区域和地域上跨行政区划的区域,当然,有些情况下这两类区域也会发生重叠,比如京津冀区域生态补偿,既在地域上横跨京津冀三地,同时也覆盖了重点生态功能区。从现实需求来看,要着眼于解决区域各地区之间的利益平衡问题,但在实践中,由于各地区经济发展和资源禀赋等方面的差别,在生态环境保护方面具有不同的态度和做法。在缺乏其他生态补偿立法规定的情况下,各地区在区域生态补偿的实施上具有较大的变化性,往往会根据自身的利益变化来调整其在区域生态环境保护合作中的立场和行为。因此,区域生态补偿立法的最大意义就在于实现了区域生态补偿的法制化,使区域生态补偿的相关原则、规则和制度以法律规范的形式加以明确,并具有强制性和约束力,保障和促进了区域生态补偿的顺利开展,从而有利于实现区域生态补偿的立法目的。从构建立法体系本身而言,区域生态补偿立法也具有重要意义。这是因为,区域生态补偿立法大多建立在各地区层面上,以地方性法律法规的形式得以体现。而地方性法规本身就是其上位法规范的细化和具体化,因此,在环境保护基本法和单行法的规范之下,其中的原则性规定如何以更加符合区域实际的方式落实,关键在于各地区如何规定生态补偿相关制度安排,这直接决定着区域生态补偿的实施效果。因此,建立健全区域生态补偿立法,完善区域生态补偿相关法律制度,构建区域生态补偿法律机制,对于推动区域生态功能保护和生态文明建设意义重大。

三、区域生态补偿的立法依据

(一)区域生态补偿的现实需要

1. 区域间的生态外部性问题

尽管经济发展与环境保护具有目的上的一致性,但在特定时期内二者存在一定程度上的冲突。毫无疑问,生态环境保护和建设会给经济发展带来一定程度的影响,如资金投入、生产技术革新、产业结构调整、生活方式改变等,所以任何一个地区都不愿以牺牲经济发展为代价,成为区域生态环境保护的先行者。而且,生态环境保护行为的外部性决定了区域各主体都将成为区域生态环境保护的受益者,甚至并不需要为此支付对价。如此,区域各主体便丧失了区域生态环境保护和建设的主动性和积极性。要想破解这一难题,区域内各主体的生态环境保护和建设行为必须具有一定的激励性,使其因保护生态环境而做出的牺牲和贡献能够以一定的方式获得补偿和合理回报。当生态环境保护和建设者的损失可以得到弥补甚至获益时,他们就更加愿意开展区域生态环境保护和建设,而这一补偿和回报应由区域内享受生态环境保护和建设成果的受益主体共同分担。因此,区域生态补偿立法必须协调区域生态环境保护和建设者与生态受益主体之间的利益冲突,并平衡区域生态环境保护和建设者的额外付出和收益,解决区域生态外部性问题。

2. 区域主体的发展不平衡问题

基于环境的整体性和环境资源在不同区域的分布特点,特别是不同地区在区域生态环境保护中的定位不同,各地区生态环境的开发水平和利用能力也有所不同,就使得在当前我国环境资源开发利用过程中,区域之间出现了较为突出的经济利益与生态利益发展不均衡的情况,区域内的贫困地区、流域的上游地区往往承担着相对较重的经济和环保压力,而区域内的富裕地区、流域的下游地区可以较大程度地享受区域生态环境保护的发展成果和生态利益,长此以往导致穷者越穷、富者越富,贫困地区、上游地区牺牲的经济利益得不到补偿,没有了保护环境的积极性,富裕地区、下游地区享受生态保护成果不用支付任何费用,不珍惜乃至挥霍生态保护成果进而造成资源浪费和环境损害,从而阻碍了人民共享发展成果、统筹区域协调可持续发展目标的实现。以张家口林业为例,中国林科院《张家口市森林与湿地资源价值评估研究》显示,全市森林资产价值7,219.38亿元,湿地资产价值190.07亿元。森林与湿地每年为周边地区提供生态服务价值305.17亿元,外部地区受益占到60%以上,其中北京地区受益占到总价值的48.07%。然而,张家口在生态环境资源效益大幅提升的同时,当地的经济发展速度严重放缓,这个地处北京上风上水的城市,贫困村和贫困人口数量居全省地级市之首。在京津冀协同发展国家战略中,张家口定位为生态涵养功能区,长期以来为北京涵养水源和防风固沙,不开办污染企业,但保护优先并不等于牺牲发展。要解决张家口面临的经济发展和生态环境保护失衡的问题,当务之急就是完善京津冀生态补偿立法,构建体系化的京津冀生态补偿机制。只有通过区域生态补偿立法,从法律上确立保护者受益、受益者补偿的原则,使对区域生态环境保护做出贡献和牺牲发展机会的地区进行补偿成为一项法律义务,为生态脆弱区、生态功能区提出生态补偿请求提供法律依据和保障。

(二)区域生态补偿的实践探索

在区域生态环境保护活动中,生态环境保护的主要受益者和生态补偿的重要参与者都是地方政府,所以在促进区域生态环境保护和建设的过程中,各级政府都积极开展了丰富的生态补偿实践探索,取得了一定的成效和经验积累。这些有效探索为区域生态补偿立法奠定了坚实的基础,也发挥了重要的指导作用。从区域生态补偿实践来看,我国的区域生态补偿主要包括中央政府主导的区域生态补偿和地方政府主导的区域生态补偿两大类。

我国较早的区域生态补偿实践模式是中央政府主导的区域生态补偿,集中体现为国家生态环境建设工程和重点生态功能区的转移支付,如防护林体系建设、荒漠化防治、水土流失治理、"三江源"生态保护等生态建设工程,都是国家以财政纵向转移支付的形式,对生态建设工程地区进行补偿,取得了明显的生态补偿效果,促进了区域经济社会环境的综合发展。以我国重大生态工程之一的"三北防护林体系建设工程"为例,该工程覆盖了我国北方13个省(自治区、直辖市)的551个县(旗、市、区),建设总面积

406.9万平方公里,占我国国土面积的42.4%。① 工程涵盖我国95%以上的风沙危害区和40%的水土流失区,40年累计完成造林面积4,614万公顷,占同期规划造林任务的118%。同时,三北工程区森林面积净增加2,156万公顷,森林覆盖率由5.05%提高到13.57%。三北工程区内水土流失面积相对减少67%,其中,防护林贡献率达61%。农田防护林还有效改善了农业生产环境,提高低产区粮食产量约10%。此外,在风沙荒漠区,三北防护林建设对沙化土地减少的贡献率约为15%。三北工程森林生态系统固碳累计达到23.1亿吨,相当于1980年至2015年全国工业二氧化碳排放总量的5.23%。② 2002年,国家正式启动京津风沙源治理工程,一期工程覆盖北京周边五省(自治区、直辖市)的75个县,治理区国土总面积为45.8万平方公里,其中沙化土地面积10.18万平方公里。到2012年,国家累计投资近500亿元,完成风沙治理面积752.61万公顷。根据评估,工程建设对区域可持续发展贡献率达到28.3%,对于区域生态环境改善、农村产业结构调整和生态文明理念提升都发挥了重要作用。2010年,国家颁布了《全国主体功能区规划》,为推进生态文明建设,特别是配合规划实施,引导地方政府加强生态环境保护,中央财政设立了重点生态功能区转移支付项目,并不断加大财政转移支付力度,包括提供重点生态功能区资金转移支付补助系数,扩大重点生态功能区资金转移支付范围,加大对重点生态功能区范围内的452个县(市、区)的转移支付力。2019年,重点生态功能区转移支付811亿元,转移支付项目成效显著。

地方政府主导的生态补偿实践,显示出较中央政府主导的以纵向财政转移支付为手段的区域生态补偿更为灵活和多元化的特点。在生态补偿主体上,在政府主导的区域生态补偿方式之外引入了市场机制的作用;在生态补偿方式上,形成了多种生态补偿方式的创新探索,使区域内市场主体和市场补偿方式充分发挥作用,通过地方政府和其他市场主体的共同参与,推进地区之间的协商谈判,实现区域内生态补偿义务在不同主体之间的分担,推进生态补偿资金的积累和生态补偿机制的顺利运行。纵观地方政府主导的区域生态补偿,大致可将其分为三种类型:第一种类型是常见的通过财政转移的方式开展区域生态补偿,这里的财政转移支付手段包括纵向财政转移支付和横向财政转移支付;第二类是以市场交易方式开展的区域生态补偿,这种方式中地方政府的作用主要体现在,同级地方政府在共同的上级政府的指导下完成协商交易,丰富区域生态补偿的资金来源;第三种类型体现为区域间生态合作,即由区域各主体共同行动、通力合作以解决影响整个区域的生态环境问题。例如2004年,共同协商合作治理黄河流域环境的会议在天津召开,来自黄河流域各省级地区的参会代表达成共识,要通过共同协商和合作开发的形式来治理黄河流域,达到黄河流域的经济社会和

---

① 三北防护林体系建设四十年综合评价报告[N].人民日报,2018-12-25.
② 三北防护林体系建设四十年综合评价报告[N].人民日报,2018-12-25.

环境保护的可持续发展。2019年,习近平在河南主持召开黄河流域生态保护和高质量发展座谈会时再次强调,要注重保护和治理的系统性、整体性、协同性,各地共同抓好大保护,协同推进大治理。因此,通过区域生态环境保护协商合作机制,有助于各区域主体共担生态环境保护责任,建立区域生态补偿专门管理机构,做好区域生态补偿的顶层设计,组织对区域生态补偿重大问题开展研究,着力创新区域生态补偿体制机制,有效推进区域生态补偿机制的运行及完善,为区域生态环境保护提供有力保障。

我国区域生态补偿的实践探索充分表明,区域生态补偿在解决区域生态环境矛盾,维护区域生态环境公共利益,推进区域生态文明建设中具有举足轻重的作用。但与此同时,在区域生态补偿的实践中还出现了一些问题,例如中央政府的负担沉重,地方政府的市场交易机制不完善以及区域生态合作机制缺乏法律依据等,使区域生态补偿实践受到阻碍。"一种制度的建立需要立法来体现和支撑,这是由法律本身的内在调整机制决定的。法律通过对人们行为的确认和调整,使各种社会关系朝着有利于社会的方向发展,最终形成理想的社会秩序。"是故,区域生态补偿机制必须以法律的形式为区域生态补偿提供保障,明确各主体在区域生态补偿中的地位及权责利,建立稳定的区域生态补偿渠道,制定可预期可量化的区域生态补偿标准,完善区域生态补偿的运行机制和保障机制,扩大区域内公众参与范围,为各区域主体承担和落实补偿责任提供法律依据,充分调动和发挥区域主体在区域生态补偿和环境保护中的积极作用,促进区域生态环境保护目标的实现和区域经济环境的协调发展。

四、区域生态补偿的立法现状

自1998年《中华人民共和国森林法》确立生态补偿制度以来,我国陆续颁布了涉及生态补偿制度的法律、行政法规和地方性法规等规范性法律文件,生态补偿制度不断健全。但现有立法中大多是生态补偿的一般性规定和专项领域的生态补偿制度,涉及区域生态补偿的法律文件数量较少。主要体现在:

(一)宪法的有关规定

我国《宪法》确立了生态环境保护和污染防治并重的原则,同时规定,国家保障自然资源的合理利用,保护和改善生活环境和生态环境,防治污染和其他公害;地方政府负责具体执行。这些规定为区域生态补偿立法提供了原则性指导。

(二)法律的有关规定

《环境保护法》第二十条规定:"国家建立跨行政区域的重点区域、流域环境污染和生态破坏联合防治协调机制,实行统一规划、统一标准、统一监测、统一的防治措施。前款规定以外的跨行政区域的环境污染和生态破坏的防治,由上级人民政府协调解决,或者由有关地方人民政府协商解决。"这就意味着有关地方人民政府可以据此协商构建区域生态补偿机制。第二十八条和二十九条进一步明确了地方各级人民政府必须保证和改善该区域内的环境质量,特别是对生态功能重点区域、流域,划定生态保护红线区域,并对具有代表性的各种类型的自然生态系统区域,如珍稀、濒危的野生动植物自然分布区域,重要的水源涵养区域,具有重大科学文化价值的地质构造、著名溶洞和化石分布区、冰川、火山、温泉等自然遗迹,以及人文遗迹、古树名木等,实行严格保护。这就要求不同区域的地方人民政府要对跨区域环境保护共同承担责任,为明确区域生态补偿中各主体的权利与义务提供了法律依据。

《中华人民共和国民族区域自治法》第六十六条规定了国家对民族自治地方为国家生态平衡、环境保护做出贡献的行为给予一定的利益补偿,为国家对区域政府实施生态补偿提供了法律依据。

除此之外,在环境保护单行法中也体现出区域生态补偿的内容。例如《水污染防治法》第八条规定:"国家通过财政转移支付等方式,建立健全位于饮用水水源保护区区域和江河、湖泊、水库上游地区的水环境生态保护补偿机制。"这一规定直接为饮用水水源保护区和江河、湖泊、水库上游地区获得生态补偿提供了法律依据。

(三)其他规范性法律文件的有关规定

除宪法和环境法外,其他规范性法律文件中也有关于区域生态补偿的规定。例如《中华人民共和国自然保护区条例》《退耕还林条例》《江苏省长江水污染防治条例》《甘肃祁连山国家级自然保护区管理条例》《海南省万泉河流域生态环境保护规定》《云南省三江滇西北流域资源开发利用和生态补偿条例(草案)》等环境法规;《江苏省环境资源区域补偿办法(试行)》《江苏省太湖流域环境资源区域补偿试点方案》《辽宁省跨行政区域河流出市断面水质目标考核暂行办法》《辽宁省东部重点区域生态补偿政策实施办法》《河南省水环境生态补偿暂行办法》《陕西省渭河流域生态环境保护办法》《长江武汉段跨区断面水质考核奖惩和生态补偿办法(试行)》等环境规章;以及地方政府制定的有关区域生态补偿的其他规范性文件,如《福建省闽江、九龙江流域水环境保护专项资金管理办法》《黑龙江省穆棱河和呼兰河流域跨行政区界水环境生态补偿办法》等。

可以看出,这些地方性环境法规和规章中关于区域生态补偿的规定,更加具体化和具有可操作性。例如,2009年颁布、2018年修订的《陕西省渭河流域生态环境保护办法》第三十九条规定,按照"谁污染谁付费、谁破坏谁补偿"的原则,逐步建立渭河流域水污染补偿制度。当月断面水质指标值超过控制指标的,由上游设区的市给予下游设区的市相应的水污染补偿资金。同时,由省人民政府环境保护行政主管部门会同财政、水行政主管部门以及相关设区的市人民政府制定水污染补偿资金的具体收缴、管理、使用办法。2010年,《河南省水环境生态补偿暂行办法》对区域内长江、淮河、黄河和海河四大流域的地表水水环境生态补偿进行了详细的规定。流域生态补偿方式和流域生态补偿基金的管理确立了生态补偿的给付主体是省,受偿主体是下游城市和水环境责任目标完成较好的城市;确定生态补偿标准为化学需氧量每吨 2,500 元,氨氮每吨 10,000 元;明确了区域生态补偿的方式是补偿金,补偿金由各考核监测断面的超标污染物通量与生态补偿标准确定。又如,福建省《闽江流域水环境保护专项资金管理办法》确立了闽江区域生态补偿的基本形式;《晋江、洛阳江上游水资源保护补偿专项资金管理暂行规定》建立了市县区域生态补偿模式;《闽江、九龙江流域水环境保护专项资金管理办法》要求逐步建立完善生态补偿机制,根据"两江"流域、区域交界断面水环境质量状况,对"两江"流域中上游县市区实施奖惩;鼓励流域上下游各设区市通过协商、签订协议等方式,以保护流域水环境、改善水质、保障生态需水量为考核要求,明确双方的补偿责任和治理任务,确保资金发挥效益。上述这些规定都为区域生态补偿提供了明确的法律依据。此外,还有一些跨区域地方政府联合出台的规范性文件,对区域生态补偿也具有直接的指导作用。如 2005 年,江西、广东两省开始建立流域生态补偿机制,制定并颁布了《东江源生态环境补偿机制实施方案》,要求国家协调建立上下游流域区域生态补偿机制。根据这一机制,从 2005 年到 2025 年,广东省每年将从东深供水工程的水费中拨出 1.5 亿元用于保护东江源区的生态环境,积极推进东江流域上下游省域横向生态补偿。① 这些规范性文件中细化的规则明确具体,保障了区域生态补偿的推进和落实。

五、区域生态补偿立法存在的问题

从目前区域生态补偿立法状况来看,尽管从国家到地方层面的各层级立法都对区域生态补偿有所涉及,并且大部分法律规则具有较高的可操作性,对于指导区域生态补偿实践发挥了重要的作用,但同时也暴露出许多仍然存在的问题。主要体现在以下几方面:

(一)区域生态补偿法律体系不健全

体系化的区域间生态补偿法律制度应该是一个由法律、法规、规章等立法规范从不同方面组成的和谐整体。法律规定为一般的原则,行政法规更具体,规章则是具体实施方法。因此,健全的区域生态补偿法律体系应在宪法、法律、法规、规章的纵向法律效力水平指导和各种规范性法律文件的协调下进行构建。但是,从我国区域生态补偿立法现状来看,其法律体系仍十分不健全。

1.缺乏上位法的规定

区域生态补偿制度是生态补偿制度的一个重要组成部分,而生态补偿制度又是生态环境保护制度的一项重要构成。但是在我国生态环境保护立法方面,本就存在着环

---

① 翁淑贤.珠江跨省污染逼出区域环保合作[N].人民日报,2006-03-27.

境污染防治法律体系相对完善而生态环境保护改善相关立法不足的结构性缺位,特别是在生态补偿等新的环境管理模式上,缺乏综合性或专项法律进行规制。

在宪法层面,我国确立了污染防治和生态保护并重的观念,为生态补偿制度奠定了基础。但是,我国宪法中缺少关于公民环境权的规定以及以此为基础的生态补偿制度相关规定,从而使区域生态补偿缺乏直接的宪法依据。

在环境保护基本法层面,我国《环境保护法》涉及生态环境保护的重大问题,明确了生态环境保护的基本政策、基本原则、管理机构、基本制度等,尤其是第三十一条关于生态补偿制度的规定,为区域生态补偿提供了立法基础和条件。但是作为环境保护基本法中的规定,难免具有较强的原则性,缺少生态补偿制度的具体规范,使区域生态补偿缺乏具体的法律支撑。而且,《环境保护法》虽然确立了"污染者负担"原则,为区域生态环境污染者付费、生态环境保护和建设者受偿提供了依据,但并没有将"受益者补偿"原则加以确定,导致因生态环境保护和建设的受益者不承担法律义务,也便不必向为生态环境保护和建设付出代价和牺牲利益者做出补偿,于是在实践中,受益地区不愿意也不会主动承担生态补偿责任。

在环境保护单行法层面,也存在着许多关于生态补偿的零散规定,如《水法》《草原法》《森林法》等,但这些都只是局限于生态环境保护的某一具体领域或范围,并没有涉及跨区域生态补偿的内容,而且同样是原则性规定较多,执行层面的法律规范很少,不能直接指导跨区域资源开发和利用以及生态建设过程中出现的生态补偿问题,需要立法的进一步细化和明确。

2.缺乏下位法规定

生态环境保护上位法的结构性缺陷和原则性特点会导致下位法的缺失。首先,从与上位法的承接来看,尽管在上位法中存在区域生态补偿的相关内容,但多为原则性规定,缺少相应的实施细则也就无法为区域生态补偿实践提供可操作性的法律依据。例如《中华人民共和国自然保护区条例》规定对国家级自然保护区给予适当的资金补偿,但是条例并没有规定补偿时间、补偿方式、补偿范围和标准等具体内容,也没有相应的实施细则,进而导致在实践中,尽管地方政府为自然保护区的生态环境保护付出了较高代价,但相应补偿却难以到位,长此以往其保护生态环境的积极性将会受挫,生态环境保护成效也将受到影响。

其次,从地方立法实践来看,区域生态补偿地方无论从立法数量还是法律的普遍性规定上,都存在严重不足。其一,由于缺乏上位法的指导,我国区域生态补偿的地方性立法多由地方政府决定是否立法以及如何规定,即便是以法律规范的形式明确区域生态补偿的相关规定,也大都是以地方政府规章的方式进行。这就导致区域生态补偿的地方性立法数量不多、立法不平衡以及法律位阶不高的问题突出。其二,行政区域划分的客观影响使区域生态补偿在实践中往往体现为同一省级行政区划内跨市范围的区域生态补偿,因此区域生态补偿立法更容易在省级范围内具有现实基础和可行性。而跨省范围的区域生态补偿立法缺少基础难以推进。空白的立法使跨省区域生态补偿涉及的法律关系调整无法可依,从立法实践也可以看出,各地区出台的区域生态补偿立法的适用范围往往是该地区所辖范围内跨区域生态补偿,例如省级立法中的区域生态补偿规范的往往是省内跨市县的区域范围,市级立法的适用范围往往是市所辖各县的生态补偿,而能够跨地区的区域生态补偿,尤其是跨省区域生态补偿却鲜有涉及。再加上在区域生态补偿的下位法规定中,关于区域生态补偿的程序规定不清晰乃至缺失,使区域生态补偿在执行过程中于法无据,难以落实。

(二)区域生态补偿的法律规定不完备

从目前出台的关于区域生态补偿的法律规范来看,流域生态补偿制度相对成熟和完善,而其他领域的生态补偿规制相对较少。实际上,除了上游和下游地区之间,生态破坏区域和受生态破坏影响的区域之间,以及生态保护区域和生态受益区域之间的生态补偿,区域生态补偿的实际需求已经非常广泛和突出。在生态效益领域,环境资源产品进出口领域之间,迫切需要生态补偿规范为有关主体的行为提供法律制度支持。以河北省和北京市之间的区域生态活动为例,基于地理上的原因和区域功能定位,河北省需要承担更多的生态环境保护义务,如植树造林、防治风沙等。那么在河北省进行风沙源治理以有效地将风沙阻挡在首都北京之外的种种措施中,不乏牺牲和限制自身经济发展的措施,无疑给当地经济发展造成影响。北京是区域生态效益的直接受益主体,应该依据受益者补偿原则对河北省开展区域生态补偿的直接付出成本和发展受限的间接成本以及区域生态价值受损给予补偿。尽管京津冀风沙源治理项目中规定了生态补偿的内容,但是具体的补偿措施及金额等难以实现对当地居民及时有效的补偿,而相关法律规定却十分不完备,无法有效保障和促进区域生态补偿的推进。

区域生态补偿不仅面临专项领域生态补偿制度缺失的问题,还突出表现出区域生态补偿的普遍性规定不成体系的弊端,包括区域生态补偿主体、补偿范围、补偿标准、补偿程序、资金来源、违法责任等方面都未有明确的定义。例如,虽然《陕西省渭河流域生态环境保护办法》建立了渭河流域生态补偿制度,也明确规定了补偿的对象和范围,但没有关于如何确定补偿资金、如何实施补偿以及如何履行违约责任的规定,这直接给实施区域生态补偿造成了障碍。而且从目前的区域生态补偿方式来看,大多是政府主导的纵向补偿,这就很可能导致区域生态补偿资金渠道有限且多属于行政强制性补偿,而非各利益相关者可以根据区域生态补偿法律规范的指导和评价,明确自己在区域生态环境保护中的责权利关系和行为选择。而且,在现有的政府主导的纵向生态补偿中,尽管规定了补偿主体和范围,但关于区域生态补偿资金管理的法律规范也缺乏明确规定。资金补偿是区域生态补偿最主要的补偿方式,也是区域生态补偿正常运转的重要保障,所以资金渠道、资金额度和资金管理显得尤为重要。如果没有一个明确的客观的资金计算方式或标准,区域生态补偿机制就很容易由于主体主观上利益判断而难以达成协商合作,因为不论是补偿资金高出给付区域的承受能力,还是低于接受区域的预期,区域生态补偿机制都无法顺利实施。同样,如果区域生态补偿资金的管理缺少监督,难以保障资金的合理应用和各区域主体的切身利益,区域生态补偿功能也难以落到实处。而实际上,诸如上述关于生态补偿资金的普遍性规定不成体系的弊端普遍存在于我国目前的区域生态补偿法律规范中,这直接造成了区域生态补偿机制的实施障碍。

(三)区域生态补偿的配套性法律制度缺失

有效实施区域生态补偿机制需要相关法律制度的补充,特别是通过财政转移支付制度对区域生态补偿进行规范,并通过公众参与制度监督区域生态补偿资金的运作。但是,这两个问题仍然突出存在。

1.区域生态补偿财政转移支付制度不完备

财政转移支付,是指为平衡各地区由于地理环境或经济发展差异而产生的政府收入差距,保证各地区的政府能够有效地按照国家统一的标准为社会提供服务,在中央政府和地方政府之间以及各个地方政府之间实施的财政资金转移活动,包括纵向转移和横向转移。①

目前,我国区域生态补偿财政转移支付制度主要是纵向财政转移支付,但仍然存在明显不足。一方面,纵向转移支付主要是中央政府用于地方区域生态补偿的中央财政支出,特别是退耕还林、退牧还草、天然林保护工程等重点项目,涉及范围之广、覆盖主体之多、利益冲突之深,给中央财政带来巨大缺口,转移支付资金不能按时充足到位。另一方面,国家在制定中央财政纵向转移支付政策支持时,往往重点考虑对于工程项目中生态保护和建设的直接资金支持,却忽略了地方财政在区域生态环境保护和建设中受到的负面影响,而且越是中央支持力度大、重视程度高、生态环境保护效果突出、生态环境保护目标完成率高的地区,受到的影响越大。

相对于纵向财政转移支付而言,我国区域生态补偿在横向财政支付制度方面的不足更为凸显。首先是缺乏地方政府之间协商合作的生态补偿制度。从现行的区域生态补偿立法和实践中可以看出,我国目前大部分的区域生态补偿即使涉及不同的地方,也往往是同一隶属关系的地方在同一上级政府的领导或参与下的生态补偿,没有生态补偿制度可以指导同级行政区域之间的平等协商。其次是生态补偿体系缺乏市场参与,生态补偿基金融资渠道尚未建立。目前,区域生态补偿的主要手段是转移支付、财政补贴、监管和其他"命令—控制"措施。尽管这些直接控制手段可以依靠自己的行政强制性促进生态环境保护和建设,但是,由于缺乏市场补偿机制,市场机制本身

---

① 王晓光.财政学[M].北京:清华大学出版社,2019:44.

难以在横向财政转移支付中充分发挥其生命力和激励功能。在区域生态补偿制度中，市场作为生态补偿主体的地位和功能也被忽视和制约，这使得政府的补偿比市场的补偿承担更多的负担。由于区域生态补偿体系没有建立，在区域生态补偿实践中很少有社会资金的参与，很显然，仅仅依靠有限的财政投入和转移支付的单一补偿手段，难以实现区域生态补偿的目标。

2.区域生态补偿公众参与制度不完善

区域生态补偿法律规范是通过对区域主体权利义务的有效分配来实现区域各主体之间的利益调整，公众参与在区域生态补偿中的作用至关重要。首先，地方政府往往在自己的行政区划范围内行使公共管理职能，包括环境资源的开发利用和生态环境的保护和建设，却很难在区域边界外产生生态环境保护的利益驱动。这种情况下倘若再缺乏法律义务和责任的要求，地方政府便很难对本行政区划范围之外的区域生态环境负责。而公众则不同。他们是生态系统服务的直接享有者，既可能因生态系统服务功能提升而受益，也可能由于生态系统服务功能下降而受损，所以他们最关心也最受生态环境保护的影响。因此在区域生态补偿制度的制定和实施过程中要给予区域内生活的公众充分的利益表达机会，要综合考量公众之间的多种利益关系，尤其是要对其中涉及的经济利益和生态利益进行全面衡量。其次，区域生态补偿以资金补偿为主要方式，资金的筹集、使用和管理同样与公众密不可分。尽管从具体形式来看，区域生态补偿资金来源具有多样性，但归根结底都源于公众，而且，区域生态补偿资金虽然表现为由政府支配，但资金使用的监督管理主体与公众密不可分，并且区域生态补偿的最终受益者也是公众。因此，在区域生态补偿立法中应建立公众参与制度，并使之成为区域生态补偿机制的一项重要构成。据此，个人能够依法参与到区域生态补偿机制的构建和运行过程中去，充分参与区域生态补偿的成因、方法、标准和运作的讨论，通过信息公开了解区域生态补偿的咨询过程，了解区域生态补偿基金的运作方式并对其进行有效监督。然而，当前公众参与制度的不完善导致区域生态补偿的公众主体范围不清晰、参与渠道不通畅、公众权益不明确等法律障碍，不能为公众参与区域生态补偿提供信息公开和权利救济途径。

(四)区域生态补偿的统一协调管理体制缺乏

根据《中华人民共和国环境保护法》的规定，跨行政区域的环境污染和生态破坏的防治，可以通过上级人民政府协调解决，或有关人民政府协商解决。[①] 区域生态补偿属于跨行政区域范畴，相应存在着上级人民政府协调和有关人民政府协商的区域生态补偿的实施途径。当跨区域主体是市县级主体时，它们之间的环境纠纷往往很容易通过作为它们共同上级的省市级政府协调解决。

---

① 资料来源：《中华人民共和国环境保护法》第二十条第二款。

但是,当区域环境纠纷出现在省级主体之间时,由于中央政府的协调参与很少,因此被视为处理跨行政区域环境纠纷的生态补偿制度之一,将不可避免地涉及区域政府间的磋商与合作,进而涉及一系列问题,例如协商机构,协商程序,协商的法律效力以及协商未能实现的补救措施等。这些问题的合理解决都要建立在区域生态补偿的统一协调管理的基础上。但是,在现行的区域生态补偿地方立法中,关于区域生态补偿统一协调管理机制的相关规定很少,使跨省级区域生态补偿机制无法建立。

另外,即使省内不同行政区划之间的环境纠纷可以通过省内跨区域生态补偿协调管理来解决,但在实施过程中也是难之又难。因为生态环境是一个整体,但生态要素分别归属不同的部门管理,行政区划又使各地区容易"只扫自家门前雪"。实践证明,在缺少上级政府参与的情况下,省内跨区域生态补偿协调机制很难有效发挥作用,实现对不同区域主体的利益协调,所以在这些区域生态补偿中几乎都有上级政府的参与,这反过来就导致区域生态补偿极易以行政管理取代区域主体之间的协商合作。由此,对于我国各层级的区域生态补偿而言,都需要建立健全区域生态补偿的统一协调机制,以具有强制性的法律法规来解决跨区域的环境污染和生态破坏问题,充分发挥协调管理机制的指导、协调和监督作用。

第三节 国外生态补偿立法与实践

20世纪中叶以来,每年都在发生大量污染,特别是20世纪五六十年代发生的"八大公害事件",以及20世纪80年代以后发生的"新八大公害事件",范围和规模不断扩大,越来越多的国家意识到,环境问题已从国内走向国际,由区域性问题演化成严重的全球性问题。经济、人口、发展、环境开始成为涉及所有国家和各种文明的问题,尤其是环境问题,更是最为显著的问题中的问题。[①] 于是,世界各国颁布了有关法律,采取了一系列有效措施改善生态环境,为生态环境的可持续发展提供了重要保证。国外典型生态补偿立法与实践对我国区域生态补偿机制的构建及区域环境治理,具有极强的借鉴意义。

一、流域生态补偿

(一)德国易北河流域生态补偿

生态系统是一个整体,环绕地球的大气、地球上的水域是相通的,我们必须深刻认识河流山川的污染并不以人为划界为限,一方的环境破坏或污染必然祸及相邻乃至更

---

① 林灿铃.国际环境法[M].北京:人民出版社,2011:3.

大范围。① 因此,为保护河流生态系统,有必要建立上下游深度联系和紧密联系的一体化协调管理机制,流域生态补偿还需要各地区多部门的共同参与才能真正发挥作用。德国易北河流域的生态补偿实践是一个著名的成功案例。

易北河是一条国际河流,发源于捷克和波兰两国边境附近的克尔科诺谢山南麓,约1/3流经捷克,2/3流经德国,在两国乃至整个中欧的航运贸易中具有举足轻重的地位。然而自20世纪80年代开始,易北河水质污染程度日益严重。在此之前,捷克和德国没有针对易北河生态环境治理联合开展工作,鉴于此,双方于1990年达成协议,致力于共同开展易北河流域的治理工作。为此,德国和捷克实施了多项措施,开展了跨地区、跨行业、跨部门的流域生态补偿项目,通过生态补偿机制的协调,促进了各主体在易北河生态保护成本共担与利益共享的区域性合作,使易北河流域水质和生物多样性都得到较大的改善。

一是建立生态功能区。德国以建设生态补偿项目为依托,在易北河流域两岸建立了200个自然保护区,在此区域内禁止从事建房设厂等破坏性开发和生产活动。同时在流域沿岸建立起总占地1,500平方公里的7个国家公园,对流域生态环境采取特殊性保护措施。通过自然保护区和国家公园生态功能区的主体功能定位,强化生态保护和生态功能,使易北河生态环境改善效率明显提升。

二是实行流域统一管理。德国和捷克以易北河流域整体治理为指导,共同抽调人员组织成立了专门的流域治理合作组织,围绕抑制河水污染、改善流域水质及维持流域生态多样性开展行动。在这一合作组织中下设八个专业小组,并明确了各小组的主要任务。具体包括:①规划和设计小组,负责确定和实施目标计划;②监测小组,负责建立流域在线监测网络,并设置监测参数和频次,对流域水质水量进行监测;③研究小组,研究易北河流域与生态环境保护有关的环境和经济政策及技术措施;④灾害处理小组,全天候预报可能发生的污染事故,处理农业、医疗、化学、生活垃圾等方面引起的灾害事故;⑤沿海保护小组,任务是解决水域周边环境安全问题;⑥水文小组,负责收集易北河流域的水文和水质数据;⑦公众小组,负责向公众介绍流域生态环境保护的重要性,以及政府为保护流域生态环境采取的措施。还负责编制有关工作小组的报告,以告知进展和研究成果;⑧法律咨询小组,负责该组织活动所涉及的法律问题,制定相关政策和法律来保障生态补偿的实施。

三是保障生态补偿资金落实到位,核算公平。易北河流域生态环境保护的管理资金渠道广泛,为流域生态环境保护提供了坚实的基础和保证。其主要包括:①污水处理费。排污费由国家统一征收并划拨使用,征收对象一是居民正常生活用水费的排污费,二是专为排污企业收取的排污费的排污费。②财政贷款。对于符合国家有关污水

---

① 林灿铃.国际环境法[M].北京:人民出版社,2011:272.

处理相关政策规定的贷款申请,都可以获得财政低息贷款。③研究津贴。国家通过专项支出以鼓励个人和组织积极开展污水处理研究。④横向转移支付。

在德国,最重要的生态补偿手段是各州之间的横向财政转移支付,主要由两部分组成,一部分是至少分配了四分之三的增值税,这是国库的一部分。按照州的常住人口,最大的州财政能力的四分之一以平衡和不对称的方式分配给财政能力较弱的州,从而使贫困州的财政能力达到平均水平。另一部分是对州的转移。根据联邦的计算标准,一些钱从较富裕的州流向了不富裕的州,从而使财务水平保持平衡。在流域生态补偿中,通过横向转移支付将资金从富裕的下游地区向贫困的上游地区转移,改变了上下游区域之间的既得利益格局,平衡了区域上下游主体的权利义务关系和区域整体发展,从而促进了流域生态保护目标的实现。

四是开展跨国流域生态补偿。德国处于易北河下游,自 2000 年以来,上游捷克已获得流域生态补偿的总补偿额为 2,000 万德国马克。这些生态补偿基金已投入大量资金用于生态和环境保护基础设施,例如捷克易北河流域的污水处理,从而大大改善了易北河的水质,流域生态环境越来越好,处于流域下游的德国也从一个河流污染的受害者变成了河流生态的受益者。德国和捷克易北河流域生态补偿实践也成了跨国流域生态补偿的经典案例,它充分表明建立流域生态补偿机制的有效性和广泛性,不仅可以在一个国家的省内、国内建立,甚至也可以跨国建立起卓有成效的流域生态补偿机制。

(二)日本水源区生态补偿

在流域水资源管理体系中,日本属于"多龙治水"模式,流域的水资源开发和管理分别由国土厅、建设省、农林水产省、通商产业省等按照政府赋予的职能进行管理。但是多部门管理并没有导致管理过程的混乱和成效的弱化。这得益于日本在水资源管理立法方面的成熟和完善。从 20 世纪 40 年代末到 70 年代初,日本几乎每隔十年都会颁布一系列有关水资源管理的法律,如《水防法》《国土综合开发法》《森林法》《工业用水道事业法》《水资源开发促进法》《河川法》《水质污染防止法》《水源地区对策特别措施法》等。

法律要求所有有关部门严格按照法律规定的执法和监督模式控制管道中的水,流域各方在制定后必须遵守且不得转移。根据 1961 年的《水资源开发公团法》,日本成立了水资源开发公团,任务是根据国家的长期规划开发和管理日本的七大供水系统,以调整各方利益、筹集资金并管理日本的水资源开发。公团具有半官方性质,主要以国土厅的监督为主,厚生省、农林水产省、通商产业省、建设省也有进行监督的权利。

日本政府根据 1972 年《琵琶湖综合开发特别措施法》的特殊措施,开始建立水源地综合利益补偿机制,日本政府计划在琵琶湖水源地进行一系列综合开发和修复项目,同时下游受益地区必须承担部分项目资金。

1973年,日本颁布了《水源地区对策特别措施法》,确立了生态补偿制度为普遍制度的法律地位,并确定了水源地区的生态补偿要求,据此,受益地区应对水源区域进行补偿,因为后者通过保护库区的生态环境并承担淹没所造成的损失对生产生活带来了不利影响。然后,日本建立了"水源地区对策基金",作为《水源地区对策特别措施法》的支持体系。资金来源主要是流域上游和下游的地方政府,而中央政府只向河流基金提供一些初期资金,这属于法律规定的特殊范围。

该基金以财团形式进行管理,其主要目的包括:库区移民的安置、道路和生产性基础设施的建设等。随着日本水源地区对策基金制度的建立,根据受益人补偿原则,通过对受益地区的直接补偿,资金补偿已成为水源区区域生态补偿的重要手段。

(三)美国流域生态补偿

在经历了传统的工业发展道路后,美国也面临着生态和环境保护问题。高效的生态和环境保护已经成了美国后工业化时代的重要目标,生态补偿作为促进生态产品生产的经济补偿手段也越来越被看重。在流域生态补偿方面,美国开展了广泛的实践并形成一套较为成熟的流域生态补偿机制,政府承担了大部分生态补偿,而且规定了河流下游对上游地区的补偿责任,在公众参与的基础上确定了与各地自然和经济条件相适应的租金率,有效推进了流域生态补偿的实施,促进了流域生态环境的建设与保护。

1.流域排污权交易

1996年,美国环境保护局制定的《流域交易框架草案》(Draft Framework for Watershed Based Trading)通过,将排污权交易定义为一项实现河流流域水质保护的重要手段。根据这一草案,当排放者的污染物排放降低至法定允许限额以下时,它便可以将减少的额度累积成为"信用"(Credits)储存起来,专门出售给那些污染排放限量不足以满足其生产需要的污染者。对于购买方而言,购买"信用"的交易成本要低于它们为达到交易成本所对应的水质达标所须承担的技术费用。"信用"交易通过可转让的排放许可证计划,污染物排放权可以在交易者之间像商品一样自由流通,不仅在州内,美国的州与州之间也开展了流域排污权交易,实施范围极广。而且,不同流域的交易形式也不尽相同。这种流域排污权交易模式充分利用了市场的价格信息及其交易成本小、交易方式灵活便利等优势,运用经济手段以整体上更低的成本实现了水质管控目标,成为流域水资源管理的一种有效手段,促使美国各州认识到点源及非点源污染的贸易对于疏通水道具有十分重要的推动作用。例如美国切萨皮克湾流域的水体营养物质排放权交易,是流域州际合作的典型范例。美国联邦宣布全海湾的"每日最大总负荷"及流域内不同河段的"每日最大总负荷",后者被分为4万个计划之多,其中切萨皮克湾流域当为最大、最复杂,切萨皮克湾有92个潮汐段"每日最大总负荷",对为保证流域水质达标而制定的流域内沉积物污染限制做出计划。于是,根据这一污染物排放限额,提供和购买污染减排信用的主体便可在不违反美国污染减排制度所设定的程序的前提下,开展信贷平台上的信贷交易。同时,政府还建立了对流域排污权交易的监督体系,以更好地控制和监督排污权交易,一方面授权国家环境保护局负责监督流域排污权交易,另一方面,排污权交易行为还将接受来自清洁水领域非商业性、私人和多边合作机构的监督。

2.流域水权交易

美国水权交易的启示来自流域排污权交易这种综合管理流域水资源的思路,成为一种更有效率的实现水质目标的手段。水权交易以水质标准为依据,允许当一个排放主体因排污成本降低而节省出的排放份额,与其他主体通过适当的交易市场及其运作,利用经济手段调控利用水资源和解决流域水污染问题。在此仅举科罗拉多河流域的水权交易为例。

科罗拉多河发源于落基山,流经7个州,流域上游水量较丰;中、下游水量渐少,由此引发的上下游地区之间水事纠纷不断,流域内7个州为此进行了长久的协商谈判,最终达成了一系列水权分配协议,并共同建立起不同级别的协商管理机构,促进水资源保护、水权分配和水权交易等相关方案的后续形成。在明确了流域内统一的水权分配和综合管理的情况下,科罗拉多河流域的水权交易变得丰富起来。因为在水权分配框架下,帝国灌区水资源充足,而圣迭戈和洛杉矶随着人口的不断增长,水资源十分匮乏。于是洛杉矶主动提出要求灌区减少其从科罗拉多河流域的用水量,将由此节约的水权转让给洛杉矶,双方最终达成了水权交易协议,同意洛杉矶投资2.33亿美元为上游水渠加水泥防漏层,从而使帝国灌区每年可以节约灌溉用水1.357亿立方米。同样的水权交易也在帝国灌区与圣迭戈之间开展,商定由圣迭戈出资对帝国灌区从河流引水的渠道用水泥加固并做出防漏处理,同时,科罗拉多河将今后75年的水量供给圣迭戈。通过这样的水权交易,有效缓解了科罗拉多河流域下游城市用水问题,实现了流域水资源的优化配置。

3.流域内私人交易

流域排污权交易和水权交易都是将事先确定的交易份额通过开放的市场进行交易。还有一种同样是基于市场补偿的方式,不同的是,这一交易的对象不是被事先确定好的交易份额,而是表现为点对点的私人交易模式。美国纽约市与上游卡茨基尔河流域的清洁供水交易是私人交易模式的典型。

纽约市约90%的饮用水来自上游的卡茨基尔河和特拉华河。根据美国环境保护局的要求,当以河流河水作为城市供水水源时,如果上游来水水质较差导致地表水水质不达标,就必须建立水的净化设施,经过净化程序之后才能进行供水;反之,如果上游来水水质较好,就可以免除该项净化措施。按照这一要求,纽约市为保障地表水水质,需要投入新的过滤净化设施,价值估算达 60 亿美元—80 亿美元,而且每年的运行费用在 3 亿美元—5 亿美元。但如果采取改善上游卡茨基尔河和特拉华河流域内的土地利用和生产方式,经估算 10 年内投资 10 亿美元—15 亿美元,水质就可以达标。基于此,纽约市政府决定采用后一方案,即通过购买上游卡茨基尔河流域的生态环境服务来保证上游来水水质。为保证项目的顺利实施,美国纽约市水务局组织协商并确定了生态补偿的各项具体内容,补偿主要以资金的形式进行,资金来源主要有政府向水资源用户征收附加税、发行纽约市公债及信托基金等。受偿主体是流域上游的环保主体,包括采取友好管理措施的奶牛场和林场经营者。补偿的具体措施是通过补偿资金,鼓励上游的环保主体采用环境友好型生产方式,通过改进生产方式改善流域水质。

收集到的补偿资金主要补偿上游环保主体,具体实施方式是向该流域内提供 4,000 万美元,对纽约卡茨基尔河流域农民的调查显示,近半数被调查者声称流域生态补偿维持了流域生态环境服务功能,生态补偿大大调动了流域内农民生态环境保护的积极性。此外,流域生态补偿还提供了基础设施改进等其他福利,对于增加流域农场的财富和效益有巨大的促进作用。

4.政府主导生态补偿

美国田纳西河流域生态补偿是政府主导生态补偿的一个典型案例。田纳西河是美国第一大河密西西比河支流俄亥俄河上的一条流程最长、水量最大的支流,流域的矿产资源和水能资源十分丰富,成为炸药生产和发电产业的聚集地,再加上当地对于流域资源的掠夺性开发开采,使流域生态环境遭受严重破坏。据统计,1929 年,田纳西河流域内 85% 的可耕种土地发生了水土流失,导致田纳西河流域成为美国最贫穷落后的地区之一。

为解决田纳西河流域的生态环境问题,美国于 1933 年设置了田纳西河流域管理局统一行使该流域区域规划和建设等一切权利。这为流域政府主导生态环境保护奠定了基础。管理局在制定流域开发利用规划和程序要求的过程中,不断开展和完善了流域生态补偿的实践,例如通过对具有综合效益的水资源开发工程进行政策补偿,鼓励更多的企业积极参与到生态补偿之中。此外,管理局还在流域经济发展和居民就业等方面对流域居民进行了直接补偿,取得了诸多其他效益。在电力系统方面,为流域内 800 万居民提供了廉价电力;在农业方面,成立了全国最大的肥料研究中心,引导农民科学合理地利用土地资源;同时,田纳西河流域管理局还设立了经济开发贷款基金,以促进当地经济的发展。田纳西河流域除了水资源综合利用产生的效益外,还实现了防洪、发电、水质控制、航运、娱乐和土地综合利用等多个方面的开发管理,生态补偿效益显著提高。

(四)澳大利亚流域整体管理

澳大利亚的生态补偿建立在流域整体管理的模式基础上,立足于流域综合治理设计流域生态补偿。墨累—达令河流域管理被认为是可持续发展理念下流域整体综合开发和协调管理的成功典范。

墨累—达令河流域位于澳大利亚东南部,横跨新南威尔士州、维多利亚州、昆士兰州、南澳大利亚州和首都直辖区,是澳大利亚最大的流域。其中墨累河是澳大利亚最大的河流,达令河是墨累河最大的一级支流,其流量占墨累河总流量的 20% 左右。由于该流域覆盖面积大、行政区域多,且各流域段的生态环境资源条件及经济社会发展水平差距较大,决定了关于该流域的水资源开发和生态环境保护问题,既要从流域整体管理层面考虑,也要结合当地情况具体分析,因此,墨累—达令河流域州际政府在流域整体管理的框架下,达成适用于流域内所有成员的州际管理协议,建立起流域整体综合开发和协调管理模式。协议规定,保护流域整体的生态环境资源是制定所有流域管理相关政策的核心和前提。设立专门的管理机构,协调各区域管理主体间的合作,避免由于行政区域不同而造成部门分割、职责不清乃至地方保护主义的现象,防止出现一味追求本地区发展而造成流域水资源浪费和生态环境破坏的现象。

在流域整体治理的框架下,水权交易成为澳大利亚流域生态补偿的主要形式。一方面,政府通过完善水权交易市场制度来促进水资源的合理分配和保护,另一方面,成熟的水权交易制度创新形成了多样化的水权交易方式,在各州不同地区之间以及州与州之间,都存在不同的交易方式。具体方式可以由交易主体自由选择,但政府规定了各种方式的交易所必须统一遵循的原则。

二、农业生态补偿

(一)美国的实践

1.绿色补贴计划

20 世纪五六十年代,面对生态环境日益恶化的情况,美国政府先后实施了三种针对农场主退耕的补偿计划。首先是"自愿退耕计划"。这一计划最早产生于 1956 年公布的土壤银行计划,这是鼓励农民保护土地的短期或长期生产,休耕土地存入土地银行,给予农民农产品价格补贴的计划。其次是"有偿转耕计划",通过各种优惠补偿,要求农民无偿休耕部分土地,如果休耕的土地面积超出规定比例,农民可以获得额外的补偿。农场主是否参与退耕计划,完全取决于本人意愿,与此同时,竞争机制被引入,即,由农民自行申报退耕份额和相应的补偿额度,政府从中进行选择,确定生态补偿协议的另一方主体。通过这样的竞争机制,鼓励大型农场主加入退耕计划保护土壤,并在"环境效益指数"的基础上进行退耕产生的生态效益的评估。仅在 1959 年到 1968年 10 年间,"土壤银行计划"下退耕土地每年达 445 万—1,174 万公顷。最后是"保护性储备计划"。该计划于 1985 年启动,旨在减少农业生产对资源和环境造成的损害,并在受侵蚀和荒漠化影响的地区引入 10 年的休耕或永久性退耕还草、退耕还林。与此同时,美国农业部门每年向参与该项目的人提供一定数量的补贴,永久性退耕还草、还林的农民还可以得到一次性补贴,相当于再耕种成本的一半。从那以后,在 1996 年和 2002 年的《美国农业法案》中,也对通过农业土壤环境保护计划开展生态补偿做出了明确规定。

2.专项项目补偿

自 2002 年以来,美国引进了一些专门项目,它们通过促进农业保护来实施生态补偿实践。这些项目涵盖了几个领域,主要有农田、耕作、水污染补偿工作、沼泽保护工作、环境保护工作。农民可以通过政府提供的资金补贴和技术援助积极参与农业生态环境项目。自项目开始后的 5 年时间里,联邦政府总共提供了 220 亿美元的农业生态环境保护补贴,每年用于农业生态环境项目的农田超过 1,200 万英亩。

3.技术补偿和生态教育

美国联邦政府十分重视农业环境保护中的技术手段和以环境宣传教育为基础的公众参与。一方面,政府资助科学研究和培训,以加强农业中的生态文明教育,每年在农民的教育和农业生态环境研究上花费 25 亿美元,提升农民对可持续农业重要性的认识和生态文明素质。另一方面,大力推进农业科学研究和实用技术,适应农业机械化下的粮食生产。政府将农业生产实用技术的创新作为农业技术补贴,通过科技创新提高农业生产效率,相当于降低了农民的生产成本,实现了社会财富的间接转移。

(二)欧盟的实践

1.农业补偿基金

20 世纪 90 年代,针对日益严重的农业面源污染问题,欧盟设立农业补偿基金,将农业生产和环境保护相结合,安排农业补偿基金的划拨,以增强农业生态效益。农业补偿主要由三个方面组成:①生态敏感区域的生态补偿。生态敏感区农民的农业生产受到环境保护的限制,必然会导致在这一区域内进行农业劳作的农民的收入下降。因此,根据规定,农民可获得每公顷 25—200 欧元的补偿,具体金额取决于该地区的环境敏感性。②农业环境保护的生态补偿。补偿旨在保护农业生产的环境,包括在农业生产活动中维持农村景观的多样性和生物遗传学,减少化肥和农药的使用,以保护土壤和水源环境的补偿,以及有利于野生动物生长的休耕或退耕还草还林。③山区和不发达地区的生态补偿。欧盟将调整不发达地区的农业结构、山区的农业发展、不发达地区的农业发展和环境保护相结合,1988 年和 1993 年实施了各种措施以改革和修订现行农业政策,确保在山区和不发达地区实施环境保护措施。为了保证生态补偿的有效性,欧盟成员国制定和改进国内由其自身生态环境资源所决定的可适用的环境要求,例如,单位土地上最大的化肥使用量、单位草地上最大的载畜量等。进而规定,一旦农民违反上述环境要求,政府有权对其采取措施减少或甚至取消生态补偿。

2.生态环境保护税

为了保护农业环境,欧盟出台了一系列税种,如废物税、水污染税、土壤税、地下水税、过量排泄物税以及根据氮和磷含量征收的化肥税等。这些农业税是污染者付费原则的体现,增加了农业生态补偿的资金来源,通过税收的调节作用有效地抑制了人们对农业环境的破坏。

3.生态标识制度

由于特殊的农业生产地区,如自然保护区、生态功能区及其他特定保护区内的农产品,其产地的生态环境既要遵守该地区的生态标准要求,又代表着优良的农业环境所赋予的较高品质,所以欧盟一些国家就建立了产品标志、特定区域标志等标识制度。随后,这一制度扩大适用于任何以有利于生态环境保护的方式生产的产品,通过生态标签予以认定,这些生态标识产品在市场上的价格较高,当消费者付出更高的成本选择购买生态标识产品时,就意味着在一定程度上对农民生态保护活动的补偿。在欧盟成员国中,德国是最早开展环境标志制度的国家,其涉及的部门和行业领域非常广泛,在农业领域的实施主要是农业活动是按照有机农业规范进行的并贴有标记。

4.农业生产经营补偿

欧盟各国通过生态补偿的手段促进农业生产方式的变化包括减少化肥和植被保护剂的使用,将田地变为广阔的绿色空间,减少每一块饲料田的饲养力,采用其他有利于环境和自然资源的生产技术等,以减少农业生产污染。鼓励和引导农民积极探索有利于生态的农业方法的一般规则,例如,对那些生产方式对环境有积极影响的农民进行生态补偿,更大程度上发挥农民改变有损生态环境的农业生产方式的积极性,减轻农业生产对环境的压力和污染。

5.绿化补偿

绿化补偿是农民对农业土地上开展林业种植的补偿。补偿标准的计算依据包括合同和计算种植和保护树木的成本、耕地收入损失和庭院装饰的自由森林投资。欧盟农业部门在1993年至1997年拨款13亿埃居执行这一措施。成员国还分别向目标区域和其他地方贡献25%和50%的资金来支持这些措施。到1997年,该措施项目下的森林面积达到70万公顷,旧森林重建达到30万公顷。

(三)英国的实践

1.生态环境敏感区计划

英国于1986年开展的生态环境敏感区(ESA,ecologically sensitive area)计划是欧盟第一个农业环境项目。该计划起初主要是关注Norfolk郡Halvergate湿地的生态问题。20世纪80年代初期,Halvergate湿地周边的农民对该湿地进行了开垦,排出湿地中的水,将原来的湿地改造成牧场和耕地,通过放牧和种植业增加收入。湿地面积的减少和大量农药和化肥的使用对当地的湿地生态系统造成极大的破坏,直接影响到当地及周边居民的正常生活。在这样的背景下,当地政府开展了湖区放牧湿地转换计划,为减少载畜率和农药及化肥使用的农民提供统一补偿。Halvergate湿地及周边的5,000公顷土地被指定为补偿保护区域,90%的农民自愿参加了计划。这一计划的实施极大地改善了Halvergate湿地及周边生态环境。鉴于这一明显的生态环境治理效果,英国在整个国家范围内推广ESA计划,生态敏感区是保护那些长期维护生物多样性、土壤、水或其他自然资源的园林元素或区域,如野生动物栖息地、沼泽、坡地和重要农田等。

ESA项目是政府机构管理的纳税人基金资助项目,资金来自欧盟和英国政府,其支付比例各占一半。在ESA计划之下,农民参加了按年支付补偿的10年自愿管理协议,ESA向农户支付补偿金。在确保生态系统服务供给方面,政府与参与的农户签订保证提供相应生态系统服务的合约。这些合约具有经济约束措施,违背合约的农户将受到经济处罚,严重者包括终止协议和收回之前支付的所有款额等。

2. 北约克摩尔斯农业计划

英国北约克摩尔斯农业计划是欧盟农业生态补偿的典型例子。20世纪50年代,英国拨款56亿英镑建立国家公园,面积约1,436平方公里,包括4个村庄、25,500人口、35%的沙漠公园和22%的森林,耕地占40%,湖泊占3%。公园里有140名员工,其中60人兼职工作。国家公园和信托基金将拥有1%和1.5%的土地,14.5%属于林业公司,其余属于私营部门。根据英国1985年环境保护法的要求,计划在北约克摩尔斯的农业活动遵循如下条件:该农业经营过程通过预先考量,认定不会对生态环境造成破坏。该计划通过国家公园向农场主提供生态补偿,鼓励参与者进行低密度种植,使用传统的土地使用方法来保护稀有的动物、植物和与物种多样性有关的社会活动。英国1981年制定并通过的《野生动植物和农村法》为推进北约克摩尔斯计划的实施起到了重要作用。该法案旨在迫使农民放弃部分农业,以换取更多的绿色产品,如景观和野生动植物。该法第三十九条明确规定,农民和国家公园当局应在平等和自愿的基础上达成协议,该协议通过提供生态补偿弥补了农民的一些生态环境保护行为,如保护自然景观和野生动植物的花费。

1990年,北约克摩尔斯农业计划正式开始实施。完善的立法有利于保护双方交易的权益,成为该项计划顺利推进的基石,再加上计划本身所具有的低成本运作及较高参与率等特点,该计划的实行取得了巨大成效。该计划下共有108份协议先后达成并生效,涵盖了90%合格农民和7,441公顷的土地,绝大多数符合条件的农场主每年增加投资和生态补偿的费用,每一项协议都由政府监督,以确保实现所有项目目标。

该计划还要求农场主至少要保证自己有一半的时间在农场工作,相应可以获得至少50%的农场收入,进而大大提高了他们的参与度和积极性。该生态补偿措施的实施对保护生物多样性、促进地区经济与生态环境和谐可持续发展至关重要。

(四)瑞士的实践

1.农业补偿政策

瑞士环境政策的核心是重视生态环境保护的激励措施和农业生产能力提高之间的联系,通过保护农村环境和改善农业环境以保持可持续农业生产的能力。为了确保农业和生态环境的可持续发展,瑞士制定了农业发展中的农业补偿政策并通过生态补偿制度和生态税收制度来促进政策的实施。1992年修订《联邦农业法》的一个主要目的就是完善生态补偿相关规定,为保证农业可持续性的三个层次的发展提供财政和补偿:第一层次是对特定物种的农业保护,例如果树、草原和牧场。第二层次的目标是支持比保护农业更环保的农业生产类型;第三个层次是支持有机农业。

2.生态补偿计划

根据农业生态环境保护政策,瑞士制定了一项区域生态补偿计划(Ecological Compensation Areas,ECA),并经历了三个阶段的不同类型:第一阶段是从1993开始,向自愿实施生态补偿区域计划的参与者直接给予一定的补偿费用。第二阶段是从1999年起,农民只有在证明其农业生产活动已经符合计划中所载明的生态环境标准后,才能够获得相关领域的生态补偿。此一情况下,根据生态补偿区域计划,每个农民必须将其7%的耕地改为生态补偿区,并按照实施环境保护措施的计划执行,如不使用化学杀虫剂、除草剂、化肥等,促进计划中的环境保护目标的达成。该项目还限制人们参加生态补偿项目,通常至少六年。从2002年开始,是计划的第三阶段,通过给予额外奖励的方式鼓励参与生物多样性项目的农民达到最低生态环境保护标准。为了获得政府对生态环境建设的资金补贴以及优惠政策,农场主们积极参与生态补偿区域计划,有效维持了该区域的生态环境和生物多样性。生态补偿计划几乎在瑞士所有的农业区域内被广泛执行。

关于生态补偿费的征收和标准的落实,瑞士通过生态税收制度和信息网络建设很好地加以解决。生态税收制度的建立将环境保护费用纳入环境税收制度。生态补偿可以通过生态环境税收和税收调整来吸引更多的资金以实现环境目标。与此同时,瑞士自1990年以来一直在建立网络,在农业工作上共享资源,通过建立信息网络实施农业环境政策,有效地解决在有机农业过程中制定生态环境目标的问题,在农业生产过程中持续性保护环境以实现环境目标。

(五)日本的实践

1.生态补偿的政策法规体系

随着农业的发展,在日本,从单产到改善环境创造可持续农业,政策立法的不断完善和改进为农业发展提供了重要保障。20世纪90年代初,大约三分之一的日本农业协会致力于生产有机农产品。因此《新的食品、农村、农业政策的方向》于1992年颁布,提出了环境保护型农业的开发目标和相对全面的环境补贴政策。通过资金、政策等支持"有机农业""自然循环农业""减少农药种植""再利用动物粪便""改良土壤"和"废物管理"等有利于生态环境保护的农业生产方式。随后又出台了一系列与环境有关的法律和规则,如食品、农业和农村基本法律、食品废物法、可持续农业法等。强调农业对于保持和平衡整个社会生态系统的重要性,以及生态环境保护型农业补偿的相关措施。此外,为平衡平原地区和山区地区农民的经济效益和环境效益,鼓励更多的农民积极从事环境保护型农业生产,立法中还规定了对于在山区从事环境保护型农业生产的农民,可以给予较平原地区从事环境保护型农业生产的农民更高的补偿标准。

2.农业技术研发与推广

日本在其土地资源严重短缺且土地地块多、优质耕地少的环境约束下,大力通过提高农业科技含量、优化农业基础设施来增加粮食产量、改善农业生态环境。通过农业技术研发与推广,日本在利用信息技术、生物技术等现代科技成果支持农业发展方面,取得了众多突破,如全面发展生物杀虫剂、基因繁殖、生态农业、数字农业、灾害控制、农业保护和利用等现代农业技术。在这一广泛的科技振兴农业的进程中,日本政府为规模小的、高效的、高科技的农场提供一定的补贴,这些农场是旅游生态旅游基地、农业技术培训基地和绿色食品示范基地的重要组成部分,促进现代化农业的普及和发展。

(六)韩国的实践

1.直接支付制度

20世纪60年代中期以前,韩国一方面追求粮食自给,另一方面对农业没有任何补贴,这造成了化肥、杀虫剂、农业塑料以及动物粪便的大量使用,导致水、土壤和其他自然资源遭受严重污染,农产品农药残留过量。到20世纪60年代末,韩国开始实施支持大米等主要作物市场价格的政策,但化肥和杀虫剂的使用没有减少,反而增加了,农业环境继续恶化。自20世纪70年代以来,国民中对于提高食品安全和居住环境质量的呼声越来越高,迫使韩国开始实施改善环境和发展的农业计划。1999年,为环境友好的农业引入了直接支付制度,由政府直接向获得环境友好型产品认证的产品提供补偿。这意味着政府对农业的支持政策由提高收购价格转向政府直接支付。而且,传统的肥料和农药补贴也同时被取消。此后,韩国政府将直接补偿广泛推广至种植业、林业和牧业，对农民由于发展环境友好型农林牧产而造成的经济成本增加或收入减少以直接支付的形式进行补偿。

2.产品认证制度

韩国的产品认证系统类似于欧盟的生态标签。2001年，韩国通过了《亲环境农业培育法》，大力推广亲环境农业，并为实行亲环境农产品认证标识制度提供法律依据和保障。该法将亲环境农产品分为有机农产品、转换期有机农林产品、有机畜产品、转换期有机畜产品、无农药农产品、低农药农产品等几种类型，不同类型的农产品在生产方式、种植地域和产品质量等方面都对应不同标准。根据这一制度，由标识当局指定的主管认证机构审定农产品等级，并根据审核标准颁发相应等级商品标签。只有经过认证的生产商的仔细审查，农民才能获得国家经济补偿。而且在一年的认证有效期间，如果在认证机构的随机抽检中发现农产品未能达标，则视情况半额或全额上缴补助金。《亲环境农业培育法》还详细规定了农产品认证程序，包括认证和批准申请、主管当局的确定、违法行为的法律责任等，确保证书的公正和有效性。

3.制度保障体系

基于《亲环境农业培育法》的义务基础，在亲环境农业确定的政策方向下，韩国将立法配套措施迅速跟进，2000年，农业部门引入了《亲环境农业培养五年计划》，阐述了"协调农业和环境可持续发展"的两大理念，明确了两大目标：第一，通过建立环境友好型农业体系，增加农民收入，生产高质量和安全的农业产品；第二，通过建立一个与农业生产相联系的农业自然循环，保护农业环境，提高农业多样化的社会功能。进而，该法提出了八项措施，以促进这一目标的实现，在生态农业基础、生态农业技术、农业畜牧业排泄物资源化、生态作物培育、农产品推广、环境和农业技术、加强国际合作、改善山区森林环境等方面做出统筹安排。地方政府也随即根据地域实际纷纷推出自己的五年计划，并投入大量资金，形成了各级各部门多元参与、分工明确、共同促进的良好互动体系。

三、森林资源生态补偿

(一)日本的实践

1.保安林制度

日本是第一个开展生态森林补偿的亚洲国家。19世纪末，日本引入了保安林制度，为被认定为保安林的私人森林提供各种补偿。由于二战对生态环境资源造成了严重破坏，日本对此采取了一系列政策，支持私人林业，基于财政补贴、信贷支持和税收优惠，尽快地恢复森林资源生态系统。根据规定，对于森林所有者由于禁伐、择伐等采伐限制带来的经济损失和收入减少，在经过具有相关资质的机构评估认定后，可以按年度获得全额补偿。与此同时,日本《森林法》规定,应由农业部门、林业部门、水产部门或需要接受建议的地区来管理那些管理不善的保安林。当涉及国家安全的森林拒绝执行有关行政规定时,农业部门和林业部门有权强制采伐。针对开展植树造林等森林生态营建工程的主体,规定了相应的税收优惠和补贴政策。针对更大范围内开展的森林资源建设工程,设立了专项基金——"绿色羽毛基金",通过向社会募集资金的方式进行民间生态补偿。这些政府和公众广泛参与、全面覆盖的森林生态补偿,为促进森林生态建设和维护发挥了重要作用。

2.森林环境税

伴随着社会经济形势和林业经营环境的不断变化,在日本地方分权的实施背景下,各县纷纷继续探索适应森林生态功能的维持所需的各种方式的生态补偿制度。兼具税收和基金性质的森林环境税成为一种有益的尝试。它由高知县于2003年率先引入,很快在日本的许多都道府县开始实施。森林环境税,也被称为水资源税,旨在促进河流流域中的林业管理,促进森林的健康,维持森林提供水源、保持水土、保护土壤、防止洪水、控制和净化水质的多种生态功能。可见,森林环境税的用途主要是增进森林生态系统的公益性功能,做到了专项税收专项用途,而且在实践中,森林环境税往往通过森林环境基金的建立,将税额在基金里积累,并设立专门的委员会对基金的运营进行监督。

(二)美国的实践

1.可持续林木采伐补偿

美国的森林资源很丰富。早在1960年,美国就颁布了《森林多种利用及永续生产条例》。联邦政府和各州努力寻找可持续的森林资源和公众可以接受的森林管理模式,并制定政策来补偿可持续的森林砍伐。为了更好地执行可持续砍伐森林的生态补偿,美国各州采取了各种森林补偿措施。保护森林、园林、度假村、野生森林、野生动物保护区和城市森林的翻新和栽培完全被政府以资金补偿的方式全部承担。在1961年前的50年里,美国政府购买并取代了2,000多万英亩的森林,扩大森林来解决淤泥沉积和土壤侵蚀问题。同时,为了鼓励公众对私有林投资,提供了大约80%的优惠补偿,在7年内持续减少林业税。5%—6.5%的长期优惠贷款和补偿由中小农场和小型私人农场和林农提供。此外,国家还提供额外的补偿和约定的可持续砍伐森林的技术指南;在同样的条件下,必须为实施可持续收入政策的企业或个人提供包括技术支持、教育培训、税费激励、财政优惠以及管制手段等多种形式的生态补偿。

2.退耕还林补偿

退耕还林补偿是保护美国林业的一项重要措施,也是美国最重要的生态补偿政策。恢复种植森林所需的补偿金完全由政府支付,即政府投资获得生态效益,并为农民提供放弃农场以保护环境的机会成本。因此,农民的主动性得到极大的提高。这一政策通过构建环境评价体系,采用成本分摊法作为生态补偿标准的计算方法,来确定不同地区的租金费用和补偿额度,具有相当的灵活性和可操作性。

同时,美国在退耕还林计划中引入并有效利用市场竞争机制和经济刺激计划来恢复森林植被。根据平等自愿市场交易的原则,参与项目的农民与政府签订分期付款的合同,每个阶段的目标都不一样。政府对农民补偿由于退耕造成的机会成本的损失。合同通常持续10到15年,一旦合同完成,农民可以决定是否参与下一个退耕项目,这取决于他们的农作物目前的市场价格。美国政府还对恢复植被森林给予了一些支持,例如免除对环境项目的税收。此外,美国还十分重视生产各种非林木产品,包括木制品、绿色装饰产品、药品和营养产品。这些经营收益成为森林生态补偿的一项重要资金来源渠道。

3.跨州碳汇交易

伴随全球气候变暖,清洁能源的应用及原始森林的保护越来越受到世界各国的重视。加州一个环保组织在田纳西州向一家能源公司出售了5,000英亩的森林,成为世界上第一笔森林碳汇交易。

在这笔交易中,设立于圣罗莎市的太平洋森林信托基金将6,000美元的"碳污染物削减信贷"卖给了使用材料的田纳西能源供应商格林山能源公司。这些信贷是基于加州和俄勒冈州700英亩的森林建立的,其中一些是圣马特奥县的原始森林。每个森林的主人都把森林的光合作用能力的使用权捐赠给信托基金,然后卖给格林山能源公司。加州的森林碳汇交易实际上就是将森林的光合作用——"碳权"作为商品进行的交易,这一交易实质上就是对森林保护的一种补偿,也是森林生态补偿的一种形式。

(三)哥斯达黎加的实践

1.国家森林基金制度

哥斯达黎加国家森林基金制度是森林生态补偿的典范。该制度基于1996年颁布的《森林法》。国家森林基金(FONAFIFO)是一个管理和执行森林生态补偿的组织。它的主要目标是纠正资金缺口,并监督生态补偿法律制度的实施。根据《森林法》,如果私有林地所有者向森林基金申请将其纳入国家森林生态补偿制度,森林基金将根据法律接受申请,并确定符合森林生态系统要求的森林所有者为服务供方,并与之签订生态补偿协议。协议共有四种类型,根据占比由高到低依次是森林保护协议(约80%)、造林协议(约13%)、森林管理协议(约6%)和自筹资金植树协议(约1%)。森林基金应按规定的金额在规定的期限内支付环境服务,所有林地人员应根据合同全面、及时、准确地履行对森林的养护和管理的义务。与此同时,国家森林基金还与私营企业、政府基金(碳税)和国际组织谈判,这些组织为森林生态系统提供服务,使之为其享有的森林生态服务给付对价,以融通付给生态服务供者的资金。其中森林生态系统服务的范围包括但不限于:减少温室气体、保护水源供给、保护自然遗迹地和自然景观、保护生物多样性和生态系统的原始面貌等。国家森林基金的来源涵盖了税收筹集、信托基金收入、与私企签订协议、国际碳服务市场、国际国内组织贷款和捐赠等渠道,多边融资渠道也是稳定哥斯达黎加生态补偿系统的重要保证。哥斯达黎加森林的生态补偿在许多方面是由于国家森林基金的一个项目而实现的。森林面积大幅增加,农民的生活条件改善,促进了资源的合理分配。更重要的是,通过森林生态补偿,森林的价值被重新审视,不仅是其巨大的经济价值,还包括丰富的生态价值,国土面积占地球陆地面积0.001%的哥斯达黎加拥有着地球上6%的物种,森林生态系统所提供的服务已经得到普遍认同。

2.可认证的贸易补偿

哥斯达黎加通过认证和交易"温室气体抵消单位"(CTO,Certified Tradable Offsets),从国际市场上为森林生态补偿筹集资金和财政支持。在此,森林碳固定可以是商业验证和销售的CTO,代表一定数量的温室气体排放来减少或吸收相当的碳当量,这些数字可以在国际市场上出售。尽管外国投资者购买一定数量的CTO来支持森林保护,通过森林砍伐或重建来减少温室气体排放,就相当于给当地政府同样数量的资金来保护森林。CTO贸易可以被视为一种在国际市场上转让或销售温室气体补偿权的财政手段。1996年,哥斯达黎加政府以200万美元的价格卖给挪威政府及挪威能源商财团20万个CTO单位。这是哥斯达黎加第一笔促进CTO贸易的交易。目前,哥斯达黎加的CTO市场主要通过保护区项目、私人森林项目和与能源相关的项目三种途径建立。

(四)墨西哥的实践

20世纪末,墨西哥面临着严峻的环境挑战,其中水资源短缺和森林覆盖率下降是影响最大的两方面。根据墨西哥国家水利委员会的调查,占国家2/3的188个最为重要的地下水含水系统存在超采行为,同时还有另外28%的地下水含水系统在满负荷使用状态。同时,据保守估计,在20世纪90年代,墨西哥每年的森林砍伐率为1.3%,整个国家的森林覆盖率在迅速下降。根据国家森林清查数据,墨西哥在2000年时大约还拥有$6.3*10^7$公顷的森林,其中有一半是热带雨林。然而国家对农业和畜牧业的扩张转换成为森林消失的主要驱动力。在1993年到2000年之间,大约有$3.1*10^6$公顷的林地转变为农田,$5.1*10^6$公顷的林地转变为牧场,分别占墨西哥国土总面积的2%和4.6%。

面对如此严峻的形势,墨西哥联邦政府在治理环境问题时引入了生态补偿,于2003年开始实施森林水文环境服务补偿计划(PSAH),对那些具有重要水文意义但是被其他政策证明是无效的地区采取经济激励政策进行保护。该计划以森林保护状态良好的土地作为保护对象,对土地所有者进行直接补贴,旨在保护森林植被和确保水源涵养,同时也希望能够通过直接的经济补偿来缓解林区群众的贫困问题。经过分析发现,PSAH 计划的直接受益方是水资源的利用者,据此,作为项目的实施方墨西哥国家水利委员会从联邦政府收取的水费中划拨出一部分资金用于生态补偿,通过这样的手段在生态系统服务的提供者和购买者之间建立起联系。这一计划获得了良好的效果,生态补偿的金额也在逐年增加。

(五)澳大利亚的实践

为了减少森林砍伐和植被造成的土壤盐分和侵蚀,澳大利亚实施了水分蒸发蒸腾信贷,即"下游灌溉者为上游造林付费"的模式,通过信贷交易,下游的农民每加仑支付17 澳元,或者每公顷支付 85 澳元作为补偿费用。作为生态系统服务的提供方,国家林业部门种植树木和其他植物,以提高土壤的蒸发或减少盐的信贷。蒸腾作用信贷的确定需要进行反复测试,但最终的确定需要经过比较其他降低盐分成本的方案,以及测试当前森林蒸腾作用的假设的有效性,由市场做出检验判断。

四、矿产资源生态补偿

(一)美国的实践

美国是世界上最早制定生态补偿政策和法律的国家。1920 年,联邦政府通过了《矿山租赁法》,明确规定保护土地和环境。第二次世界大战后,露天开采的迅速发展导致了严重的土地损失和环境破坏,公众呼吁规制露天采矿行为的呼声越来越高。1939 年,西弗吉尼亚州成为第一个通过《复垦法》的州。环境保护和矿区恢复效果显著改善,逐步控制了矿井内的土地破坏。此后,许多州开始使用法律手段来管理、保护和恢复矿区中的环境。1977 年,美国国会通过了《矿山管理法案》(SMCRA),这被认为是第一部国家矿山生态法。1990 年和 1992 年进行了法案的修正。该法确立了规范且细致的有关矿产资源开发的生态补偿制度,包括矿区开采(复垦)许可证制度、矿产资源开发生态补偿恢复治理(复垦)基金制度、矿产资源开发生态补偿恢复治理(复垦)保证金制度。

1.矿区开采(复垦)许可证制度

矿区开采许可证制度规范矿区生态环境的修复和复垦,根据规定,任何单位和个人进行露天开采或者重新开放废弃矿区,必须先申请采矿许可证,应包括采矿人的基本情况、挖掘区域原始数据和挖掘后的恢复管理计划等。任何单位和个人在取得开采许可证之前,不得从事任何矿区作业。各州指定有权审核和颁发许可证的机构,如州土地开垦局、州环保部、州自然资源部、州矿山局等。符合开采要求并制定了恢复矿区生态环境的有效措施的矿山开采者,通过审核可以获得许可证。其中有矿区生态环境恢复管理经验和复垦信誉的矿主优先获得审查和批准。反之,违反有关法律法规的矿主,许可机构或有关执法机构有权中止或取消其许可资格。

矿区复垦许可证不同于矿产开采许可证,根据这一许可证,矿产加工人员不仅要遵循采矿权程序,还要接受国家管理部门或内政部门颁发的复垦许可证。此外,复垦者可以申请并获得复垦许可证,矿区使用计划是复垦申请书的一项必备内容,必须由矿区以外的专业机构或个人书写,这也是复垦者能否取得矿区复垦许可证的核心。

2.矿产资源开发生态补偿恢复治理(复垦)基金制度

矿产资源开发生态补偿恢复治理(复垦)基金制度是为复垦老矿区筹集的专门在国库账册中建立的一项专项资金,其使用及管理由内政部长负责,款项的构成及来源包括国家依规收取的矿山治理费和土地征收使用费,以及个人、企业、协会、基金会等广泛的捐赠。

恢复治理(复垦)基金建立的目的是应对和解决废弃矿复垦开发利用过程中的生态环境治理问题,这包括保护公众不受采矿不利影响、矿产开采造成的环境污染恢复、保护和重建破坏采矿的基础设施、开发因采矿造成不利影响的土地,以及开展复垦技术相关研究。

3.矿产资源开发生态补偿恢复治理(复垦)保证金制度

建立矿产资源开发生态补偿恢复治理(复垦)保证金制度的目的是规制责任明确的新矿山的矿产活动在法律的标准下进行,更好地履行保护矿山生态环境的义务。按照《露天采矿管理与复垦法》规定,鉴于采矿者依照矿区使用计划开展活动涉及费用支出,所以在开采申请人或复垦申请人尚未获得许可前,要支付保证金。保证金的数额由环保局对申请的矿山种类及地质状况、开采所影响的范围大小,及计划的复垦方式和进度安排等因素综合考量后确定,但必须能够保证达到实现复垦任务的所需费用。保证金可以以多种方式支付,包括直接现金支付、抵押贷款、定期收据等。例如,美国法律明确规定,新成立的矿业公司必须合法从银行购买不可撤销信用证,或从公司购买债券作为担保。如果矿业公司破产,银行或债券公司将不得不承担后续的环境清理成本。

(二)澳大利亚的实践

澳大利亚是世界上重要的矿产国。由于在早期探矿采矿过程中忽视了生态环境的同步治理,造成生态环境破坏后资源效益的不可持续发展。于是,从20世纪80年代开始,澳大利亚政府决定改变发展模式,将矿产工业的发展与环境保护同步。澳大利亚政府颁布了一系列关于矿区土地复垦的法律和法规,如1986年的《环境保护法》和1990年的《矿产资源开发法》。这些立法不仅提出了关于矿产资源开发生态补偿的原则要求,而且提供了具体的操作方案以及保障措施,概括起来主要包括三方面的内容:一是对于生态补偿的一般规定,即要求从事探矿采矿者必须恢复已破坏土地及相关用地的原貌。二是关于复垦计划书的规定。该项目必须由勘探者或矿工在获得采矿权之前提交。项目必须包括土地重建计划、可持续发展计划和技术措施。三是关于保证金制度的规定。矿产权利人应同参与复垦的企业共同提出书面保证和一定数额的保证金,并与有关政府当局共同承担恢复矿区的责任。

1.复垦计划书

根据澳大利亚法律,在采矿权获得之前,勘探者必须提交项目,包括土地恢复计划、可行性方案与技术措施,用以指导矿业企业完成勘探和开采过程中的土地和环境恢复。恢复计划应包括恢复过程、地形和保护、植被恢复和技术措施、土壤侵蚀管理、矿产安全和土地保护等。方案和技术措施主要包括管理浅表矿处理、尾矿管理、地下开采、区域的土地复垦和废料场市场等。作为程序的一部分,该法律要求探矿者在制定土地恢复计划之前与土地所有者进行谈判,该计划有权要求写入探矿者和采矿权所有者之间的协议。复垦计划书制定后,应向政府主管部门报告,并在批准后严格执行。在计划完成之前,复垦必须与采矿活动同时进行,满足复垦要求。

2.保证金制度

澳大利亚的《矿产发展法》(1990年)和《采掘工业发展法》(1995年)规定了"复垦保证金"的要求,每个恢复计划都必须为此提交保证金。其具体金额没有固定的要求,根据法律,每个项目的担保由政府主管部门负责,并为当地城市土地所有者参与采掘权提供咨询意见。矿产所有者必须与政府一起提供担保,并承担与政府一起恢复矿区的责任。该保证金的目的是在拥有采矿权的人未履行其恢复义务时可以实现公众利益的保护。因此,当采矿权所有者能够遵循恢复计划时,保证金一般会随着复垦的推进分阶段返还给矿权所有者。只有当矿权所有者不能按照复垦计划进行,或虽依照复垦计划执行但仍不足以完成复垦目标时,保证金将被用以推进计划执行和复垦任务的达成。

(三)德国的实践

德国在很早以前就十分重视矿区环境治理,形成了比较完善的矿区生态补偿法律体系。德国民法典明确规定,采矿权人应承担生态补偿责任。联邦矿产法规定,新矿产开发必须首先提供具体的恢复措施,作为获得新矿区许可的先决条件。土地复垦必须预留企业年收入的3%作为专项资金;森林和被矿井占领的草地必须在不同的地方重建。法律还规定,要根据一份特定矿井关闭的报告来签发采矿许可证。该报告应得到矿产管理局的批准,其中包括有关技术可行性和停止时间的详细信息。在菲律宾等一些发展中国家的立法中也有类似的规则,它们要求所有的采矿者制定矿区重新使用和矿业清除的计划。该计划应至少在矿井关闭前五年详细说明关闭后使用土地、成本评估、十年的维护和监督以及旨在减轻关井给矿工和地方社区带来不利影响的社会经济措施。此外,《经济补偿法》和《矿产资源法》也对矿产资源开采过程中的生态补偿做出了规定。

德国对于历史开发导致的生态环境损害治理责任主要由政府承担。生态补偿资金的筹集主要依靠州与州之间的横向转移支付的方式,包括两部分,即由联邦政府和州政府分别出资分担历史遗留下来的老矿区的复垦计划。具体而言,"减去分配给各州的25％的销售税,剩下的75％将直接分配给各州,由较富裕的州提供补助金给较贫困的州"。所有这些资金的目的是建立一个矿业恢复企业来管理和恢复山区的环境。此外,根据联邦矿产法,政府必须每年派人去检查矿区,以确保恢复工作已经完成。此外,在开发和加工过程中还有严格的环境要求和质量标准。如对开放的表层和深层土壤进行挖掘后要分别放置,提取后的矿泉水不能直接冲进河流或湖泊,只能经过特定处理程序。这个竖井负责周围的地下水水平,如果以人工湖泊的形式恢复,它将运行100年;当土地重建、庄稼种植七年之后,才予验收。

(四)法国的实践

1960年,法国通过了一项法律,允许对自然和敏感区域的部门收费,作为政府对土地管理的费用的一部分,另一部分土地管理的费用则来自公众捐助。1979年法国《环境法》第七十九条规定"延长、废除和放弃开采地表矿"的权利。该法典第二十四条规定,采矿公司必须在工程领域受损后恢复原状。地表恢复任务主要有:维持原始开采所需的有能力的土壤、土地上的清洁、恢复因开采而受损的植被、为农业生产的土壤改良、水质保护等。此外,该法规定了获得矿产权的基本标准、勘探控制范围、采矿权期限等资质认定的严格条件和要求。

法国还十分重视利用税收来弥补矿产资源开发造成的生态环境损害。1975年,法国对在土地或海滩上开采砂石的公司征税。税收收入主要集中在确保可持续的颗粒状砂岩供应、尽可能多地调整矿业活动、减少对环境的影响、恢复受影响地区的地表生态环境。1984年之后,矿石利用及其环境影响的研究费用也相应增加。这一款项的征收和使用上的管理和监督由一个经授权的管理委员会专门负责。

五、水资源生态补偿

(一)法国水质付费补偿

毕雷威泰尔矿泉水公司(Perrier Vittel S.A)是法国最大的天然矿物质水制造商,其水源地是法国东北部的Rhin-Meuse流域。然而自20世纪80年代以来,该流域农业活动中化肥、农药等使用和排放造成了严重的水环境污染和水质损害,同时流域上游还有一个约 40 平方公尺的奶牛场,养牛产业成为导致流域污染的另一个重要因素。毕雷威泰尔矿泉水公司也因此承受了巨大的损失。面对这样的困境,毕雷威泰尔矿泉水公司有三种方案可供选择:一是保留原有水源地不变,另外再建立一座过滤工厂,将来水经过过滤工厂的处理之后,再作为生产矿泉水的原材料加工使用;二是放弃现有的水源地,另外寻找一个新的水源地,而后把公司和所有生产都迁移到新水源地处;三是既不改变水源地,也不投资建立过滤工厂,而是向现在的水源地的上游农场和农民支付生态补偿金,限制上游农业生产过程中不合理的生产方式,恢复和保护上游水源,相当于购买上游水质的生态服务,使上游来水水质较好,达到作为制备矿泉水的原材料标准。

毕雷威泰尔矿泉水公司对上述三种方案进行了综合比对分析,最终认为第三种方案,即通过生态补偿购买该流域上游区域保护水质的生态服务,促使其保护水源,是最经济合理的方式。这不仅是基于生产成本的经济效益的评估,而是兼顾经济效益和生态效益双重价值保护和改善的最佳方案。于是,毕雷威泰尔矿泉水公司便通过与当地农民的协商形成一份双方都接受的协议,商定由毕雷威泰尔矿泉水公司向上游农产品和农民支付一定数额的生态补偿费用,同时根据协议,上游农民要改变以往的生产和耕作方式,消除影响水质的化学物质,如除草剂和杀虫剂,改善畜牧业中的粪便处理方式,减少面源污染,使流域内的土壤和水质能够得以很好地保护和改善。公司和农民之间的协议是私人协议,私人与公共部门之间并没有建立正式的合作关系,是一种典型的市场模式生态补偿,在实践中取得了非常好的成效。通过生态补偿,上游的生产主体减少了注入水中的硝酸盐和杀虫剂的数量,保证了流域自清洁功能并取得良好的水质。公司每年提供 380 美元/hm^2 的土地补偿金,用于补偿农民因生产方式转变带来的风险损失,连续支付 7 年,平均占农场可支配收入的 75%。对于同意将土地转化为集约化程度较低的管理技术的农场,双方还会签著一份 18—30 年的生态补偿协议,面积覆盖 10,000 公顷。而且,毕雷威泰尔矿泉水还免费提供技术支持和新的农业设备,以供需要技术支持的农场,以及建造现代农场的成本,条件是所有的投资都必须集中在水源地保护和生态建设方面。

(二)以色列水循环利用生态补偿

以色列是一个水资源极度匮乏的国家,在节水用水、污水处理和水资源养护等方面都有着成熟的探索,其中水资源的生态补偿主要通过制定农业节水和城市中水回用政策,鼓励和广泛实现水资源的循环利用。根据规定,"中水回用"的流程是:由城市污水收集、运输、加工中心处理、季节性储存、运输至消费者、使用和安全处理组成。因此,该国近一半的污水直接被加工用于农业灌溉,大约 32% 和 20% 的污水被注入地下或河流系统。由于中水回收的政策,全国 100% 生活用水和 72% 的城市污水被回收利用,成为世界上最有效的中水回收的国家。

(三)英国产业化水污染防治

泰晤士河是英国著名的河流。靠近泰晤士河的大型污水处理厂对泰晤士河的水质有很大影响。为解决泰晤士河水污染问题,英国政府采取了综合治理手段,包括出台法律法规,如《河流污染防治法》;制定水污染控制相关政策法令和实施标准;成立专门的管理机构,如泰晤士河治污委员会和泰晤士河水务局;有关融资机制和其他安全措施;为了应对该地区的水污染,提出了两项工程管理措施和环境管理措施。毫无疑问,生态补偿也是英国治理泰晤士河污染的一项重要手段。然而,英国政府认为,城市河流污染防治耗资巨大,仅仅依靠政府承担治理费用难以实现,所以泰晤士河管理局在性质上是一个经济上独立且具有较大自主权的水污染防治机构。管理局根据污染者付费原则,在泰晤士河生态补偿中根据自给自足的产业化管理原则,引入完全的市场补偿机制。通过市场方式为生态补偿筹集资金,由管理局负责向排污者收费并进行管理,对污水处理设备的规划、设计、建造和运转进行投资,实现水污染防治产业化。据统计,从1987年到1988年,泰晤士河管理局收入达到5.97亿英镑,总支出为3.86亿英镑,利润为2.11亿英镑。此外,所有河流开发和利用活动,如取排水、运输、旅游等,只要存在对河流水文水质的潜在影响,在开发利用前必须取得许可,并全程接受国家资源管理局的管理和指导。实践证明,这种产业化市场化的管理方式,既有利于解决城市河流污染治理资金不足的难题,又有效地促进了城市社会经济发展,具有显著的经济效益、社会效益和生态效益。

(四)南非水工作计划

南非具有丰富的景观多样性和生物多样性,但随着贫困的加剧和城市与农业对土地需求的增加,动植物的生活环境以及生物多样性正在日益受到威胁。气候变化进一步加剧了这些压力,特别是对水资源的影响十分严重。南非是一个水资源极度短缺的国家,年人均可利用水资源仅500m³左右,而且由于地下水资源有限,人们所能利用的绝大多数水资源是由邻国输入的地表水。而人类过度的资源开发和外来生物入侵导致的植被破坏致使缺水问题雪上加霜,使水资源短缺成了限制南非经济发展和生态环境保护的最重要因素。在这一背景之下,南非政府于1995年启动了水工作计划(Working For Water Program,WFW),通过向水资源使用者收取水税和水资源管理费来筹集资金。之后由国家统一计划,对划定的保护区域进行专项拨款,对保护区域内的外来入侵植物进行治理,重建区内原有的本地植物生态系统,以恢复区内的自然防御机制、土地的潜在生产力及生物多样性,同时确保水文系统的正常运作。此外WFW计划的实施还有另一个目标就是消除贫困,通过国家的统一划拨对当地的贫困农户进行资助,并帮助他们建立有效的可持续生计。这一举措降低了当地农户为生计而破坏当地植被的风险,进一步巩固了WFW计划在当地恢复植被、确保水文系统正常运行的工作。因此,将生态系统恢复和消除贫困作为双重目标,也是南非水工作计划有别于其他生态补偿项目的一个主要特色。两个目标相辅相成,项目的实施不仅实现了对生态环境的保护,还使当地农民的生活水平得以提高,实现了双赢,同时也为其他发展中国家的生态补偿提供了很好的范例。

六、湿地生态补偿

(一)美国的实践

1.湿地生态补偿立法

在美国湿地保护的发展历程中,法律发挥了十分重要的作用。由于受到早期湿地过度开发而保护不足带来的湿地大面积损毁和消失,美国自1972年开始,湿地保护政策立法迅速增加,保护湿地的公共政策从支持和补贴转变为鼓励保护和恢复湿地。联邦水污染控制法案修正案(1972年)后政府颁布了《清洁水法》,规定"一般许可证可以在小湿地中使用,但如果它被大规模使用或湿地的形式显著改变,则必须经过事先仔细审查,以确保对公共和私人利益产生影响的解决方案"。通过限制湿地和发放许可证,在许可范围内实现公共和私人利益的平衡。《河流与港口法》规定了许可标准以及"公众利益审查"的内容,使湿地使用的实施许可有了明确的环境标准。《食品安全法》规定,对于以排干湿地的方法在湿地改造成的农田里进行农业生产的农场主,将不再获得联邦政府发放的食品保险、低利率贷款、价格保证和灾难援助。税收改革法案将税收优惠从改善湿地转向保护湿地。《紧急湿地法》赋予土地和保护水基金购买获得湿地的权利。在上述法律法规的有力实施下,美国这一时期的湿地保护取得了重大成就。

1987年,美国环保署组织了"国家湿地政策论坛",提出了"零净损失"政策,此后的历届政府也都坚持这一政策并采取了诸多措施,包括"保护储备计划"和"湿地储备计划"两项重要的农业计划,1990年,《粮食、农业、资源保护和贸易法》为农民提供了经济和技术援助,以保护湿地,帮助他们恢复湿地中的农田。2008年,《食品、资源和能源保护法》规定,通过农业保护、草原保护等扩大湿地保护。时至今日,美国关于湿地生态补偿的立法可谓完备,从立法体系上看,业已形成一个以宪法为基础,联邦、州和地方法律系统相互协调的三层次保护体系。美国宪法规定,个人自由和私人财产受到政府、司法机构等的保护。联邦法律的重点是加强恢复、保护、管理和测试湿地;州和当地政府则重点制定适用于当地且更具针对性和操作性的湿地保护相关法规或条例,为湿地生态补偿积累了丰厚的法律基础。

2.农业保护计划

美国曾在一段时期内,为缓解土地矛盾,通过政策法律和专项项目等方式鼓励农民开发湿地,最终却导致美国80%的湿地流失均源于盲目的农业耕作活动。因此,在美国湿地生态补偿的立法进程中,关于对农业生产活动的规制也不断增加,促使农户在开发利用湿地资源与享受相应优惠政策之间做出权衡选择。

根据法律规定,政府还实施了"湿地储备计划"(WRP),并使尽可能多的土地加入这一计划,放弃在湿地上进行农耕生产,以防止更多的湿地遭受损失。同时,建立惩罚和激励机制来控制农民的农业生产活动,鼓励农民积极和有意识地保护湿地。如加州设立了一个项目基金,所有参与该项目的土地所有者都参与湿地储备,国家帮助其恢复湿地的水文特征,以最大限度地实现湿地的功能和价值,创造最佳的野生动物栖息地。美国农业部门2003年的"保护与安全计划"还为以保护生态和方式经营管理的农民提供经济激励,通过对环境的经济和技术支持和农民对环境的保护,促使农业经营活动符合最高的环保标准,将农民生产经营中的环保压力转化为保护环境的积极性,实现了农业与生态的良性互动发展。

3.湿地银行和替代费补偿

美国根据湿地植物、土壤和水文要素将湿地划分为高低两个等级,高等湿地受到国家湿地公园的保护,而低等湿地则受到市场机制(即所谓的"湿地银行")的保护。政府将湿地生态服务定义为商品,并制定交易规则。第三方将补偿湿地,其方式是将"湿地信用"作为一种可交易的信贷,以合理的价格出售给湿地损害者,让它们通过购买湿地信用来补偿湿地损失。它们作为第三方,事先根据湿地银行建设目标的要求取得了出售湿地信用的资格,能够对湿地进行恢复重建和管理。"湿地银行"模式很好地平衡了湿地开发者的保护和恢复湿地的义务,在开发之前获得湿地银行信用大大提高了生态补偿的有效性,有助于湿地面积的维持,同时也吸引了更多湿地生态系统服务功能市场的投资,催生并促进了与湿地银行相关的产业发展。

然而,在一些经济较落后地区推行湿地银行,可能会面临开发项目少、资金能力弱等问题,进而导致湿地信用的出售周期和湿地银行建设者的获益周期过长。此时,湿地替代费补偿就成了普遍采用的湿地补偿方式,即通过湿地开发的被许可者向第三方机构支付湿地补偿费的形式,将湿地补偿责任转移给该第三方,由第三方来支配湿地补偿费,进行湿地的恢复和保护,实现湿地的可持续发展。

4.公众参与

在美国湿地生态补偿机制的建立和有效运行中,广泛的公众参与不容忽视,它无论对于支持和促进湿地保护生态补偿立法的实施,还是营造良好的推进湿地保护的社会氛围,都发挥了决定性的作用。湿地生态补偿的公众参与主要包括政府主导和公众自觉两个层面。在政府主导层面,通过在政策立法中建构多种形式的社会参与机制,为社会公众参与湿地生态保护搭建广泛的平台。当政府要对湿地的开发和利用进行决策时,要广泛听取依靠湿地生存和发展的当地居民的意见,充分考虑经济利益、生态环境利益和公众利益的兼顾和权衡,并接受社会公众的监督。根据美国宪法第五修正案,"在政府采取限制湿地使用的措施之前,必须举行听证会,并允许起诉。美国的听证会制度在确保公众参与保护湿地以及保护和利用湿地的合理平衡发展方面发挥了重要作用"。例如,作为2010年路易斯安那州海岸湿地保护计划的一部分,州政府制定了一年四季不同的计划和详细行动安排,包括宣传和协商公众意见,关注利益主体的建议,通过公开会议、文件和通知等途径,为公众参与计划和决策进程创造有效机会;提供充分的合作机会,确保有关各方希望与联邦合作,包括但不限于交换科学和分析工具或经验,开发独立或联合审查的产品,开发项目和管理策略。

在公众自觉主导参与湿地生态补偿层面,最典型的案例发生在路易斯安那州Grace河口。卡特里娜飓风过后,许多环境教育志愿者每年都会在路易斯安那州大学海洋学会举办培训和实验室课程,召开研讨会和专题研究,为当地社区提供与政府和非政府组织的海岸恢复方的合作机会。

(二)澳大利亚的实践

1.湿地立法和国内履约

澳大利亚是《湿地公约》的缔约方之一,同时也是许多湿地保护相关国际公约的缔约方,在国家政策和立法中都十分重视国际条约的履约和国际合作,将《拉姆萨尔公约》的条款纳入国家法律和政策。其环境部是一个负责湿地保护事务的联邦政府机构,下设的生物多样性局是湿地保护的国内、国际协同和执行机构。虽然联邦政府尚未通过单一的湿地保护立法,但国家法律尽可能强调湿地保护的内容,如《遗产保护法》《野生动物保护法》《濒危动物保护法》《环境和生物多样性法》。此外还制定了适当的州一级的政策规则。例如,1974年,新南威尔士州通过了《国家公园与野生生物法》,1980年通过了《公园和野生动物保护法》,1993年通过了《大堡礁海洋公园环境管理许可证收费办法》和《大堡礁海洋公园管理条例》,指导湿地生态补偿,恢复和保护湿地生态系统功能。

2.湿地政策和项目

澳大利亚作为湿地保护的积极推动者,形成了在联邦政府的统一和协调的湿地管理体系。虽然联邦政府在执法方面的权力有限,但它为国家保护湿地提供了一个平台和基础。特别是1997年颁布的《澳大利亚联邦政府湿地政策》(The Wetlands Policy of the Commonwealth Government Australia),提出了在湿地保护和改善以及生态可持续发展利用方面的目标和一系列指导准则,包含了针对湿地生态保护补偿的专门规定,指导各州的湿地保护生态补偿。联邦政府通过强有力的示范提供了管理湿地的管理模式、工具和专业知识。政策的执行主要由"自然遗产信托基金"(Natural Heritage Trust)和"联邦与州/地区政府间自然遗产信托伙伴协定"(Natural Heritage Trust

Partnership Agreementsbetween the Commonwealth and State/Territory Governments)两个项目进行。

3.湿地生态补偿与社区共管相结合

维多利亚州库纳湾重要湿地的生态补偿与社区共管相结合,为此,政府制定了一项基于社区的监测和管理湿地的计划,以环境恢复和共同管理库纳湾重要湿地。该项目的目标是执行基于社区的监测和管理方案,包括四个活动领域:第一,审查和确定需要监测和管理的所有领域;第二,与有关各方或当地社区举行研讨会,讨论保护湿地的问题;第三,关于湿地生物多样性、水质、土地利用等;第四,总结并报告维多利亚湿地、社区和志愿者的监测和管理活动。这种湿地生态补偿与社区共管相结合的模式,有利于实现对湿地生态所具有的经济价值、生态价值和科研价值的充分保护,因为社区的参与和支持是湿地生态补偿政策得以制定和施行的根本保障和动力。诚如《中国 21 世纪议程》所言:"实现可持续发展目标,必须依靠公众及社会团体的支持和参与。公众、团体和组织的参与方式与程度,将决定可持续发展目标实现的进程。"

七、区域生态民间补偿

环保民间组织在区域生态补偿过程中具有灵活多样的途径和手段,日本环境财团在区域生态补偿方面堪称国际民间环保组织的成功代表,其做法为我国环保民间组织拓宽生态补偿思路和实践提供了有益借鉴。日本环境财团是 1998 年 4 月 15 日设立的公益法人,前身是 1977 年在一所大学校园内发起设立的学生社团组织——"日本循环利用运动市民之会",它成为日本各地公民广泛参与的全国性组织,突出了个人主体性的发挥和社会参与,在区域生态补偿方面做出了重要的示范作用。

(一)投身技术开发

从造纸是木材的主要用途之一、减少造纸用材有利于减少对森林生态破坏的角度出发,日本环境财团致力于发展和促进非木材纸业,成功地用甘蔗残留物作为原料开发纸张,并在实际应用中广泛使用。生产规模已经相当可观。它们还建立了一个基金来支持当地和外部林业项目,资金来源是非木制纸张 1% 的销售收入。目前,该基金总额超过 5,000 万日元,支持 70 多个森林项目,包括多次访问中国内蒙古库布奇沙漠。可见,民间环保组织参与区域生态补偿不应该仅仅局限在宣传教育等辅助性的"软途径"方面,而是可以充分利用自身的科技力量或是通过积极寻求技术援助,在改良和创新生产技术方面推进区域生态补偿的设计和实施。

(二)参与政府计划

一旦进入工业社会,农村有机废物循环系统就被切断,烹饪和牲畜的废物也被掩埋或焚烧,这不仅增加了处理成本,而且增加了污染的生产和排放。有机资源回收循环利用系统将这些有机废物分类,并将其转化为堆肥中的有机废物,生产绿色农产品,降低废物加工成本,增加农产品的附加值,减少污染排放。因此这种生态农村建设已成为许多国家重要的政府发展计划内容之一。但是如果仅靠政府的力量是难以全面实施生态农村建设计划的,日本环境财团在参与政府计划,帮助地方政府建立资源循环利用系统,尤其是生态农村建设方面表现卓著。1999年,其成立废物循环系统研究所,在那里,一些顶尖的研究人员进行有机废物处理研究,并为政府的有机资源回收项目提供技术支持。目前该研究所已经在十几个市町村开展了这项工作,不仅改变了农村的生态环境,也改变了农村一味靠政府力量改善生产和生存状况的局面,减少了资源浪费,间接实现了对区域生态环境的补偿。

(三)影响企业生产方式

发达国家的民间组织多与企业保持着密切关系,日本环境财团也不例外,它们采取多种措施促进企业采取环境友好型的生产方式,通过为消费者提供环境友好型产品实现对生态资源的补偿。主要包括:

1.政府委托进行调查。1999年,日本环境财团被委托进行环保产品普及问题调查,以了解消费者对环境特征的了解,并研究环境产品的传播方式和方法。研究鼓励消费者购买绿色产品的对策。

2.专注于促进可持续住房建设。1999年,日本环境财团创造了一种"生态住宅推进机制",围绕可持续住房事业展开了丰富多彩的活动,包括可持续住宅的宣传、研究、管理培训和设计竞赛等。

3.开展对转基因食品的认证。1999年,日本环境财团成立了转基因食品监管机构,评估转基因食品并披露信息,并推荐符合等级要求的有关公司及其产品。

(四)援助生态环境受害者

自1992年以来,日本环境财团为患有过敏性皮炎的病人提供咨询。过敏性皮炎的主要原因是在生活中接触或消费化学物质,它是由环境问题引起的健康问题。新环境基金会的活动包括为公共组织培训研讨会、每月出版专题杂志、设立咨询热线等。当然,非政府环境组织对环境受害者的援助仅仅局限在某一个专业方面,对环境受害者追究补偿的诉讼提供法律援助,也是环境民间组织的一项重要活动内容。

(五)帮助环保科研机构及其他民间环保组织寻找资金支持

日本环境财团还建立了金融渠道来支持环境研究机构和其他非政府组织。目前有两个稳定的融资来源。一个是与OMC基金会和绿色地球保卫基金共同启动"生态信用卡"计划,向20家环境研究机构和公共生态组织捐赠"生态信用卡计划"项下消费额的50%作为全球环境保护基金;另一个是与日本第二大电信公司共同推出"生态拨号"联合基金,向非政府环保组织捐赠"生态拨号"项下1%的话费。这些活动的内容和方法不仅为越来越多的公民提供了参与环境保护的渠道,而且还在更广泛的社会领域中宣传和推广了环境伦理意识及生态文明观。

(六)宣传和普及环保意识

日本环境财团举办了多项活动以促进和普及公众的环境保护意识。这些措施包括组织环境讲座和研讨会,培训环境活动家和社区领袖,以及创建"减少碳排放俱乐部"。特别是,"减少碳排放俱乐部"的活动更加独特。具体的方法是,如果一组家庭成员准备加入国家"减少碳排放俱乐部",要填写事先发放的"俱乐部会员日志",完成后寄给俱乐部事务管理办公室。日志将日常生活中的一些直接或间接消耗能源的主要活动转化为二氧化碳排放指标,并建议减少排放。在每天的日记中,会员可以有意识地改变他们的生活方式,节约能源和资源,对由于他们生活方式变化给生态环境带来的成效做出定量的评价。可见,民间环保组织所开展的各项环保宣传和组织活动必须具有同政府宣传模式所不同的新颖性和创造性,以改变人们的生活方式和消费方式,逐步创造一个可持续的能源社会。通过鼓励消费者购买生态产品,间接保护和补偿生态环境资源。

第四节　国外生态补偿立法与实践的经验及启示

综合前文对国外生态补偿立法与实践的探讨可以看出,尽管各国的政治体制、社会制度、文化历史、资源禀赋有所不同,但生态补偿机制的有效运行均需要立法提供制度保障,需要生态补偿具体规范提供依据,故下文将从生态补偿立法和生态补偿具体规范两个层面总结国外生态补偿立法与实践对于我国生态补偿机制构建具有的启发和借鉴意义。

一、生态补偿立法层面

(一)生态补偿立法理念明确

立法理念是立法的内在精神和最高原理,体现立法者对立法之本质、原则及其运作规律的理性认识和价值取向,是实现法之最终目的的最高思想境界。[1] 国外生态补偿立法实践的成熟经验证明,明确的立法理念是生态补偿法律机制得以建立完善并有效运行的前提和基础。

1.生态环境价值

国外生态补偿体系建立在生态系统服务这一概念基础之上,它意味着生态系统在

---

[1] 林灿铃.论华侨权益的法律保护[J]暨南学报(哲学社会科学版),2014(11):4.

其所具有的价值之外,还有着十分重要的生态价值。我们必须深刻认识到"我们的生存依赖于对其他物种的使用,但这不仅是使用问题,而且也是道德问题,我们要保证它们的生存并保护其环境。"[①]唯有以此为理念立法,才能体现生态补偿的本质和最终目的,那就是最大限度地保护地球上多样性的生物资源,维持和恢复生态系统功能。为此,生态补偿机制设计要坚持尊重自然的生存权和生态环境自身价值的环境伦理,以对生态系统本身的功能和价值认可为基点,以明确的生态系统服务提供方和接受方为主体,以主体间明晰的权利义务关系为内容,以生态补偿的运行和保障为重点来进行。

2.公平合理利用

公平合理利用既是生态补偿应遵循的一项基本原则,也是生态补偿法律理念的重要内容。这是因为在生态环境资源的开发利用和保护建设过程中,几乎每一项生态环境资源要素都涉及公平合理利用的问题。各国在生态补偿机制设计中无不将公平合理利用的立法理念贯穿始终,特别是在区域生态补偿实践中,都规定了在区域资源管理、开发和利用的过程中必须考虑到其他资源共有地区公平利用这些资源的权利,并以此指导区域各地区之间公平利用份额的划分。

因此,生态补偿机制保障了各地区在其管辖和控制范围内公平合理地开发利用区域共有资源并在其管辖范围内共同使用。这反映了权利和义务的统一。其核心思想是承认区域内的每一个主体在区域生态资源开发利用和受益方面有着平等的权利。

3.环境教育与环境法教育

从生态补偿立法实践的深层次剖析,其立法理念的实现直接有赖于环境教育。环境教育是指一系列可以告知、激发和予以人们关心、爱护、支持、践行环境保护的过程,其目的是使人们能够全面地认识人类与自然环境之间的密切依附性,时时刻刻关注和关心环境问题,并使人们能够在坏境保护和提高生活文化和技能方面发挥积极作用,树立生态文明价值观,独立或共同努力来解决当今的环境问题和防止新的环境问题。环境教育具有综合性、实践性、全民性和终生性的特点。

＊制定良好的环境法律制度并确保其实施,是生态文明建设的基本途径。国际生态补偿立法的实践证明,只有了解法律、遵守法律,确保每个人都能认真履行环境义务,并有效使用法律来保护自身的环境权利,生态补偿才能为实现生态文明发挥重要的促进作用。生态文明观下对环境法立法思想和生态补偿目标的实现程度与环境法教育密切相关。如果没有对环境知识深刻了解、且具有环境道德和良好的法律专业知识的专业人士,就很难建立一个完善的法律体系。没有环境法的传播和普及,没有环境法治文化的形成和推广,环境法律将很难被广泛有效地执行。从这个意义上说,环境法教育是生态补偿和生态文明建设成败的关键。

---

① 世界自然保护同盟.保护地球[M].北京:中国环境科学出版社,1991:5.

(二)生态补偿法律体系完善

生态补偿涉及的利益主体范围广泛,各种利益冲突矛盾错综复杂,仅仅依靠政策引导或行政手段强制,都难以更好地保障生态补偿目标的实现。国外生态补偿实践充分证明,无论是通过公共支付方式还是市场交易方式实现生态补偿,都需要有相关的法律法规明确利益相关方的权益和责任,建立相应的制度来提高各方的生态环境福利,对生态保护行为进行激励,促进社会经济的可持续发展。借助法律的强制手段,建立健全完备的生态补偿法律体系,是生态补偿得以在最大程度上顺利实施并取得成功的前提条件和有力保障。这是因为,法律规范具有普遍性、长期性、稳定性和强制性,能够通过对主体权利义务关系的调整,实现对生态环境资源开发利用和生态环境保护与建设中不同利益主体的利益公平分配和权利与义务的平衡。

目前大多数国家有关生态补偿的法律法规都较为完善,这不仅是利用市场机制进行补偿所必需的,也是区域之间、政府之间进行补偿所必不可少的。以上述国外流域生态补偿的成熟经验为例,一个非常显著的特点就是注重从立法体系的构建上为流域水资源生态补偿提供基础和保障,围绕流域水资源管理和保护的立法丰富且完善,关于流域生态补偿的规范清晰而明确。特别是在英国、美国等很多发达国家,制定了普及全流域的法律法规,明确规定了流域生态补偿的主体、方式、范围和管理机构等,从整个流域水资源管理和养护的视野统一规范流域生态补偿,有力保障了流域生态补偿的顺利实施,并取得预期成效。例如,美国颁布了《田纳西河流域管理法》,日本颁布了《水源地区对策特别措施法》,英国的生物多样性保护机制建立在《流域管理条例》和《野生动植物和农村法》的基础上,哥斯达黎加建立了一个基于《森林法》的流域生态补偿制度。欧盟的水框架指令制定了到2015年实现欧洲"良好水质"的环境目标,严格限制地下水的过度使用,并接受全欧洲的统一水质标准。从国外流域生态补偿的成功实践可以看出,很明显,只有将流域生态补偿纳入法律范畴,才能根据法律规则定义流域生态补偿的框架和机制,只有对生态补偿行为和生态系统服务行为进行规制,才能切实有效地保证生态补偿制度措施的贯彻实施,只有制定了完善的流域生态补偿法律制度,包括专门的流域管理、水资源保护和污染防治等,才能切实有效地促进流域生态环境保护目的的最终实现。

(三)生态补偿制度措施具体

法律规范的实施是指受这些规范调整的人遵守规则,确保规则产生效果。然而,在环境立法体系中,有许多原则性规定缺乏具体的规则,往往使立法过于抽象。如果法律规则得不到有效实施,就不能起到调整环境法律关系的作用。因此,规范越明确,规则越具体,制度越健全,措施越完善,法律规范的实施效果无疑会越好。2002年可持续发展世界首脑会议通过的执行计划确定了在全球、区域和国家一级建立有效的制度是解决可持续发展问题的关键因素。因此,制度是可持续发展的核心组成部分,是实施和贯彻生态补偿的直接依据。生态补偿法律规范的实施同样离不开相应的制度建设和具体的措施安排。正因如此,各国在其生态补偿立法实践中都规定了具体的制度措施,以充分保证本国生态补偿法律规范的有效实施和生态补偿目标的实现。

以美国生态补偿为例,尽管美国目前没有专门的生态补偿法,但它通过一系列立法活动,将生态补偿的规定渗透在各行业单行法里,对生态环境保护相关的方方面面进行法律规制。而且,美国政府承担着很大一部分的生态补偿资金,在环境单行法律法规中对生态补偿制度的规定更加直接具体,也更具针对性和可实施性。例如,当它们认为农业是影响生态环境的最重要因素之一时,其制定的农业法案中就有相当一大部分内容是针对农业生态补偿的法律规则。在国外生态补偿实践中,美国将生态补偿规则贯穿于国内各单行立法中的做法也反映在许多其他国家的立法中。例如,在森林生态补偿方面,日本的《森林法》规定,国家向保安林业主提供适当的补偿,同时要求受益人主体承担部分补偿。瑞典《森林法》规定,由国家完全弥补任何地区的森林被划为自然保护区而造成的经济损失。德国也在立法中规定:"如林主的森林被宣布为防护林、禁林或游嬉林,或者在土地保养和自然保护区范围内,颁布了其他有利于公众的经营规定或限制性措施,因而对林主无限制地按规定经营其林地产生不利,则林主有权要求赔偿。"法国、哥伦比亚、南斯拉夫和其他国家也有类似的规定。法国政府通过了一项法律,废除了国家和集体森林的税费规定,并为私有林业提供了不同的财政优惠。实践证明,通过单行立法的实施将生态补偿落实到各个领域,有利于生态服务付费制度体系和生态补偿框架机制的形成,这种方式在各国实践中都取得了显著的实施效果。

(四)生态补偿区域法制协调

区域法制对于调整各区域之间在开发利用保护生态环境资源过程中的要素再配置关系、促进各区域平衡协调发展具有十分重要的作用。区域法制协调涉及面很广,包括环境资源的诸多方面,同样,在国外生态补偿立法实践中,区域法制协调也成为生态补偿立法的重点之一,美国、日本和欧盟等许多国家和地区在区域法制协调机制构建方面探索出不少有益做法。

美国的区域法制协调机制分为州际协定和行政协议两个层次。前者主要适用于对重大政治问题及敏感问题的解决,后者则主要解决一般问题上的区域立法协作,国会拥有判定哪些问题属于政治性及敏感问题的权利。由于州际协定能够通过形成具有较强约束力的协议的方式解决多方面的问题,它们在解决各州之间经济和环境冲突和协调方面发挥着重要作用。然而,随着各区域间不同因素流动的增加,政府间协议也暴露出持续时间长、复杂程度高、延迟和不确定性多等问题。为了迅速解决各国之间相对简单的程序之间的冲突,出现了一种行政协议制度。该制度内的区域协商与合作以及不断变化的协定的变化,都只需要区域行政首长间达成一致即可实施,实现了区域法治的高效与协调。日本在地方区域合作中实行广域行政制度,根据现有的行政区域划分,以区域合作的方式实施广域行政。与此同时,在广域行政制度的基础上,区域间协调体系逐步建立。欧盟在立法协调方面制定了明确详细的分工和层次清晰的运行机制。欧委会享有立法的提交权;经济社会委员会和区域委员会作为独立的决策咨询机构,可以对欧委会的立法提出建议;欧洲议会享有立法权和监督权;部长理事会享有决策权和重大及敏感事项的决定权。为协商、合作和共同决策建立法律协调机制,就法律协调机制而言,欧盟已经通过了法院裁决机制,这在解决欧盟立法冲突方面发挥了重要作用。

可见,美国、日本和欧盟在区域法制协调机制构建方面的做法对生态环境问题的区域治理具有十分重要的启示性意义。区域联防联治是目前区域污染防治和生态环境保护的一项重要制度,这在区域生态补偿机制的构建中尤为重要。因为区域生态环境问题既具有长期性,也具有紧迫性,这就决定了区域生态补偿既要综合考虑其涉及区域范围广阔、因素众多,需要形成相对稳定的具有普遍指导意义的体系和机制,也要能够满足区域内生态补偿的及时性和灵活性要求。因此,我们可以借鉴美国行政协议的模式,将区域生态补偿与区域联防联治的立法协调紧密联系起来,同时吸收日本"广域行政制度"在区域联防联治中采取的划分大行政区由内向外逐步扩散的方式,以及欧盟立法协调机制对减少不同区域立法冲突协调的解决方式,通过咨询、合作与共同决策,实现区域生态补偿立法的统一和协调。

(五)生态补偿管理规范

区域生态环境问题的整体性与传统闭合性的行政区划管理模式貌似存在着不可调和的冲突。这是因为每个地方政府单元往往从各自的眼前利益出发,不愿意分担区域内环境资源配置使用中出现的负外部性现象,由此导致区域生态环境危机和生态环境的恶化,而每个地方政府单元都无法在这一危机中独善其身。国外生态补偿立法实践表明,各国都对区域环境资源的集成管理和各地方政府间对环境外部性的协作治理高度重视,但由于各地方政府单元拥有相当大的自治权,想要在生态补偿机制中达成各方利益的协调,就要依靠和建立一个统一的管理机构,即生态补偿机关。生态补偿机关不同于生态补偿主体,尤其是在国家或者地方政府作为生态补偿主体时,生态补偿机构也可能是地方政府或与之相关的政府,这些政府积极与受偿者沟通并帮助其实现受偿,或者说是生态补偿的执行机关。其职能主要是在明确生态补偿的整体目标的前提下,协调好区域整体管理中涉及的不同地区之间的各方利益关系,保证相关主体能够依法依规开展相应的生态补偿。

在生态补偿机制中组建和明确生态补偿机关对于促进生态补偿的有效运行至关重要。例如,德国流域生态补偿中易北河设立流域治理合作组织,通过明确的职责和分工实现水质管理和生态补偿；澳大利亚墨累—达令河流域在整体管理框架下，达成适用于流域内所有成员的州际管理协议，设立专门的管理机构以协调各区域管理主体间的合作；哥斯达黎加森林生态补偿中建立的国家森林基金，作为专门管理与贯彻森林生态补偿制度的公有机构，推进并全程监管生态补偿法律制度的落实；英国水资源生态补偿机制中成立的专门管理机构泰晤士河治污委员会，实现水污染防治和水资源生态补偿的产业化管理；澳大利亚维多利亚州库纳湾重要湿地的生态补偿与社区共管相结合模式下的监督管理机构，对湿地生态补偿项目的推进，也是卓有成效的。当然，生态补偿机关有效发挥作用的前提是要有政策和法律上的依据，这尤其体现在生态补偿相关立法的健全和完善。

(六) 生态补偿相关机制健全

立法的机制安排受到各方面因素影响，其性质、内容与立法目的、规范对象、立法技术、立法传统等紧密相联，科学合理的机制安排不仅能够彰显立法宗旨，更有利于法律的理解与实施。国外生态补偿立法实践中也出现了许多生态补偿相关机制的成功做法。

1. 调研分类机制

国际上的生态补偿往往是按照生态系统来进行的，如森林、土地、水资源、矿产资源、景观娱乐等，但生态系统是由各种生态环境要素构成的，基于某种生态系统的补偿往往会覆盖到其他生态要素，因此生态补偿机制涉及环境保护的方方面面，不是一朝一夕就能够全面展开且无所不包的。因此，生态补偿机制的创造和改进，必须进行自然要素的科学规划，在此基础上明确生态补偿的先后层次，提高生态补偿的效率和有效性。例如，哥斯达黎加森林生态补偿的第一步是对全国森林分布进行调研摸底，然后根据调研数据设立国家森林基金，在国家自然保护区之外的私人自然森林原则上也被纳入生态补偿领域，签订生态补偿合同。进而又将纳入生态补偿范围的林地进行分层次补偿设计，将其中毁林最严重的地区作为优先实施生态补偿的领域，同时根据持续调研所收集的数据，在生态补偿林地的森林覆盖率有所回升时及时地调整政策，转向对水土流失地区和土壤退化地区的优先补偿。

2. 生态补偿评价机制

由于生态补偿形式多种多样，因此对于生态补偿实施效果的评价具有十分重要的现实意义，因为它直接可以检测生态补偿实施的实际效果，体现生态补偿的社会公平理念和相关主体之间的利益衡平。这有赖于建立一个具有普遍适用性的可量化、可对比的统一参照标准。在这方面，美国设立的"环境效益指数"(EnvironmentBenefits Index, EBI)和欧盟综合运用效果评价与损失计算法进行生态补偿评价的做法值得借鉴。生态补偿评价机制的构建，首先是要建立环境价值评价体系。这一体系着眼于宏观上的研究和评价,关注在国民经济增长过程中发生的经济增长与环境消耗或环境损失之间的关系,当较大幅度的经济增长是以较小的环境影响方式实现时,这种经济运行模式就会获得良好的正向的环境评价。其次还要建立起环境监测体系,这是一项中观层面的研究和评价,主要目的是针对生态环境资源价值及因生态环境破坏而造成的损失进行评估,为制定合理的生态补偿标准提供依据,保证生态补偿的公平性和可操作性。最后还有一项至关重要,就是在微观层面确定具体的生态补偿标准。这一标准的确定通常也是最有效的方法,是由补偿主体与受偿主体采取合理协商的方式达成的补偿协议,当然在确定补偿标准的协商过程中,应因地、因情况制宜,综合考虑不同地区的经济生态环境和不同主体的承受能力,在相关主体充分沟通的基础上形成一致的补偿标准方案,有利于生态补偿的执行,使生态补偿落到实处。

3. 区域合作机制

环境的无边界性、污染物的扩散性以及环境影响的跨区域性,要求生态环境问题的治理必须放在区域整体框架范围内寻求解决。发达国家生态补偿的成功经验表明,鉴于区域生态补偿涉及多方利益主体和多方面复杂要素,多边利益的复杂性以及地方政府在行政管理方面的巨大缺陷,决定了发展区域间政府合作、建立区域间合作机制,是成功实施生态补偿机制的重要保证。德国易北河流域的生态补偿是区域合作成功的典型例子。以协商为主要手段的州(省)际协商补偿是生态补偿区域合作的一种重要形式,在美国、澳大利亚、德国和其他国家普遍存在,并成为河流流域水资源管理的主导模式。各种形式的协商管理模式,如政府间委员会、协会、理事会、论坛等,充分尊重了流域各主体的自治权利,并坚持平等合作的原则,有效地克服了资源负外部性所引发的不利影响。

实践证明,区域生态补偿是一项综合性复杂性工程,而区域合作机制可以在相关主体之间建立有机联系,消除生态补偿的区域行政壁垒,提供区域差异的公共产品,为区域自由创造外部环境,并将不同区域间的不同要素整合起来。而且,区域合作机制还能够统筹兼顾各利益参与方,提高决策的科学性与民主性,通过区域合作使利益相关方在生态补偿中的权责分工清晰明确,有利于提高环境资源利用效率和促进生态环境保护,进而推动区域产业结构的调整升级,实现区域生态环境资源的可持续发展。

4. 公众参与机制

国外生态补偿机制中大都鼓励公众共同参与生态补偿,并建立起生态补偿的公众参与机制,通过生态补偿法律规范或协议的方式明确公众参与生态补偿的形式,包括通过听证会等形式听取公众的意见和想法,开展生态补偿宣传和教育,及时发布生态补偿相关信息,以及吸纳私有部门进入生态补偿机构并参与生态补偿工作过程,为它们提供相应的激励和优惠措施等。公众参与机制旨在使生态补偿的利益相关者可以共同影响和控制生态补偿发展方向,更好地进行管理和决策。从国外生态补偿立法实践可以看出,在许多领域的生态补偿有关立法中都规定有企业、行业协会、其他组织和个人参与生态补偿的方式,例如美国湿地生态补偿中政府主导和公众自觉两个层面的公众参与机制,以及澳大利亚维多利亚州库纳湾重要湿地的生态补偿与社区共管相结合模式下的公众参与,通过规范公众参与生态补偿的监管过程及其权利和义务,使公众在生态补偿和生态环境保护方面充分发挥了金融和创新优势。生态补偿往往体现为给予他们在投融资、技术改造、税收、上市等方面的奖励和优惠政策,例如生态标识制度。

实践证明,在区域生态补偿机制构建中,公众的积极参与对于充分发挥区域协商机制的作用也是至关重要的。这是因为公众往往是生态环境资源破坏最直接的受害者,常常也是环境污染和生态环境的损害制造者,更是生态环境保护和建设的重要力量,因此搭建促进公众参与协商的平台,可以最大限度地打通公众与各级政府之间沟通的渠道,更好地发挥公众的监督作用,这将有利于克服区域资源配置过程中产生的负外部性问题。

二、生态补偿具体规范层面

(一)补偿主体明确

生态补偿主体是生态补偿法律关系中的一个重要主体,是生态补偿义务的最终承担者。因此,对生态补偿的主体及其内涵的合理界定,是建立生态补偿机制的第一步,也是生态补偿法律关系的重要组成部分。就当前世界各国在生态补偿机制中的实践来看,通常通过比较公共支付的财政手段和市场手段的优缺点,分析各自的适用条件和范围,充分发挥政府和市场的互补作用,政府一方面成为生态效益的主要购买者,另一方面通过市场机制给经营者以应获得的利益,使二者发挥各自优势,更有效地推动生态补偿的开展。

总体而言,政府购买模式仍是目前生态补偿的主要方式,这在许多生态补偿项目中都充分体现。例如,法国和马来西亚大部分林业补偿是由国家预算拨款资助的;在德国,政府被认为是各种生态补偿领域环境服务的最大买家;美国政府投资购买敏感土地和建立保护区,与此同时,还对提供重要生态系统服务的非陆地农业土地实施环境保护计划和政府资助的其他生态建设项目;英国保护生物多样性的生态补偿、德国易北河流域生态补偿等也都是政府主导的生态补偿。

但与此同时,各国政府也充分认识到,仅仅依靠政府向生态受偿主体提供补偿,不仅会增加政府的经济负担,还会造成环境污染和环境破坏的责任转移,这不符合生态补偿的基本原则要求,最终并不能真正实现生态补偿的目标。因此,从生态补偿的目的和其应有之义出发,也为了有效克服政府主导生态补偿中存在的盲点和政府失灵等问题,应当引入并充分发挥市场机制在生态补偿中的主导作用,利用市场具有的透明性、灵活性等特征,使生态补偿在更多领域发挥作用。从世界各国生态补偿的成功经验来看,都积极探索并充分引进了市场化的补偿方式,如哥斯达黎加对森林的生态补偿、法国对水资源的生态补偿、澳大利亚的流域生态补偿等,都在生态补偿方面发挥了充分的市场机制作用,并优化了资源配置。当市场在生态补偿中占主导地位时,补偿主体不是由政府通过强制命令加以控制,而是参照生态环境的供给和收益来确定,通过市场补偿机制,生态补偿必须从政府单一主体转变为社会多元主体,一个金融渠道转变为多元渠道,既扩大了生态补偿资金渠道,也使公众对生态环境保护的认识日益增长。实践证明,通过政府补偿与市场补偿的共同作用,将更好地促进社会经济和自然环境的和谐可持续发展。

(二)受偿主体重构

结合国外生态补偿实践,生态补偿的受偿主体大致可以分为三类,即:由于生态环境保护和建设使其财产受损者、由于生态环境保护和建设使其发展权受限者以及为生态环境保护和建设做出特别牺牲者。

第一,由于生态环境保护和建设使其财产受损者,应当成为生态补偿的受偿主体。实践中,由于生态环境保护和建设使其财产受损者常常体现为财产被征收或征用的情形,对此类主体进行补偿是各国普遍承认的做法,并已经写入许多国家有关生态补偿的法律文件中。例如在日本、瑞典、哥斯达黎加等国家都采取了森林生态补偿。很大一部分森林通过个人承包经营合同由公民管理,在森林中投入了大量的种植、种植和保护费用,这些费用最终是通过合同支付的。但当公民承包经营的林地被划定为国家公益林时,承包者将失去伐木权、森林使用权和土地开发权,这无疑给林地承包经营者造成极大的财产损失。对于这部分因生态环境保护和建设行为导致财产损失的被征收或征用者进行生态补偿,是符合生态补偿的理论基础和基本原则,也是具有广泛法律基础的。

第二,由于生态环境保护和建设使其发展权受限者,也是生态补偿的受偿主体。这里的发展权受限,与财产受损有着明显的区别。财产受损指的是现实中已经存在的物质或财产损失。如果财产被没收或没收,它将以可评估的资本收益的直接损失表示。但是,限制发展权造成的损害不仅是来自当前资本现时的收入损失,而且由于经济发展和生活水平的限制,往往难以直接评估最终损失。在实践中,发展权受到生态环境保护和建设的限制的情形时有发生,尤其是在区域生态补偿中,流域上游地区、风沙源头地区等具有重要生态服务功能的地区,为了使保护区域下游、下风向地区及区域整体的生态环境,在产业布局和市场经营方式上受到了较大的限制,造成相当大程度上的经济发展障碍,出现了明显的区域之间发展不平衡的状况。那么,对于为保护区域生态环境而丧失自身发展机会的地区,就应当由生态环境保护行为的受益方对其进行生态补偿。基于发展权受限而进行生态补偿的案例在国内外生态补偿实践中广泛存在,最典型的例如流域生态补偿。对由于生态环境保护和建设使其发展权受限者做出生态补偿充分体现了生态补偿的公平正义。

第三,为保护和建设环境而做出特殊牺牲的人也应成为生态补偿的对象。这里的"特别牺牲"是指由于生态环境保护和建设而使其付出财产受损或发展权受限之外的权益受损的情形。例如,在国际上许多重要湿地的生态补偿中,都规定了对于因保护鸟类等野生动物造成损失给予的补偿支出。此时的生态补偿既包括对重要湿地周边一定范围内基本农田及第二轮土地承包范围内的耕地承包经营权人的受损予以补偿,即由于生态环境保护使其财产受损者这一类型的受偿主体,也包括了对在湿地周边一定范围内的主体因保护湿地和鸟类等野生动物而受到的影响的补偿,诸如配合湿地和候鸟保护工作开展垃圾无害化处理、改水、改厕、改路等环境改善项目等建设内容。又比如在一些生态湿地周边的许多稻田,稻苗经常会遭受野生保护动物麋鹿的偷吃和踩踏,而水稻种植农户又不能伤害或者驱赶麋鹿,最终只能承受惨重的损失。天鹅、白鹤啃食莲藕的情况也如出一辙。在这种情况下,种植们为保护野生动物做出了特别牺牲,也应当成为受偿主体获得生态补偿。这在许多国家生态补偿的相关立法和实践中非常普遍。

(三)权利义务规范

从许多国家严格的立法规范可以知悉,法律将生态补偿法律关系中的权责利设定得非常规范和细致,通过较为完备的法律实施和保障措施使生态补偿法律关系主体的权利和义务可以通过相对完善的法律保障来实现。

在生态补偿主体上,综合起来主要有两方面的权利:一方面,因为法律对于受偿主体的范围和认定程序都有着明确的规定,那么对于经过法定审查程序后确认的符合生态补偿要求的受偿主体,补偿主体有权监督,这是基于二者之间是直接的法律关系的要求,由补偿主体对受偿主体实施生态保护的行为进行检查监督,是与其义务相对应的权利,也是最直接有效的。另一方面,当补偿主体发现受偿主体未能按照生态补偿规范要求履行生态补偿义务时,有权对受偿主体采取相应措施的权利,包括减少乃至取消补偿金等。关于补偿主体的义务,可以概括如下:第一,法律规定的补偿主体和受偿主体明确,补偿人必须根据有关领域的规定及时、合理地确定受偿者的资格和范围;第二,补偿主体最核心的义务就是依照生态补偿相关规定和协议的要求履行生态补偿的义务,认真执行补偿优惠政策等生态补偿义务;第三,生态补偿涉及的要素十分复杂且处在一个动态变化之中,补偿主体应及时执行生态补偿方案,根据补偿标准和具体的补偿选择来补偿受偿者,及时向公众公开生态补偿相关信息,包括积极听取社会建议和意见。在与公共利益相关的私人利益相关者众多的生态补偿中,生态补偿法律关系主体应与社会公众始终保持密切联系和沟通,综合考虑不同地区、不同背景下的利益主体的实际情况,加强发挥生态补偿沟通协商机制的作用,以便听取有关各方和公众的合理建议。只有在这种情况下,受偿主体的权益和生态补偿目标才能更好地实现。

与补偿主体相比,受偿主体在生态补偿过程中相对被动,因此各国在立法实践中都十分重视明确受偿主体的应有权利。可以概括为以下三个方面:第一,及时和充分获得补偿的权利。这是受偿者最重要的生态补偿权利,也是生态补偿法律关系中的关键权利。因此,受偿者有权要求补偿者按照补偿标准及时提供补偿。第二,知情权和参与权。作为生态补偿的主要利益相关者,有权了解和参与生态补偿方案的制定和实施,并及时提出异议和咨询。第三,在合法权益遭受侵害时救济的权利。如果补偿主体不及时、不充分地提供补偿,或是不合理界定补偿范围或未能采取补救措施,受偿主体有权通过行政或司法渠道获得援助,以维护其自身的合法权益。

(四)补偿标准灵活制宜

生态补偿标准是生态补偿中一项最为具体的重要因素,不同的利益主体从自身利益出发都会对补偿标准有一个合理的期待,而生态补偿标准无论是在计算方法还是在具体数额的确定方面都具有一定的灵活性和不确定性等特征,所以生态补偿标准就承担着生态产品和服务提供者与生态环境资源利用者之间利益平衡器的主要功能。如果生态补偿标准设定的过低或过高,都会直接影响到利益主体的积极性和生态补偿的持续性。根据国外成功的生态补偿实践,生态补偿标准是生态补偿的关键要素,无论是在政府补偿还是市场补偿中,合理界定补偿标准都将有助于成功实施生态补偿。例如,美国纽约和卡茨基尔河上游地区之间的清洁水协议规定了生态补偿从 10 亿美元—15 亿美元不等,由纽约市对上游地区投资 10 年时间,以改善流域上游土地的使用和生产。又如,在哥斯达黎加,提供生态环境服务的私人土地者平均得到 540 美元/hm^2 的补贴。这些明确而具体的补偿标准为森林生态系统服务提供了规范和指引。

从各国生态补偿的实践来看,相对于确定具体的生态补偿金额,选择科学计算方法对合理确定生态补偿标准来说更加重要和可行。实践中有两种计算生态补偿标准的基本方法:其一,根据受益方从生态环境保护和建设中获得的生态收益来计算生态补偿标准;其二,计算生态环境保护的成本,这包括直接投资于生态环境保护和建设的资本成本和间接损失的机会发展成本,计算出生态保护成本并在生态补偿相关利益主体之间进行分担。同时,无论是选择哪种生态补偿标准计算方法作为参照,实践中各国在制定具体的生态补偿标准时,还有一个普遍的做法,就是采取差别标准法,即在制定针对不同地区的生态补偿标准时,综合考虑当地的社会经济发展水平程度、生态环境质量差异、物价波动、支付主体的支付能力等各方面的相关因素,因地制宜地对不同地区采用不同的生态补偿标准,设置不同生态补偿期限等。例如美国在其保护性退耕计划中,通过长期退耕计划与短期退耕计划相结合的方式,哪些地区的生态环境质量较差、生态价值相对较大,针对那些地区的生态补偿标准也相对较高,补偿期限也相对更长一些。特别是对于所涉区域范围相对较小、区域生态坏境特点突出、生态补偿法律关系主体容易确定的区域生态补偿,确定生态补偿标准的最佳方法是由国家制定适当的生态补偿标准计算办法,由各地方政府研究和计算符合当地情况的补偿标准。在具体计算补偿标准时,则可以从生态环境致损者、生态系统服务获益者、生态环境保护和建设者这三方利益主体角度,确定生态补偿的计算依据。

(五)补偿方式多元化

纵观各国生态补偿立法实践,生态补偿方式经过对不同模式的选择和借鉴,基本形成了具有同态性和稳定性的多元化模式,这些模式有些是以政府为主体的补偿方式,有些是以市场主导的补偿方式,还有些是兼具政府主导和市场参与方式的生态补偿,具体包括公共支付、市场交易、开放的贸易体系、生态标志、生态环境税收、基金和保证金制度等。

1.公共支付模式

公共支付模式是国家或政府作为生态补偿的主体,通过公共预算拨款进行生态环境保护和建设的补偿模式。这是一种政府主导的生态补偿模式。

考虑到生态系统服务的公共属性,政府参与生态补偿并成为一个重要的生态补偿主体实属必然,公共支付模式最大的特点就是它主要针对生态产品生产和生态系统服务过程中出现的利益失衡、交易成本过高和激励缺失等问题,因此公共支付模式在各国生态补偿实践中广泛存在。特别是在开展生态补偿比较早的国家和地区,以及基础设施供给、生态建设工程项目等投入大的领域,如德国易北河流域生态补偿中建立国家公园和自然保护区的投入、美国土地休耕计划中的项目补贴、英国北约克摩尔斯农业计划、法国和马来西亚林业基金中的国家财政拨付等,都是充分发挥了政府在生态补偿中的主导作用。实践证明,政府作为公共资源的管理者,承担着维护和提高整个社会生态产品和生态系统服务功能的责任,而且政府具有较强的生态产品和生态服务的支付能力,是生态效益的最大购买方,特别是在生态补偿涉及区域范围较大、生态系统服务的提供者或受益者众多的情况下,由政府采取公共支付方式,通过财政转移支付、直接财政补贴、财政援助、项目实施、政策调整等手段,是更加适宜的生态补偿方式。

2.市场交易模式

市场交易模式与公共支付模式最大的不同,就是由私人主体取代了政府,成为生态补偿的主要主体,通过市场机制在生态环境产品和服务提供方和受益方之间进行谈判来实现生态补偿。由于市场交易是建立在市场主体自愿原则基础上的交易,这就意味着作为交易对象,一要资源稀缺存在交易的必要,二要权利可转让存在交易的可能。

因此在市场化特征明显、产权关系明确的生态补偿领域,市场交易模式成为各国普遍采取的生态补偿方式,其中水资源生态补偿可谓典范。这是由于清晰的水权界定和完善的水权交易制度,有效促进了生态补偿的市场交易,如澳大利亚控制流域土壤盐分生态补偿、法国水质付费生态补偿和哥斯达黎加森林生态效益补偿等,这些都是清晰有效地利用资源产权制度和市场手段来进行生态环境资源保护。因为清晰的产权界定可以将水资源在不同时间配置于不同部门和地区,形成水资源市场,进而制定市场规则和水权交易的法律规则,规范水资源价格及水权交易程序,保证水权交易在法律规制下进行。同时由于水资源具有跨区域流动性强的特点,当上游地区采取粗放式的资源开发利用或生产经营方式而导致下游地区水资源短缺和水环境污染严重的情况出现,下游地区就可以通过水权交易得到上游的生态补偿,鼓励上游土地所有者改变土地使用方式和传统的工农业生产方式,提高湿地生态系统的维护水平。

3. 开放式贸易体系

开放式的贸易体系也是一种市场化的生态补偿方式,但其最大的特征就是,其交易对象的存在有一个必要的前提,政府,特别是公共部门,预先确定了特定的、定量的环境资源标准,使生态环境资源具有市场价值。那么在这样的前提下,不能达到环境标准的企业就可以通过市场机制与达标企业进行产权交易,通过购买环境资源的交易单位实现达标。从本质上来看,政府的规则创造了需求,独立的买者和卖者能够通过相互交易灵活地做出反应。因此,在环境管理规则健全的国家,开放式贸易体系开始出现,典型的案例如美国的污染信贷交易、澳大利亚的蒸发蒸腾信贷和哥斯达黎加的"温室气体抵消单位",都是通过减少污染并使之控制在环境标准值以内,再将节省下来的排放额度出售给污染者,它们发现购买排放信贷比执行环境标准的成本更低。这其实就是开放式贸易的体现。事实证明,这种通过开放式贸易体系开展污染信贷交易的方式对减少污染物的排放有很大的激励作用[①],特别是在促进区域生态补偿的过程中,是一种十分有效的区域资源保护的市场交易手段。

4. 生态标志制度

生态标志制度也被称为"生态标签制度""生态产品认证计划"等,也属于一种市场交易模式,但它与市场主体直接购买生态系统服务略有不同的是,这并不要求消费者与生态产品或服务提供者进行直接交易。相反,消费者选择性地消费独立第三方认可的产品,为符合生态产品认证标准的生态系统服务提供补偿。对于所销售的具有生态标签的生态产品溢价,生态产品的生产者或生态服务的提供者从中受益。因此,生态标志制度是一种间接支付生态系统服务的市场模式,消费者支付的价格略高于平均价格,当独立第三方认定某些产品是在环境友好条件下生产时,消费者的购买行为等同

---

① 王曦.美国环境法概论[M].武汉:武汉大学出版社,1992:58-69.

于为生态系统服务支付对价。

生态认证在欧洲和美国广泛应用。美国很多州都实施了生态产品认证计划,在消费者日常购买设备如冰箱、电炉、洗衣机、计算机等项目中都向消费者提供设备的能源消耗和日常支出。1992年,欧盟推出了一套生态标签制度,涵盖了所有的日常消费品。由于logo就像一朵小花,生态认证产品也被称为"贴花产品"。该制度旨在选择高质量的绿色产品并进行奖励,从而提高消费者对生态环境保护的积极态度,并根据环境要求促进产品的生产和消费。对于每一种产品,欧盟都制定了相应的环境保护标准,主要关注自然资源和能源的使用和废物的排放,其中最典型的是欧盟汽车尾气排放标准。通过提供不同的生态标签,消费者可以知道他们的产品是否符合欧盟的环境标准。欧盟调查结果显示,尽管获得生态认证的产品价格略高于其他产品的价格,但仍有超过80%的消费者愿意购买"贴花产品"。企业通过提供"贴花产品"能够使自己较高的环境投资获得市场补偿,增加了产品的附加值。在探索经济与环境协调发展的实践中,生态标志制度在越来越多的国家实施,并在改善环境质量、促进产品结构优化、改进生产技术、实现绿色生产和绿色经营等方面都产生了积极影响。

5.生态环境税收制度

在欧盟生态补偿实践中十分重视环境税收制度。1991年,瑞典为森林的生态效益提供资金,并采用了世界上第一个环境税收调整法案。根据二氧化碳来源,对石油、煤炭、天然气、液化石油、汽油和国内航空燃料征收每吨二氧化碳120美元的碳税,其他危害生态环境的活动也根据其影响征税。从2001年开始,法国对每吨二氧化碳征收150—200法郎的税,年复一年地提高征税比例。到2010年,征税标准增加到每吨500法郎,主要用于补贴政府的社会支出。巴西在森林生态补偿中,有6个州引入了生态增值税。根据保护者受益的生态补偿原则,国家将那些制定保护区和执行可持续发展政策的州所交税收的25%返还给这些州,让各州制定分配标准。1996年哥斯达黎加立法规定销售化石燃料税作为生态补偿的一项资金来源。

随着环保意识的提升,税收在生态环境保护中扮演着越来越重要的作用。目前环境税在经合组织国家,如瑞典、丹麦、荷兰和德国等,已经比较成熟,生态税收也由收入税转为环境税。一些国家,如美国、瑞典、荷兰、德国、日本和其他国家,引入了二氧化硫排放税、水污染税、噪音税等,作为一种特殊的环境保护措施,发挥了税收在生态环境保护方面的重要作用。例如,美国税法针对一级和二级地区的二氧化硫排放征收每磅15美分和10美分的税。瑞典的二氧化硫排放税征收标准是每吨3,050美元。目前,西方国家普遍的环境税主要由空气污染税、水污染税、固体废物税、噪音税、注册税等组成。

6.生态补偿基金

为了保证生态补偿机制的有效运行,政府部门通过设立专门用于恢复与建设被破坏的生态环境以及进行生态补偿的责任保险或基金,以实现"确保受害人得到及时和充分的补偿;以及在发生损害时保全和保护环境,特别是在减轻对环境的损害以及恢复或修复环境方面"[①]。设置责任保险和基金正是为了保证补偿主体有足够的可处置的财政安排来满足补偿请求。可见,为保证受害者获得充分的补偿,更为能够帮助双方及时、有效地采取措施控制污染,将影响范围尽可能缩小,生态补偿责任保险和基金的设立是至关重要的。事实上,许多国家和国际组织已经深深意识到生态补偿责任保险和基金的必要性,尤其是在设立生态补偿基金并扩大基金来源方式方面,出现了大量实践。例如,就河流流域水资源的生态补偿而言,日本建立了一个对冲基金体系,以应对水资源风险,增加库区的补偿。在供水领域,当地流域政府应共同设立一个流域基金,支持和鼓励上游地区的环境和水质保护。出资比例则依照各自在水资源利用中的受益程度协商确定。在森林生态补偿方面,法国建立了国家林业基金,马来西亚建立了森林发展基金,将政府补偿与受益者补偿结合起来。例如,马来西亚森林发展基金包括对被砍伐森林或加工单位征收的林业税。此外,一些国家实施了全面的税收政策,如日本免除对保安林的各种税收,提供贷款利息优惠等。德国也通过各种渠道筹集基金,扩大基金来源,为生态补偿基金制度的建立提供了很好的借鉴。

除了责任保险和基金制度,许多国家在诸如矿区生态补偿机制中还构建起较为成熟的保证金制度。例如美国在其《露天矿矿区土地管理及复垦条例》中规定:任何一个企业进行露天矿的开采,都必须得到有关机构颁发的许可证;矿区开采实行复垦抵押金制度,未能完成复垦计划的,其押金将被用于资助第三方进行复垦;采矿企业每采掘一吨煤,要缴纳一定数量的废弃老矿区的土地复垦基金,用于复垦实施前老矿区土地的恢复和复垦。英国、德国有关矿区生态补偿的立法中也都做了类似的规定。有研究认为,这种生态保证金制度在其他行业和部门中也可以尝试逐步推广。

综合各国生态补偿实践可见,生态补偿整体上包括以政府为主体的补偿和以市场为主体的补偿两大类型,市场为主体的补偿又可以划分为多种形式,还有一些以政府和市场作为双主体的生态补偿模式,使政府和市场的优势都能得以展现,同时相互弥补各自的缺陷,通过有效结合共同为生态补偿机制的实施发挥作用。在生态补偿的具体形式上,各国既重视建立以政府购买为主的生态补偿方式,同时也注重发展市场生态补偿模式,以及生态产品认证计划等间接市场模式的生态补偿方式,还综合采取资金补偿、实物补偿、政策补偿、智力补偿等多种手段并用的方式,针对不同区域、不同行业实行多层级的生态补偿,根据生态补偿的不同阶段灵活运用不同的补偿手段,调整各种补充手段在生态补偿中的使用范围,这样才能更好地使受偿地区在开展生态保护和建设的同时,提高自身可持续发展的能力。

---

① 资料来源:国际法委员会2006年《关于危险活动造成的跨界损害案件中损失分配的原则草案》原则三。

第五章　京津冀生态补偿机制构建之运行机制

第一节　京津冀生态补偿法律关系主体

京津冀生态补偿法律的关系主体主要包括国家、国家机构、法人、其他社会组织和自然人。它们根据相关法律拥有生态补偿的权利利益和义务。生态补偿机制实质上是各方主体间的利益协调机制，因此，对生态补偿的法律关系的定义是明确界定利益和法律义务的范围的前提，是成功实现生态补偿目的的保障。生态补偿法律关系的主体有两个方面：一是明确补偿主体，解决"由谁来补偿"的问题，；二是确定受偿主体，解决"向谁提供补偿"的问题。

一、补偿主体

（一）相关规定及存在的问题

从我国目前的有关生态补偿的立法规范来看，对生态补偿主体的表述一般可以分为三种形式：一是规定国家作为生态补偿主体，但没有具体补偿机构，这是一种常见的模式；二是明确界定国家是生态补偿的主体，进一步明确生态补偿的具体实施主体是政府；三是明确界定国家是生态补偿主体，并确定做出生态补偿行为的机关是生态补偿的具体实施主体（见表5-1）。

由此可见，尽管我国现行立法中规定了生态补偿的内容，但对于生态补偿主体的规定较为泛化，使得生态补偿在具体实施时部门色彩浓厚。因为根据法律规定，生态补偿主体不论是国家还是地方政府或行政机关，最终的具体补偿机关将主要落在各级政府，由于各级政府的生态保护管理水平不同，难以突破其部门利益最大化的思想桎梏，这导致生态补偿在某些情况下，由国家主导变成了部门主导，在部门利益导向的情况下，难以保证生态补偿的实施效果。当涉及跨行政区域的生态补偿时，这种弊端更加凸显。一方面，各地方政府基于其自身利益的考量制定生态补偿规则，容易出现交叉冲突和空白,跨区域的统一监管也难以实现,所以常常会造成那些跨地区或跨行业的生态补偿难以推进;另一方面,我国早期和大规模的生态补偿,其补偿模式往往是中央财政直接拨款,这就使地方政府"等靠要"的思想蔓延,不利于地方政府积极性的发挥,加上环境保护项目具有投资大、周期长、见效慢、效益低等特点,当地方政府开始认识和重视生态环境问题时,对已经遭受污染和破坏的生态环境的恢复和重建而言,其花费十分巨大,甚至已经无法逆转。而且,在政府主体以外,大量的生态环境保护和建设的受益者并不需要承担生态补偿责任,这导致生态补偿人的权利义务严重失衡,使积极承担生态补偿的主体的积极性受挫,也不符合生态补偿中受益者补偿的原则要求。因此生态补偿主体应该根据具体情况加以确定,不能以国家一概而论,要加强各地区、各行业机构对于承担生态补偿责任的意识,生态环境致损者和生态环境受益者都应该纳入生态补偿主体范畴。

表 5-1　部分法律、法规、规章对生态补偿主体及具体补偿机关的规定

名称及相关条款	补偿主体(具体补偿机关)
《水污染防治法》第七条	国家(无)
《水土保持法》第三十一条	国家(无)
《草原法》第三十五条	国家(无)
《防沙治沙法》第三十五条	国家(批准机关)
《野生动物保护法》第十九条	国家(地方人民政府)
《自然保护区条例》第二十三条	国家(无)
《退耕还林条例》第四十五条	国家(无)
《陆生野生动物保护实施条例》第十条	国家(当地人民政府野生动物行政主管部门)
《水生野生动物保护实施条例》第十条	国家(当地人民政府渔业行政主管部门)

(二)具体补偿主体

1.政府

政府具有其他主体不可匹敌的信息优势和经济职能,是公共利益的提供者和公共事务的管理者,掌握着政策的制定权和引导权,同时具有协调和监督的能力。公共利益的实现和满足在相当大的程度上必须依靠集体行动和有组织的供给。代表和保护公共利益的政府在提供公共产品和服务方面发挥了不可或缺的关键作用。生态补偿旨在改善影响公共利益的人们的生活条件,因此,政府的责任意味着其应该成为生态补偿的重要主体。从我们国家目前的生态补偿实践来看,生态补偿主要是由中央和省级政府实施。但是由于国家层面没有统一具体的规定,生态补偿大多是由省一级的人民政府以行政命令的方式在本省范围内开展,难以突破省际界限开展区域生态补偿。

京津冀区域生态补偿的典型做法主要是为重要生态功能区、流域、自然保护区和风沙源区提供生态补偿。特别是重要生态功能区的生态补偿主要是通过财政投入的方式来实现，流域生态补偿多是依据上下游区域间的生态补偿协议进行，自然保护区和风沙源区生态补偿则主要通过项目工程的方式开展。然而在具体的生态补偿实践中，补偿主体和补偿范围往往都很复杂。以重要生态功能区生态补偿为例，中央政府是补偿主体，重点生态功能区所在的地方政府是受偿主体。但具体到京津冀区域层面来看，流域生态补偿实施主要依照生态河上游和下游领域的生态补偿协议，而自然保护区生态补偿主要是通过实施工程项目。然而，在生态补偿的实践中，补偿的主体和规模往往非常复杂。例如，在重要生态功能区，中央政府是补偿主体，而处在重点生态功能区的地方政府是补偿的主要对象，即受偿主体。在京津冀区域，补偿主体是通过协议形式购买重点生态功能区生态产品的地方政府，受偿主体是重点生态功能区所在的地方政府。

再进一步具体到重点生态功能区层面来看，其中从事开发利用环境资源生产建设活动的主体是补偿主体，处在限制开发的重点生态功能区的地方政府是受偿主体；从事旅游业的行为主体是补偿主体，处于禁止开发的重点生态功能区的地方政府是受偿主体。而当为了保护区域生态环境，迫使区域居民离开重点生态功能区时，重点生态功能区的地方政府是补偿主体，那些被迫迁出的居民是受偿主体。因此，在确立京津冀生态补偿主体的时候，必须合理地确定中央政府和地方政府作为主体的补偿责任，特别是在平行区域之间。换言之，就是要明确生态受益地区对生态保护地区的补偿。中央政府作为领导者、监督者、协调者，不仅通过财政转移支付来补偿为环境保护而减少的财政收入或为环保区建设支付的额外投资，还要通过发挥政策导向和法律指引功能，鼓励社会资本投入生态保护建设，可以针对不同地方的实际情况实施有差异性的区域政策，从而降低交易成本和财政压力，提高资金使用效率。此外，中央政府还必须对促进环境保护制度的实施负有重要责任，以在调整生产者的行为和为保护环境筹集资金方面发挥重要作用。地方政府应当加强与中央政府的配合，成为区域生态补偿的实施者。在此，确定各级地方政府的主要责任，以及平衡平行地区政府的主要责任是关键。上级政府必须履行其监管责任，促进区域协调发展。在京津冀区域生态补偿中，对生态环境保护和建设做出贡献的区域应当成为受偿主体，因生态环境保护和建设而受益的区域就是补偿主体。虽然在最终利益方面，生态环境保护和建设的贡献者和受益者都是个人，但作为区域公共利益的代表的地方政府，包括省级和省级以下的政府，应当得到补偿。省级政府主要在京津冀跨省市相邻地区或跨区域关系中成为生态补偿的补偿主体和受偿主体。省级以下政府则更多是在同一省级行政区域内某一小范围的生态关系中，成为生态补偿的补偿主体和受偿主体。

2.企业

在京津冀已有的生态补偿实践中,多数是在政府间进行的,如京张、京承之间的水资源生态补偿,但由于财政投入的有限性和补偿机制的不完善,严重影响了生态补偿的效果。例如,2008年,北京补偿了密云、官厅水库农民的"稻改旱"活动,其每亩550元的补偿标准远远低于生态环境投入成本。因此,仅由政府独自承担生态补偿投入,不仅增加了财政负担,而且整体上降低了生态补偿能力,更有损生态补偿的公平性原则。市场作为另外一个蕴含着巨大潜力的生态补偿主体,在以往的生态补偿实践中并未发挥其应有的作用。在京津冀生态补偿主体的确立问题上,应注重市场要素参与生态补偿,充分利用市场机制和调动市场作用开展区域生态补偿。国外生态补偿的成熟经验表明,市场交易是实践中企业作为补偿主体的主要途径,其中碳排放交易和水权交易是企业作为补偿主体的典型生态补偿方式。

碳交易的产生是发达国家限制温室气体过度排放的一种虚拟交易,当二氧化碳排放超过一定水平时,排放主体就必须支付费用来购买没有超过温室气体排放的国家所拥有的温室气体排放量,以及帮助这些国家开展生态环境保护项目。经济学上支持减排额度单位进行交易的基本逻辑是:对于气候变化而言,任何国家和地区的温室气体排放都会带来全球范围的影响,但就减少温室气体排放来看,由于经济发展水平和劳动力成本差异等因素,导致各国在减排温室气体上的花费存在较大差异。这一客观差异成了导致减排成本高的国家在减排成本较低的国家开展减排行动的重要驱动力。因此,碳交易可以说是发达国家在全球范围内寻求最低的减排成本和路径的一项有益结果。基于此,国内也借鉴国际上碳交易的成功经验,建立了国内碳排放权交易体系。京津冀生态补偿也可以大力引进这样的交易机制,在这一机制中,当企业二氧化碳排放超过规定标准时,企业必须在通过技术改造减少排放或通过获得碳排放权提高排放标准之间做出选择。因此,如果同样程度的技术变化减少碳排放比交易成本更高,公司将选择购买碳排放权。实践中通过贸易碳排放指数,森林生态补偿实现了区域利益相关者之间的平衡。同样,水权贸易也是一种相对成熟可借鉴的市场补偿模式。例如,洛杉矶提议在灌溉地区投资超过2亿美元,用于在洛杉矶城市使用和保护水。澳大利亚水改革框架协议允许水权持有人把生产所节约的水作为商品出售。美国"湿地银行"计划的实施者针对其开发利用等行为造成的湿地损失,以信贷方式出资获得替代湿地作为补偿。政府通过出台相关法规、制定相应标准、设立交易中心和交易制度,最终实现生态产权收益。

尽管就我国目前立法中生态补偿主体的相关规定来看,并未明确界定企业作为生态补偿主体的地位,而是主要规定其对环境污染或对自然资源损害承担主体责任。但事实上,企业的生产经营活动无不关乎生态环境资源的开发利用和生态系统服务功能的减损,这是造成生态环境问题的主要原因。企业向生态产品和范围的提供者以及生态环境资源所有者支付相应的成本,以避免与污染有关企业的外部不经济性转嫁为社会成本,既是生态补偿原则的基本要求,也是企业持续获得生产经营活动所需生产资料的重要前提。所以,在京津冀生态补偿机制设计中,要明确界定那些直接或间接从生态系统服务中获益的企事业单位的生态补偿主体身份,在明确政府作为生态补偿重要力量的基础上,尽可能地开拓市场作为补偿主体的补偿模式,使生态系统服务作为贸易对象被引入市场机制,以进行公开的市场交易。

3.社会组织

《联合国人类环境宣言》第二十五条原则昭示:"各国应保证使国际组织在保护和改善环境中发挥协调、有效和推动作用。"在环境问题上,社会组织始终以其特殊的职能发挥着重大作用,主要体现在:1.研究职能。在环境保护相关文件草案起草之前,社会组织可以通过广泛深入的研究以提供建议和范本。2.交换信息。包括交换有关国内和国际项目及研究成果的信息,可以说,所有环境保护组织都同时是信息集中和交换的场所。3.制定规则。社会组织可以制定向其成员建议的新规则,也可以通过积极参加有关环境问题的会议和协商,乃至参与环境立法活动以促进规则的制定。4.监督规则的实施。监督规则的实施也是社会组织的一项职能,但这种监督不包括采取强制行动。5.管理自然资源。社会组织可以通过法律或管理机关的授权行使管理自然资源的职能。6.分工协作。生态环境保护大多涉及公益领域,范围十分广泛,因此,不同的社会组织往往被赋予不同的权限。分工可以依据环境要素划分,也可以根据空间范围确定。7.协调和建议。社会组织,尤其是非政府组织,往往具有公益性,其在知识和机制方面的优势也是国家难以企及的,所有社会组织在生态环境保护领域扮演着宣传者、思想库、调查研究者、信息和资金提供者、合作伙伴等多种角色,许多有关全球环境保护的重大问题都是由非政府组织提出并呼吁全社会对之采取行动的。8.其他职能,包括组织召开研讨会、开展环境和环境法教育、调查研究、出版研究报告、建立网站等。

在生态补偿中,社会组织还有效发挥了政府和企业之间的联系桥梁的角色。一方面,政府提供宏观管理和市场监督;另一方面,其直接面对一些企业需要的服务,帮助减少调控不足,弥补市场失灵,维护社会公正。大多数公共组织,特别是非营利环境组织,其成员是出于对生态环境资源保护公益事业的关心而自发组织起来的社会团体。它们不仅是执行政府或环境公共目标的社会组织,也包括自发形成的非政府性质的民间组织。这些社会组织的经费来源渠道主要是自筹和募捐。例如美国德尔塔水禽协会承包沼泽地计划就是一个典型的例子。德尔塔水禽协会是一个私人性质的组织,它们以承包者的身份与农场主签订合同,承包农场主私有土地上的沼泽草地,并按照约定交付租金,以保护北美野鸭的栖息之所。这是社会组织作为补偿主体参与生态补偿的典型代表。再例如,许多欧盟国家的非政府环保组织通过购买绿色能源或带有绿色标签的产品来补偿环境保护企业或行业。在京津冀生态补偿机制的构建中,应该充分借鉴吸收国外生态补偿的成功经验,明确社会组织成为生态补偿和环境保护与生态修复项目的主体地位,特别是在流域生态补偿中,积极引入社会组织的保护项目,寻找可持续的融资机制和有效的经济途径。此外,我国《环境保护法》赋予符合条件的社会组织以环境公益诉讼主体的资格,社会组织不仅可以作为生态补偿主体,参与到生态补偿项目中去,而且可以作为环境公益诉讼的主体,通过对污染和破坏生态环境、损害社会公共利益的行为提起环境公益诉讼的方式,发挥其促进生态补偿机制有效实施的功能和保障。

4.个人

环境问题与个人两者之间的关系十分密切。这并非由于环境问题的特别,而在于人的活动所产生的影响。反之,环境污染、生态破坏也直接对人们造成严重的损害。因此,为了解决环境问题,必须提高人们对环境问题的认识,并采取保护措施。这是最基本的和不可或缺的。因此,不断提高人们对环境问题的认识和不断提高解决问题的能力,乃是势所必然的客观要求。我们必须认识到,每个人的日常生活都与环境紧密相关,影响着子孙后代的生活。因此,每个人都必须在日常生活中采取行动,以保护自己赖以生存的土地。而且该行动必须是自由的、有意义的主体行动。个人不仅是权利的享有者,也是义务的承担者。

个人作为生态补偿的主体具有重要的现实基础和意义。每个人在日常生活中无不从其所在区域的生态系统服务功能中获得直接或间接的利益,而且许多环境污染也主要源于个人的生活消费。因此,个人既是生态产品和生态系统服务的使用者和受益者,也是生态环境污染的致损者,无论从哪个角度而言,都应当为自己的行为及后果支付相应的费用,亦即为自己使用生态环境资源和享用生态服务而产生的正外部性和负外部性做出相应的补偿。在京津冀生态补偿机制构建中,也应当考虑个人在区域生态补偿中应承担的生态补偿主体责任。

(三)确定补偿主体的一般原则

在京津冀一体化协同发展的战略背景下,整个京津冀区域的资源利用效率和生态互补性的提升必须以区域整体构建为原则,京津冀三地合作对于区域生态环境保护和生态补偿而言至关重要。因此,京津冀生态补偿的责任主体应该是一个统筹协调府际关系的纵横交错的网络体系,包含政府、企业、社会组织、个人各个层面,以政府为主导,同时结合企业、社会组织、个人的力量,形成生态补偿的联合主体。

首先,根据污染者付费、使用者付费的基本原则,在生态环境资源开发和利用过程中造成生态环境污染或导致生态环境利益减损的污染者和环境资源开发利用者,应当成为京津冀生态补偿中的补偿主体。企业、单位和个人在自然资源开发利用和生产生活过程中会消耗自然资源,造成严重的生态环境污染和环境资源减损,致使一定范围内的生态系统服务功能损抑或下降,从而使社会公众和生态环境利益减损,因此应当作为补偿主体承担生态补偿责任,以恢复该区域范围的生态系统服务功能。此外,除了直接受益于生态环境资源开发利用的企业、单位和个人主体,其他没有按照相关规定和标准履行生态环境保护义务而导致生态环境恶化和环境质量下降的,也应承担生态补偿主体责任。

其次,根据生态补偿的基本原则,所有由于他人活动带来的生态环境保护和环境条件改善、生态服务功能和环境效益提高的受益者,均应成为生态补偿的补偿主体。但在具体补偿责任的承担上,补偿主体的确定通常又分为两种不同的情形。第一种情形是明确界定对自然资源进行开发利用的企业、单位和个人是直接的受益者,由生态受益者作为补偿主体向生态环境保护者和建设者承担生态补偿责任。这一补偿主体的确定,其前提是生态环境资源有明确的产权划分,因而生态受益者和生态利益提供者可以据此进行明确的界定,例如河北省作为北京和天津的清洁水供应基地,在流域上下游之间开展的生态补偿,可以通过补偿主体和受偿主体之间"一对一交易"的模式进行,即通过相关利益者之间的协商谈判,确定由生态环境受益主体对生态环境保护和建设者进行直接补偿。

在受益者补偿原则下的具体补偿责任承担中还有另外一种情形,就是受益主体不明确或过于广泛而难以界定的情形。由于生态环境具有公共物品属性,就导致了在许多情况下生态环境保护和建设的受益者范围非常广泛,包括公民、组织、团体和环境良好地区,这取决于区域生态系统提供的服务数量和形式。如果此时仍然以受益者个体作为生态补偿的具体补偿义务承担主体,他们的普遍性使得受益主体与受偿主体之间不可能有直接的生态补偿,直接交易的成本巨大。因此在这种情形下,就应当找到属于广泛受益人群体的公共利益代表进行补偿。例如,长期以来河北省作为京津地区的生态屏障,北京市也从河北聚集了大量的生态要素,可以说京津地区的居民都是京津冀生态环境保护成果的受益者,而根据我国环境法律法规的相关规定,政府负有对辖区内增进经济发展和生态环境保护效益的主要责任,此时就应当由京津两地政府作为各自公共利益的代表,使政府部门成为承担具体生态补偿责任的主导力量,此时的政府在某种程度实际上是替代补偿主体。

此外,社会补偿也是生态补偿的一个重要来源,在京津冀生态补偿主体的界定中不能忽视社会力量的有效介入和其作用的发挥,应将企事业单位、民间组织、环保团体、民间基金会、志愿组织等都纳入生态补偿主体范畴,既可以在一定程度上促进政府对于公共利益和各种需求的满足,多元化的补偿主体也会对生态补偿网络构建发挥巨大的促进作用。但如果没有政府、企业和社会之间良好的协作,就无法发挥其各自的优势,并产生整合优势,甚至在有些情况下还会彼此制约,使原本能够发挥的作用受到削减。因此在京津冀生态补偿机制的构建中,必须弥补当前对于生态补偿主体及利益相关者责、权、利关系的界定空白,尽快完善立法并在其中明确界定相关利益主体的责任、义务、权利,使相关的责任归属能够有法可依。

二、受偿主体

(一)受偿主体的概念

生态补偿的受偿主体通常是指生态环境保护和建设者、生态产品和生态系统服务提供者,以及因其位于重要生态功能区而使个人利益受损或经济发展受限者,包括国家和国家机关、法人和其他社会组织以及自然人。它们依照法律规定或合同约定应当得到物质、资金、政策、技术等形式的补偿。在生态补偿法律关系中,受偿主体与补偿主体是相互对应的重要组成主体。只有在生态补偿法律关系中明确界定了补偿主体和受偿主体,才能推进生态补偿制度安排,实现对生态环境资源的保护和人们对生态环境价值的认识的提升,进而促进区域经济社会的可持续发展和社会生态文明的进步。

(二)具体受偿主体

生态补偿的受偿主体具体可以概括为以下几类:

1. 生态环境保护和建设者

作为生态补偿受偿主体的生态环境保护和建设者,指的是那些本身并不负有保护生态环境的强制性义务,但它们为保护和改善生态环境以及恢复和提高生态系统服务功能做出贡献,在自身利益减损的同时,创造和增进了公众的生态环境利益。例如,为了减少流域水资源污染,企业花费大量资金购买污水处理设施进行废水的深度处理。实践中还有许多环保组织在区域生态环境保护和建设中付出了大量的成本。根据生态补偿的基本原则,应当对那些实施了生态保护建设的群体给予生态补偿。将生态环境保护者和建设者纳入生态补偿的受偿主体范畴,体现了对生态环境保护和建设行为的激励和鼓励,也有助于更大程度上提高人们的生态环境保护意识,是生态补偿的应有之义。

2. 利益直接受损者

利益直接受损者是指当在生态环境资源的开发利用过程中污染了生态环境或破坏了生态系统功能时,与之相关的主体利益也遭受到损害,如矿产开发对草原生态系统带来的损害,严重影响了以草场为生的牧民的经济利益,就应该对此处的牧民进行补偿。在生态环境破坏和环境管理的过程中,利益相关者的利益可能会受到不同程度的损害,在这种情况下,他们应得到生态补偿。在京津冀区域生态补偿机制中,除了草原生态补偿外,受损补偿在流域生态补偿中也十分重要。根据现行环境法规和环境标准,环境污染损害仅适用于违法行为所造成的人身、财产和重大环境污染损害。当上游地区在法律规定的标准范围内排污时,下游地区的生态环境也会遭到功能破坏,其生态环境承载力也会受损。在许多情况下,还会产生来自污染源分布广泛、污染路径跨度广等方面的困难,使下游地区在追究上游地区的法律责任上难以举证,不利于下游地区的生态环境维护。因此,虽然政府监管与下游生态环境损害之间没有直接因果关系,但上游政府应当根据公平原则弥补下游地区的生态环境损失。它不仅保护下游地区的经济和环境利益,而且在减少污染和促进上游地区的产业结构调整方面也起着重要作用。

3.特别牺牲者

特别牺牲者,即失去发展机会者。生态系统是一个有机的整体,其功能维持取决于大气、海洋、土壤、森林等生命成分的良好运行。这其中的每一个组成部分,都是人们的共同财产,关乎人类共同利益。人类正确的做法就是坚持与自然和谐相处的发展观,并以此理念指导生态环境资源的利用活动。然而,事实上,有些人为了自己的利益而过度开发利用生态环境资源,造成生态环境污染和破坏,而另一些人就要为此特别牺牲原有的发展机会,以恢复和保护生态环境资源。此时,为保护和建设生态环境做出特殊牺牲的主体应该成为生态补偿的受偿主体。例如流域污染的直接受害者是流域生态补偿的主要受偿主体,但为了保护流域生态环境和用水安全,流域上游地区作为一个整体,放弃和牺牲了自身的经济发展,而且流域上游地区往往原本就是经济水平比较落后的地区。因此,流域上游地区应该成为受偿主体,为其因流域生态环境保护而丧失的经济发展机会成本获得补偿。

4.生态功能区的地方政府和居民

根据2008年《全国生态功能区划》,全国生态功能区包括三类生态功能一级区:生态调节功能区、产品提供功能区和人居保障功能区。基于不同生态功能区在保障国家生态安全方面的重要性,依据水源涵养、土壤保护、防风固沙、生物多样性保护、洪水调蓄这五类主导的生态调节功能,初步确定了50个重要生态功能服务区域,其中包含京津冀区域内的京津水源地水源涵养重要区和阴山北麓—浑善达克沙地防风固沙重要区。2011年《全国主体功能区规划》中国家层面的主体功能区战略提出优化开发、重点开发、限制开发和禁止开发四类开发模式。除了上述重要生态功能服务区外,河北省还有11个国家级自然保护区以及多处世界文化自然遗产、国家级风景名胜区、国家地质公园和森林公园,都属于禁止开发区域。根据规定,要对这些禁止开发区域实行强制性保护,减少和避免人为因素导致的生态环境干扰和破坏,以维护和强化区域内重要的生态系统服务功能。因此,作为对生态环境保护具有重要意义的地理单元,国家和地方对生态功能区设置了特殊的环境保护要求,其生态环境标准要高于非生态功能区,据此,在该区域范围内进行的自然资源开发利用和企业经济活动受到较多限制或禁止。这就导致处于重要生态功能区的居民在履行其所承担的保护区域生态环境、维持生态系统平衡的义务的同时,也在一定程度上被剥夺了发展自身经济的权利,损失了自身的发展权。以京津水源地水源涵养重要区为例,为保护京津水源地水质免受污染,保护生态系统功能价值不受损害,河北几乎停止了周边一切的生态环境资源开发和利用活动。再如,作为防风固沙重要区域内的天然林停伐禁运后,区域森林加工业遭受严重打击,许多企业被强行关闭,地方财政收入大大减少,连续引发的影响制约了区域经济社会的整体发展。居民就业机会也受到显著影响,生活水平大幅度下降。

因此,国家和相关受益主体应当对生态功能区的地方政府和居民给予相应的资金、实物、政策、技术等补偿。在具体的生态补偿实践中,生态功能区的受偿主体,实际上包含了上述生态环境保护和建设者、利益直接受损者和特别牺牲者,是一种基于特殊政策条件和特定范围的补偿,此时由于受偿主体较多,生态功能区的政府可以作为该区域的受偿代表,在接受生态补偿后将其公平合理地分配给区域内具体的受偿主体。

5.国家

国内外生态补偿实践表明,国家在生态补偿法律关系中发挥着关键作用,它既是生态补偿法律关系中的补偿主体,同时也可作为生态补偿法律关系中的受偿主体。许多国家的立法都规定了,任何开发利用自然环境资源的组织和个人,都负有义务向国家支付生态补偿费用,用于生态系统功能恢复和生态环境建设。根据我国法律规定,大多数自然资源及生态环境资源均属于国家所有,所以国家作为自然资源和生态环境的所有者,应当获得与其提供的生态系统服务相应的生态补偿。这种生态补偿主要以税收的形式存在。国家通过对自然资源征收各种税费,以筹集资金和促进生态环境建设和保护活动,同时保障其能够向社会和全体公民提供足额的生态产品和服务。

国家除了以自然资源及生态环境资源的所有者身份成为受偿主体之外,其受偿主体身份还具有特殊的含义,那就是作为生态环境利益的代表,接受对生态环境本身受损的直接补偿。这是因为,人与自然是一个有机的统一体,生态环境除了具有对于人类而言的工具价值,还具有其自身价值,即生态价值,生态补偿不仅是对人的利益的补偿,还要对生态环境本身进行补偿。而且,生态补偿中对不同主体利益的平衡最终都落在对人的补偿,这对改善生态环境质量的影响并不全面也不深入。因为此时的受偿主体无论是作为生态环境保护和建设者,还是环境资源开发的利益直接受损者,抑或是身处生态功能区或其他地方而为保护生态环境失去发展机会做出特别牺牲者,其接受的生态补偿都是基于公平正义的价值基础对其做出的事后补偿,即便这些主体得到了一定的补偿,但生态系统本身遭受的损害仍然客观存在。而且这些受偿主体接收到的生态补偿费用,也是以其受损利益为依据进行核算的,不足以支撑恢复和保护生态系统以及改善生态环境的巨额支出。所以通过给予受偿主体以生态补偿,对生态环境的改善作用是间接且有限的。因此,生态补偿还应注重对生态环境本身的直接补偿。但生态环境本身是一个抽象化的主体,这就要求我们在生态补偿机制设计中将其具体化。鉴于此,与政府在受益主体不明确或难以界定的情形时作为补偿主体相对应,政府及其职能部门也作为直接的环境利益受损者的代表,此时是受偿主体,其有权对开发利用自然资源情况知悉、调查及监督,接受环境资源开发利用者的补偿资金及其他补偿,依法管理和使用生态补偿资金,依法组织实施生态补偿工作。结合京津冀区域严峻的生态环境形势,在区域生态补偿的受偿主体界定中,不仅要明确对人的补偿,还要充分考虑对生态环境本身受损的直接补偿,制定直接针对生态环境作为受偿主体的补偿模式和标准,才能真正实现生态补偿带来的生态环境效益的明显改善。

三、京津冀生态补偿主体定位

生态补偿的有效实施必须以明确界定生态补偿法律关系主体为前提,区域生态补偿主体是区域生态补偿权责利的实际承担者,这就要从区域整体的角度考虑区域生态补偿的给付主体和受偿主体的定位。京津冀都市圈作为一个特殊的区域单元,基于北京、天津和河北不同的生态功能定位,决定着各自在区域生态补偿中不同的主体地位及其权利义务。换言之,在京津冀生态补偿中,京津冀三地在其主体功能定位的前提下,谁应该承担更多的补偿责任,谁应该更多地得到补偿。

首先,北京和天津因生态受益而得以优先发展,理应对提供生态产品和生态损耗的河北予以补偿。除了资金补偿外,北京承担相对较大的技术补偿和智力补偿责任。因为它是科技中心,拥有更加先进的科学技术,通过向京津冀提供新设备、新技术、新工艺,促进整个京津冀区域节能降耗,减少对自然资源的消耗和对生态系统的破坏。通过环保科技的提升促进京津冀区域的产业优化,生态环境的好转,也更有利于北京对生态环境的需求。天津作为京津冀区域对外的窗口,拥有与国际社会沟通的便利条件,可以为北京、天津争取更多由世界组织提供的生态补偿捐赠或无息贷款,并向北京和河北支付部分对外贸易利润,建立生态补偿专项基金。

河北作为北京天津生态资源的主要腹地,得到了北京和天津的资金扶持和技术支持,应该更加努力地朝着进一步降低资源消耗和环境污染的方向发展,既要增加生态补偿投入,也要完善生态补偿机制,加大生态环境污染治理力度,积极探索建立生态功能保护区,成立生态补偿专项基金并开展试点,使生态环境资源的开发利用符合生态环境价值。只有在省级层面建立健全和完善生态补偿机制,才能为京津冀区域生态补偿提供更加丰富和翔实的基础数据,进而有利于在京津冀区域生态补偿中明确生态补偿范围和标准等具体问题。

第二节 生态补偿方式

一、生态补偿方式的概念和分类

（一）概念

生态补偿方式指的是在生态补偿的法律关系中，补偿主体通过何种手段和途径对受偿主体进行生态补偿，实现受偿主体的经济利益和生态系统服务功能价值。在生态补偿机制中，生态补偿方式是生态补偿具体制度的实施方法和实现形式，解决生态补偿"如何补"这一问题。集中体现着生态补偿法律关系主体之间的权利义务关系。在我国目前的生态补偿立法与实践中，存在着多元化的补偿主体和多样性的补偿方式，在京津冀区域生态补偿机制的构建中，应充分借鉴和考虑不同生态补偿方式的补偿效果和意义，因时、因地做好生态补偿方式的选择和完善，以使京津冀区域生态补偿得以顺利实施，实现区域生态环境改善和协同可持续发展的目标。

（二）分类

1.根据生态补偿支付主体划分

根据支付主体的不同，可以将生态补偿方式分为国家补偿、区域补偿和产业补偿。国家补偿是以国家为生态补偿的支付主体，这种生态补偿方式主要存在于国家主导的大型生态补偿工程项目中。区域补偿是以行政区划为依据，在不同的区域之间进行的生态补偿，此时区域作为生态补偿的支付主体和请求权人，通过协商和谈判确定生态补偿。产业补偿是将从生态系统服务功能中受益的产业确定为支付主体，从其收益中提取一定比例的资金向生态系统服务提供者进行生态补偿。这种方式主要存在于相邻区域如上下游产业之间，例如退耕还草带来的生态环境改善，使畜牧业和特色农业发展产生可观的经济收益。

2.根据生态补偿的作用划分

根据生态补偿对于生态系统所产生的作用的不同，可以将其划分为"抑损性"生态补偿和"增益性"生态补偿。"抑损性"生态补偿以恢复和重建生态系统功能为目的，是对生态系统功能受损做出的事后补偿，其补偿主体是损害生态系统功能区域，受偿主体是生态系统服务功能受损区域。例如《江苏省长江水污染防治条例》第二十一条第二款规定，上游水域如果因控制不力导致重点水污染物排放总量超过控制指标，造成下游水域地表水（环境）功能区水质达不到规定标准且造成严重后果的，应该由有关人民政府进行适当的地区间补偿。"增益性"生态补偿以生态系统功能的增进为目的，针对生态环境保护和建设地区提升生态系统服务和生态效益的补偿，其补偿主体是生态系统服务功能受益地区,受偿主体是生态环境保护和建设地区。例如,北京每年向河北承德、张家口支付水土保持费和水源涵养林保护费,就属于"增益性"生态补偿。

3.根据生态补偿的受偿方向划分

根据生态补偿的受偿方向,可以将其分为纵向补偿和横向补偿。纵向补偿是上级政府对下级政府的补偿;横向补偿是不同地区间的生态补偿,包括流域上下游之间的生态补偿、生态恶化致损地区与受损地区之间的生态补偿、生态保护地区和受益地区之间的生态补偿、生态环境资源产品输出地区和输入地区之间的生态补偿等。[①] 此外,根据我国行政管理划分,横向生态补偿包括省级政府之间的补偿,如河北省承德地区每年提供给北京和天津清洁水源,通过省级区域之间的自愿协商,河北省丰宁县每年接受来自北京和天津的补偿。同样,省域内跨市级政府之间的生态补偿,如福建省九龙江流域下游的厦门市、闽江下游的福州市每年支付的补偿资金,用于上游地区的生态环境治理;市域内跨县级生态补偿,如浙江省"异地开发生态补偿";县域内跨乡镇级生态补偿,如浙江省湖州市德清县对县西部地区的生态补偿金制度,都属于横向生态补偿。

4.根据生态补偿的支付形式划分

根据生态补偿的支付形式,可以分为以下生态补偿方式:一是货币补偿,这是最常见、最直接、最便捷的生态补偿方式。通过政府部门以货币形式直接向受偿主体支付恢复和重建生态系统的成本费用,以补偿生态环境保护和建设中受损者的损失,一般形式包括财政转移支付、补偿金、现金补助、补贴、贴息和加速折旧等。二是实物补偿,是以土地、粮食等生产生活要素作为补偿载体,由补偿主体向受偿主体支付一定数量的有形物质进行补偿,以提高受偿主体的生产能力或生活条件。三是政策补偿,主要是通过制定政策并使受偿主体在政策范围内享受一定的优惠待遇,主要反映为上级政府给予下级政府优惠贷款、减免税收、提供援助等形式,使受偿地区管辖范围内的受偿主体获得补偿。四是智力补偿,是指向受偿主体提供技术咨询、技术指导、技术培训等服务,提高受偿主体的生产技能和管理水平。五是项目补偿,是指以工程项目开发或建设等方式由补偿主体对受偿主体进行补偿,如生态移民、异地开发等。

5.依据生态补偿的资金来源划分

依据生态补偿资金来源的不同,主要分为政府主导型和市场调节型两类生态补偿方式,其中市场调节型生态补偿方式还可细分为自组织的私人交易、开放的市场交易、生态标识等不同形式。政府主导型生态补偿是一种国家财政补偿,由政府作为补偿主体向受偿主体直接支付生态补偿费用。政府主导型生态补偿在各国的生态补偿实践

---

① 吕忠梅.环境法原理[M].上海:复旦大学出版社,2007:403.

中最为普遍,涵盖了土地保护、森林水土保持、生物多样性、水资源保护等许多领域的生态补偿,如上文所述墨西哥的森林生态补偿项目、美国的"保护性储备计划"等。中国的退耕还林工程、天然林保护工程等也是典型的政府主导型生态补偿方式。市场调节型生态补偿方式更加注重发挥市场机制的调控作用,多是受益者补偿原则的体现,通过生态受益区域和生态环境保护和建设区域之间的协商,达成由生态受益区域直接给予生态环境保护和建设区域相关主体利益补偿,如跨流域水权交易,从而实现社会公平的一种市场激励式补偿。[①] 目前较为成熟的市场机制补偿方式主要包括自组织的私人交易(如纽约市清洁供水案例)、开放的市场交易(如哥斯达黎加"温室气体抵消单位"交易)、生态认证/标识(如欧盟的"贴花产品")等形式。

二、我国现行的生态补偿方式及其问题

(一)概述

从生态补偿的支付形式来看,我国现行生态补偿相关立法中的生态补偿方式主要包括资金补偿、实物补偿和政策补偿,智力补偿相对较少(见表5-2)。

表5-2 我国部分法律法规中关于生态补偿方式的规定

名称和相关条款	补偿方式
《环境保护法》第三十一条	财政转移支付、生态保护补偿资金
《水污染防治法》第八条	财政转移支付等方式
《防沙治沙法》第二十五条	政策优惠
《防沙治沙法》第三十三条	资金补助、财政贴息以及税费减免等政策优惠
《防沙治沙法》第三十五条	经济补偿
《农业法》第六十二、六十三条	补助
《草原法》第三十五条	粮食和资金补助
《草原法》四十八条	粮食、现金、草种费补助
《森林法》第八条	森林生态效益补偿
《野生动物保护法》第十九条	补偿、补助
《退耕还林条例》第四十五条	补助
《退耕还林条例》第四十九条	税收优惠、补助
《自然保护区条例》第二十三条	资金补助

从生态补偿的资金来源来看,在我国生态补偿中,政府主导型生态补偿占明显多

---

① 李爱年.生态效益补偿法律制度研究[M].北京:中国法制出版社,2008:153.

数,市场主导性补偿占比较小,其他类型的补偿更加鲜见。由于政府具有生态补偿的组织者和管理者身份,成为生态补偿的重要责任主体,因此,政府主导型生态补偿模式也成为国内外实践中最为普遍的补偿方式。例如,美国大范围的保护区计划和纽约的流域管理计划,都是通过政府提供补贴的方式,使农场主积极改善水质和保护生态环境;法国、马来西亚等国家的林业基金中,国家财政拨款是其大部分基金来源;德国的生态补偿是由政府大比重出资购买生态效益。政府主导型生态补偿同样是我国目前最主要的生态补偿方式。

市场是优化资源合理配置的重要手段,市场主导下的生态补偿是市场交易主体在法律法规的规定范围内,采用经济手段改善生态环境的补偿方式。较之政府主导型生态补偿,市场主导型生态补偿的交易成本低、适用范围广、市场化程度高。在我国的生态补偿实践中,也出现了一些市场主导型生态补偿领域,如碳排放权交易、异地开发、流域上下游之间的水权交易等。从国外对生态补偿实践来看,市场由于为生态保护提供资金和建立长效保护补偿机制,往往能够发挥更有效的作用。正确处理市场和政府的关系,充分发挥政府与市场两方面的作用是生态补偿的关键。例如,在一些重要生态功能区的生态补偿中,政府处于主导地位,但这并不影响市场参与机制和利益相关者协商的引入。适当的链接提供了政府支付政策的有效性和长期有效性。又如,市场机制可以在领域上下游生态补偿中发挥主导作用,但并不排除政府在完善制度和培育市场方面的作用,特别是对于市场交易的监管职能。就像在美国的耕地保护性储备计划中,虽然政府是购买生态服务的主体,然而,通过将市场竞争机制引入政府租金水平调整,使租金最终能够适应当地的自然条件,提高农民的接受水平,这对实现项目目标大有帮助。同样,在市场贸易、一对一交易和生态标签体系中,政府的监督和指导作用也不容忽视。

此外,公共支出不一定以政府购买的形式出现,也可以通过多种方式实现,例如,通过其他代表公共利益的机构。事实上,社会团体和公众的参与也是国家治理的有力补充。在生态补偿的机制构建和制度建设中,应该更多更好地鼓励社会的广泛参与。

(二)政府主导型生态补偿

政府补偿即国家补偿,政府是生态环境保护和建设以及生态补偿制度安排的执行和监督主体。政府主导型生态补偿以国家公权力为基础,由政府作为补偿主体,以资金补偿、实物补偿、智力补偿为手段。一个国家的财政政策是管理整个社会的重要经济手段。它通过刺激经济利益来改变地区和社会发展模式。在我国目前的财政体制中,财政转移支付体系和专门的生态补偿基金在建立生态补偿机制方面发挥了重要作用。

1.财政转移支付制度

转移支付是源自西方经济学上的一个概念,其制度目标有四:一是修正联邦各级政府支出的外部影响,提高财政决策的效率;二是在区域或地方政府之间重新分配资源;三是用一种税制结构代替另一种税制结构;四是作为国家和地方当局的宏观经济稳定机制。事实上,该地区公共服务的差距不太可能通过流动性机制自动解决,政府之间的财政转移支付存在于市场经济条件下,可以弥补政府之间的财政失衡,并鼓励各级政府在支出和收入基础上进行区域分工的效率。因此,财政转移是根据各级公共服务预算能力差异引入的财政融资或财政平衡制度。据此,财政转移支付指以各级政府之间所存在的财政能力差异为基础,以实现各地公共服务的均等化为主旨而实行的一种财政资金或财政平衡制度。自 1999 年底以来,中国投入了数千亿美元开发大型森林。2001 年,财政部和国家林业局宣布在 11 个省区开展试点项目,每年投入数百亿元实施森林生态补偿,范围覆盖 2 亿亩重点防护林和特种用途林。这意味着森林生态补偿正式纳入国家预算体系,成为可持续和稳定的财政支出。与此同时,森林生态环境服务有偿使用也意味着我国森林生态补偿制度建成。纵向生态补偿转移是中央政府通过财政转移支付提供的最直接和最普遍的生态补偿方式,我国退耕还林还草、天然林保护等重要项目,都是中央政府为了促进基本公共服务均等化而进行的以财政转移支付的方式纵向重新分配,在财力薄弱的地区加强区域的协调发展潜力。

与此同时,各级地方政府也尝试开展了横向财政转移支付的生态补偿实践探索,以激励区域主体对于生态环境保护和建设的积极性。1998 年,广东省颁布《生态公益林建设管理和效益补偿办法》,这被认为是我国最早出现的较为系统的对于森林生态补偿的地方性立法,其中第七条规定了政府对生态公益林经营后的经济损失给予补助。2004 年浙江省提出的《生态建设财政激励机制暂行办法》制定了一系列激励手段,将生态补偿与政府绩效和生态建设相联系,如财力补贴、环境整治与保护补助、生态公益林补助和生态省建设目标责任考核奖励等。

横向财政转移支付制度的核心要素是将部分资金从经济发达地区转移到不发达地区或贫穷地区,以便在与生态系统服务密切相关的地区建立市场环境服务交换关系,以提高资源分配效率。这是我国目前最直接、最行之有效的生态补偿方式。由于纵向转移支付主要旨在平衡各区域财政收入能力的差异,它显示了公平分配的功能,却很少考虑到诸如效率和资源分配优化等监管目标。这样,生态补偿的责任完全由中央政府承担,显然不符合生态补偿的基本原则,也不利于激发地方一级参与生态补偿和生态环境保护和建设的积极性。与此同时,有限的资金被分散到各地区,这可能导致资金的效率低下和浪费。实践表明,集中的中央财政投资很难解决区域生态系统服务补偿问题,而创造区域生态补偿将使地方政府合理地分担环境保护和建设成本,国内外的相关经验对促进地方生态补偿实践具有实际参考意义。因此,区域生态补偿主要应由地方政府通过预算直接拨款提供,以确保稳定可靠的资金来源。同时加大财政转移支付的调控力度,通过横向支付的方式促进地方政府之间的相互协作。横向支付制度设计的关键是参数和标准。转移支付由受益地区的政府按年度提供。地方政府应将生态补偿资金纳入国民经济收支体系,其数额可以根据 GDP 总值、人均 GDP、绿色 GDP、人口密度等一系列指标综合确定。这种转移支付可以由同级区域的共同上级政府管理和监督资金使用情况,包括建立专门的监管机构和专门的管理机构来管理和监督资金。

2.生态补偿专项基金

基金收入在财政收入中所占的份额每年都在上升。现有的生态补偿基金主要由中央财政拨款给生态环境保护和建设项目的专门基金组成。在生态补偿实践中,专项基金已经成为政府各部门开展生态补偿的一种重要形式。设立专门基金可以通过提供财政补贴和技术援助的方式,促进环境保护和建设。例如,2003 年的《农村沼气建设国债项目管理办法(试行)》针对农村新能源建设规定了对农村沼气建设项目进行补贴;2009 年的《中央财政森林生态效益补偿基金管理办法》针对生态公益林补偿规定了资金来源于各级财政预算;2009 年的《中央财政小型农田水利设施建设和国家水土保持重点建设工程补助专项资金管理办法》将"小型农田水利和水土保持专项资金"纳入国家预算,用于补贴、扶持农村发展小型农田水利、防治水土流失、建设小水电站和抗旱等。

生态补偿专项基金最大的优点在于,它可以将不同的资金与生态补偿目标结合起来,为生态补偿提供持续的资金来源。此外,集中使用专项基金可以纠正某些生态补偿的不足,提高生态补偿效果和生态补偿资金使用效率。鉴于此,生态补偿专项基金不仅可以在各部门针对某一特定领域设立,也可以适度整合多部门的专项补助资金,同时可以来自非政府机构或个人的捐赠,以扩大资金收入来源,为生态补偿与生态建设建立跨部门跨领域的专项基金,并严格审核基金的使用范围和使用方式。同样,地方政府也可以以中央为参照,结合本地实际建立与之相适应的地方生态补偿专项基金,资金来源可以扩大到企业、社会组织和个人,使社会上可以利用吸纳的资金与受益地区的补偿资金共同投入生态环境治理之中,这样就可以充分发挥生态补偿基金的灵活优势和规模优势,使基金成为连接区域合作的桥梁,以解决地方政府之间由于环境问题外部性而出现的矛盾,保证生态环境治理项目的顺利运行,维护区域共同利益。与此同时,区域主体风险共担、利益共享的原则也得到了体现,以确保生态补偿的公平性。

(三)市场补偿主要模式

市场补偿模式是指生态补偿法律关系主体参照政策法规的相关要求,由生态产品和生态服务受益者通过支付资金等方式,补偿生态成品和生态系统服务提供者或利益受损者,从而确保补偿主体能够获取其需要的生态产品和生态系统服务,同时受偿主体因其生态环境保护和建设行为而获得补偿。

我国生态补偿的市场手段主要有生态税费制度和市场交易模式。

1. 生态税费制度

从生态经济学的角度来看,生态税费是贯彻生态环境资源有偿使用的理念,对生态环境资源定价,及对发展造成的生态环境损害征收外部成本。生态环境税费的主要目标是减少污染和环境损害、促进环境保护,而不是创造收入。生态税收制度和财政政策的结合可以彻底改变市场信号,从而成为最有效的生态补偿手段之一。

(1) 生态补偿费

我国的环境立法中,"生态补偿"与各种自然资源的开发利用和保护管理密切相关,包括不同的资源成本、环境管理、保护治理,以不同的方式反映出生态补偿的性质。在实践中通常可以分为四类,即资源开发使用费、生态补偿费、生态保护管理费和制裁性补偿收费。

①资源开发使用费。资源开发使用费用包括个人或单位在自然资源的直接开发和使用中支付的费用,如土地使用费、水资源费。资源开发费用根据使用自然资源的成本而收费,与人力劳动和管理投资无关。因此,费用标准也根据环境资源的数量、面积和稀缺程度、使用及获利程度来确定。资源开发使用费是否具有生态补偿性,取决于它是否被用来保护和管理环境资源的生态服务。例如,《浙江省水资源管理条例》第三十一条第二款规定了水资源费应当用于对生态环境的保护及水资源保护、管理和节约用水工作,就说明了这里的水资源费具有生态补偿的性质。

②生态补偿费。生态补偿费是向生态环境资源开发利用者征收的旨在恢复和更新生态环境资源的减损而收取的费用,如森林生态效益补偿金、森林植被恢复费、矿产资源补偿费。收取生态补偿费是以生态环境资源的生态价值为基础的,因此这类费用的征收标准多由恢复和更新所减损的生态环境资源的实际费用来确定,但通常也包括部分开发利用生态环境资源的获益,因为生态环境资源的开发利用不仅包括生态环境资源的使用成本,也包括环境资源生态价值的减损等。

③生态保护管理费。生态保护管理费是对生态环境资源的培育、维护和管理收取一定的费用,其征收对象是生态环境资源的开发利用者,如河道工程修建维护费、自然保护区保护管理费、渔业资源增殖保护费等。虽然生态保护管理费与开发使用费一样具有弥补自然环境资源减损的补偿性质,但开发使用费主要体现的是对于生态环境资源本身价值的补偿,而生态保护管理费着眼于弥补国家或有关单位为保护和管理自然资源所付出的成本。

④制裁性补偿收费。制裁性收费针对在生态环境资源开发利用过程中违反规定的行为主体征收的带有制裁性质的费用。例如根据《土地管理法》等有关规定,已经办理审批手续的非农业建设占用耕地,一年以上未动工建设的,应当按照规定缴纳耕

闲置费。又如《森林法》中规定了对滥伐森林或者其他林木者,责令补种滥伐株数5倍的树木的要求,如果责任者拒不补种树木或者补种不符合国家有关规定,则由林业主管部门依法组织代为补种,所需费用由责任者承担。

(2)生态税

生态税是基于市场手段的环境规制政策,既是一种资金配置手段,也是一种经济激励措施。生态税的征收其根本目的并不是为了增加政府的财政收入,而是在于通过征税改变纳税人的行为,将外部性纳入外部性生产者的决策之中,刺激保护生态环境的行为、减少和遏制污染和损害生态环境的行为。世界环境保护的发展实践证明,生态税可以通过将税收制度和相关征收的有效性与生态目的相关联,以引导纳税人向有利于生态的方向发展,使环境污染外部成本实现内部化,从而改善生态环境质量,有效控制污染。在发达国家的生态补偿实践中,较为典型的主要有能源税、开采税、燃料税、大气污染税、水污染税、噪音税、固体废物税和垃圾税等。总体上呈现出资源税与环境税共同组成的生态税收体系。数据显示,在经合组织国家中,实施生态税政策低于十年的国家废气排放量下降了6.02%,高于十年国家的废气排放量下降了13.08%。这充分证明了生态环境税是改善生态环境质量的有效手段。

①资源税

资源税对生态环境保护的作用主要体现在保护和促进资源的合理开发利用上,其征收目的在于通过提高资源成本,来提高资源的开采利用效率。资源税的征收既体现了生态环境资源的价值,又能够通过生态环境资源的价格变化来引导经济发展模式向生态补偿目的靠拢,以提高生态补偿的效率,最大限度地发挥其生态补偿功能。

2019年8月26日,《中华人民共和国资源税法》通过,这是我国首部资源税法,在现行资源税制度的基础上进行了调整完善,并将之上升为法律高度。首先,该法改变了以往"列举加补充确定"的方式,以正列举的方式统一规范了税目,将所有的应征税的资源产品逐一列明,并且扩大了资源税的征收范围,列名的税目从30多种主要资源增加至164个品目,将目前已经发现的所有矿种和盐几乎全部纳入。其次,该法继续采用将税率归类为固定税率和幅度税率两类,将税率调整与资源税和生态环境成本、资源开发的替代成本及生态补偿成本等因素相结合。再次,该法规范了税收减免的优惠政策,特别是提出对有利于资源节约和生态环境保护的情形免征或减征资源税。税收优惠作为一种事前鼓励性措施,对于增强市场主体参与生态环境保护,提高生态补偿机制的运行效率,具有重要的促进作用。

②环境保护税

《中华人民共和国环境保护税法》于2018年1月1日起施行,自此环境保护税正式开征,纳税人明确为"直接向环境排放应税污染物的企业事业单位和其他生产经营者",应税污染物包括大气污染物、水污染物、固体废物和噪声。该法明确规定了应税污染物的计税依据和应纳税额,并专章规定了税收减免,同时环境保护税专款专用制度能够将环境保护税款用于环境项目建设上,为生态补偿提供长期、稳定的资金来源。

尽管环境保护税和资源税都具有生态补偿的性质,但它们仍有诸多不同,主要体现在:第一,征收的主要目的不同。资源税的征收主要是为了弥补矿产资源开采利用造成的经济价值的减损,即资源耗竭的程度;而环境保护税具有天然的生态补偿功能,有助于实现环境负外部性的内部化,发挥其分配资源和行为矫正的双重功能,在筹集充足的生态补偿资金的同时,积极引导企业和消费者的生态补偿行为,促使他们更主动地采用清洁生产和环保生活方式,实现更好的生态补偿效果。第二,税收的用途不同。资源税的税收收入并非专项用于生态环境修复;而环境保护税的征收无疑将有效破解"企业污染、群众受害、政府买单"的困局,促使纳税人加大环境保护建设投入,促进有关行业产业的发展,如生态环境损害鉴定评估、生态环境修复等,直接用于实现生态环境权益的保护目标。

2.市场交易模式

市场交易模式主要是指以生态环境资源的使用权、生态系统服务功能和环境污染治理的绩效或配额等为交易对象的产权交易市场。通过发挥市场在资源配置中的基础性作用,实现资源的优化配置和可持续发展。我国现行产权交易主要包括排污权交易和水权交易,同时还包括在碳汇交易方面的一些实践。

(1)排污权交易模式

排污权交易是一种建立在市场基础之上通过经济刺激促进环境保护的方式。在各国实践中,排污权交易已经在空气污染控制、水资源管理、水污染控制、土地资源控制等领域得到广泛应用,成了一种解决公共产品分配的重要手段。在实践过程中,这种模式细化为了许多具体形式,如排放交易(Emission Trading)、排污许可交易(Allowance Trading)、可交易许可证(Tradable Permit)、可转让许可证(Transferable Permit)等,其核心都是通过明确污染权或环境使用权等产权结构,并允许这些产权在专门市场上交易,达到有效配置稀缺环境资源的目的。具体而言,排污权交易指的是在保持一定区域污染物排放总量不变的前提下,通过颁发许可证并允许排放指标在市场上交易的方式,对排放总量进行分配。20世纪80年代以来,我国在多个城市开展了涉及水污染物、大气污染物以及生产配额等方面的排污交易试点,建立了含有排污交易相关规定的法律法规。

①水污染物排污权交易。1987年,上海钢铁十厂在闵行区设立合资工厂,以4万元的价格购买了塘湾电镀厂10吨污水的排污权。这是我国第一例水污染物排放权交易。此后,越来越多的水污染排污权交易实践证明,该方法不仅有效地解决了一些企业所面临的减排指标不足的问题,也有助于解决地区污染预防投入不足的问题,实现污染物排放的总量控制。

②大气污染物排污权交易。大气污染物排污权交易以排污许可证制度和污染物总量控制制度为基础,并从污染物的浓度控制转变为浓度和总量控制相结合。1999年中美签署协议,在中国开展了一项名为"运用市场机制减少二氧化硫排放研究"的联合项目。该项目在辽宁省本溪市和江苏省南通市进行试点。本溪市起草了地方性法规——《本溪市大气污染排放总量控制管理条例》,确立了总量控制的法律依据,明确了排污权交易作为实现总量控制的一种手段。2002年5月,江苏南通成功启动了我国首例二氧化硫排放权交易。2003年,太仓市和南京市首次全面实现了首例企业间"指标分配、颁发许可证、排污交易、交易监督监测"的跨行政区域交易中核心步骤。

(2)水权交易模式

水权交易主要存在于流域及其上下游地区之间,是指当上游地区通过采取一系列节水措施使其分配到的初始水量未用尽,继而使上游地区的出境水量高于上级政府的规定值时,下游地区要根据利用水量数额,为其超出部分的水量支付使用费用。这相当于向上游地区购买水权。在实践中,水权交易的谈判协商和水权管理主要由政府完成,因此水权交易是一种典型的政府主导下的环境产权交易。由于水资源的质量和数量与区域生态环境直接相关,水权交易可以促进优化水资源配置,提高水资源的使用效率,也体现出生态环境保护的价值。因此水权交易是实施生态补偿的重要市场手段之一。近年来,我国在流域生态环境保护中引入了水量分配制度和取水许可制度,基本构成了水权交易制度的基础。在水权交易实践中,根据水权的分配方式,我国的水权交易主要有流域上下游交易、跨流域交易、跨行业交易等不同形式。

①流域上下游水权交易。这一类型的交易常见有三种情形:第一种情形是,上游地区为下游地区有偿提供节约的水资源,实现水资源的优化配置;第二种情形是,下游地区从上游地区引用优质水,并向上游地区做出补偿;第三种情形是,上游地区采取措施保护水质,以确保向下游地区提供高质量的水资源,下游地区为其受益部分向上游地区做出补偿。

②跨流域水权交易。在跨流域水权交易中,一个典型案例是浙江省义乌市与东阳市之间通过签订永久性使用权协议,进行水权交易。另一个案例是慈溪与绍兴间,由两个企业法人签订有限期使用权协议,开展水权交易。这两例交易都是通过跨流域的水权交易方式,降低补偿主体获取水资源的成本,提高受偿主体高于其节水成本的经济效益,从而既实现了交易主体的共赢,也促进了良好的区域环境治理效果。因而这两例实践作为区域资源共享和区域环境合作的有益探索,为区域间生态补偿提供了可供借鉴的经验。

③跨行业水权交易。2003年,黄河水利委员会、内蒙古自治区和宁夏回族自治区的水行政主管部门对黄河干流水权转换进行了试点。具体方案是宁夏青铜峡河东灌区和河西灌区通过节水改造,把节约的水量有偿转让给大坝电厂(三期)和马莲台电

厂;内蒙古通过对橙口扬水灌区(后更换为杭锦灌域)的节水改造,把节约的水量有偿转让给达拉特电厂四期扩建工程。同时,在实践过程中,黄河水利委员会于2004年出台了《黄河水权转换管理实施办法(试行)》,明确规定了水权转换审批权限和程序、技术文件的编制、水权转换期限与费用、组织实施与监督管理等。宁夏回族自治区和内蒙古自治区通过投资节水、转让水权的方式,将农业用水权转让给火电厂,成为水权理论在中国跨行业、大规模配置水资源的首例实践。

3. 碳汇交易

碳汇交易是以温室气体排放权的交换形式解决污染问题的市场方式。所谓碳汇,是指从空气中清除二氧化碳的过程、活动和机制。世界范围内的碳汇交易,是基于《联合国气候变化框架公约》及其《京都议定书》的规定,由法律创设出来的一种拟制交易。它通过技术拟制和法律拟制,将不能构成一般法律交易标的的气体环境容量资源引入拟制交易的环节中,从而创设了一个无形物品的交易市场。联合国应对气候变化立法将碳汇交易纳入《京都议定书》"清洁发展机制"中。2001年,《京都议定书》各缔约国在摩纳哥又签订协议,规定造林和再造林作为合格的清洁发展项目,允许发达国家通过在发展中国家实施林业碳汇项目,来抵消其部分温室气体排放量。这项规定为发展中国家在国际市场上出售森林碳汇生态服务创造了条件。例如哥斯达黎加成功建立了森林碳汇市场,向挪威、荷兰等工业化国家出售碳汇生态环境服务。2002年,世界银行成立了一个社区发展碳基金(CDCF),以促进社区、小型项目和发展中国家农村参与森林碳汇市场。2003年世界银行又建立了生物碳基金(BCF),进一步拓宽了碳汇交易的内容和范围。碳汇交易机制及实践证明,森林的生态系统服务价值可以通过市场手段实现补偿,从而使森林生态系统服务的正外部性内部化。这为生态补偿的市场化提供了有益借鉴。河北省丰宁满族自治县千松坝林场的碳汇交易是首例京冀跨区域碳汇交易,也标志着全国跨区域碳汇交易零的突破。千松坝林场从2006年开始正式启动碳汇林建设,项目区位于丰宁大滩镇,这里是京津水源涵养功能的核心区。2014年,北京与承德签署了区域合作框架协议,丰宁开始申请核证碳减排量,并加入碳汇造林项目。实践中,该项目在固碳释氧、净化空气、涵养水源、保持水土、调节区域气候、防风固沙、保护生物多样性等多个领域都发挥了重要作用。截至2019年底,千松坝林场共完成造林116.09万亩,减少了近150万亩的荒漠化。2014年年底,眉州东坡餐饮管理(北京)有限公司购买了1,550吨碳排放权指标,以抵消当年门店经营产生的碳排放量。这是首例全国跨区域碳排放权交易,该交易的收益一部分用于林场项目维护以及新造林,另一部分则在林地所有者之间进行分配,其中60%用于补偿当地农民、林场、牧场。丰宁碳汇交易在碳汇市场建设和生态补偿上成为三项第一:在全国层面,这是第一例全国跨区域碳汇交易;在省级层面,这是河北省第一例利用市场化手段推动生态补偿的交易;在地级层面,这是承德市第一例碳汇造林收益实践。事实证明,

从试点带动到区域协同,碳排放权交易将在优化资源要素配置方面发挥越来越重要的作用

(四)其他生态补偿方式

1.智力补偿

智力补偿指的是补偿主体向受偿主体无偿提供技术指导和咨询,以帮助其获得补偿或为关技术和管理人才提供培训,以提高其生产技能和技术和管理水平。因此智力补偿更主要是一种技术扶持的生态补偿方式,较之于资金补偿和实物补偿更长远、稳定和可持续,有助于从根本上解决受偿主体的生存与可持续发展问题。这也是国外生态补偿实践中普遍运用智力补偿作为政府干预下生态补偿的主要途径的原因。而且在这些实践中,智力补偿在各种具体的生态补偿手段的综合运用时的占比也相对较高,特别是在区域生态补偿中,专业教育以及专家技术支持等补偿方式往往在覆盖全区域的范围内予以实施推广。

2.民间补偿

民间补偿主要是依据补偿主体进行的一种补偿方式的划分,相比于其他生态补偿方式而言,民间补偿的主体并非是与补偿对象存在利益相关者,而是出于强烈的生态环境保护意识和意愿,通过资金或实物等补偿手段开展的生态补偿。民间补偿在实践中的一种主要方式是非政府组织参与模式。这种模式与前两种生态补偿模式完全不同,既不是政府的强制干预,也不是限制所有权的市场交易。非政府组织主要通过生态环境保护倡导者促进和组织生态补偿。非政府组织参与生态补偿具有重大的财政优势和组织优势。它不是以行政权力为行使手段,更多的是关注保护弱势群体,使受偿主体更容易接受其提出的建议。

因此,在区域生态补偿中,应鼓励多种形式的民间生态补偿,通过向支持者和组织者提供经济或物质补偿来促进区域间生态补偿。此外,由于生态保护具有很强的公益性,社会捐赠也是比较常见的一种民间补偿方式。例如,建立环境保护慈善组织,设立生态补偿慈善基金,接受来自不同社会阶层和相关组织的捐赠。随着公众生态环境保护意识的不断提高,生态环保捐赠和公众募集都将成为生态保护补偿资金来源的重要方式。

3.重大工程生态补偿

重大工程生态补偿实际上是一种综合性的生态补偿方式,其基础是建立在国家或地区重大工程项目之上的生态补偿,如三江源生态补偿机制。这种生态补偿的主要特点是依据系统性原则,各项生态补偿政策和手段必须相互关联才能够发挥最大的功用。因为对于重大工程项目来说,其具有项目区域范围广、投资规模大、建设期限长的显著特点,这其中往往涉及不同行业和部门的政策制定,容易导致政策相悖无法实施,

就会出现生态补偿资金散乱导致的多头补偿、重复补偿现象。因此重大工程生态补偿机制是一种具有统筹性和综合性的生态补偿方式,它从形式上来看包括了资金补偿、实物补偿、智力补偿等多种生态补偿方式,但它更注重强调多元性补偿的系统规划,例如将生态补偿资金纳入统一的专门管理机构进行分配,纳入预算管理,做到集约利用、专款专用。近年来,中国政府主导实施了天然林保护、退耕还林还草、"三北"防护林建设和京津风沙源治理等重大生态建设工程,使项目区的生态环境状况有了较大的改善。而且,工程项目成果充分表明,通过对重大生态建设工程项目区提供资金、物资和技术等多元化的生态补偿,极大促进了项目区生态环境质量的提升和地区经济与生态的可持续发展。

(五)现行生态补偿方式中存在的问题

从我国当前关于生态补偿的立法和实践来看,政府主导的生态补偿仍然是目前支付生态环境服务的主要方式,补偿的形式上占比重最大的是资金补偿,其次是实物补偿,再次是政策补偿。然而,这种政府主导的生态补偿模式在实践中也显现出明显的弊端和不足。

首先,生态补偿资金主要来自政府的财政资金,其中以中央财政转移支付为主,地方投入较少。由于生态补偿的区域分布较广,而国家财政资金投入有限,分散到各个生态补偿地区,就可能导致资金的低效使用。而且,区域发展权以及损失的发展机会成本和生态成本难以量化。例如,曾有学者对农户土地退耕机会成本进行估算,结果显示,陕西省样本地块退耕前每亩净收益平均为43元,而甘肃省样本退耕地块和四川省样本退耕地块平均净收益分别为142元和191元。然而,国家往往采用单一的支付标准来购买生态系统服务,难以保障生态补偿的持续进行。

其次,国内外已有的补偿政策大多立足于某一类生态要素或为实现特定的生态目标而设计,还没有形成综合性的补偿政策。例如我国的退耕还林工程,尽管包含了生态环境保护和建设的目标,但也含有其他政策初衷,如解决粮食库存压力、农民收入增长停滞问题、国有粮食企业巨额亏损挂账问题等。同样的类似问题也存在于美国的土地休耕计划中。尽管该计划制定了最高补偿标准(MARR),但执行者很难评估每一块休耕土地的机会成本,在大多数的买卖合同中,政府均以最高支付标准补偿土地。这就导致那些机会成本远低于最高补偿标准的农场主获得了意想不到的利益,而那些适宜于休耕的农场土地由于其机会成本高于最高补偿标准,被排除在土地休耕计划之外。

再次,补偿方式无论从生态补偿的单个领域还是使用频率来看,都较为单一,缺少多种补偿方式的组合。中央财政每年用于生态补偿的资金有限。而市场机制下的生态补偿是合理和资源配置的重要工具,即根据国家法律和法规以及改善环境的经济手段,通过市场交易开展生态补偿。市场补偿具有低成本、广应用的特点,被应用于我国的生态补偿实践中,如碳汇排污权的上市交易、异地开发、小流域上下游之间的水权交易等,但目前只是生态补偿机制的一小部分,其应有作用尚未得到很好的发挥。从现实来看,政府的财政资金投入与广泛的生态补偿区域范围相比,实属杯水车薪。如果不能有效地发挥市场在生态补偿中的作用,生态补偿的资金压力会越来越大。

而且,基于生态环境保护的公益性特点,对于生态补偿而言,充分调动和发挥包括政府、企业、社会组织和公众在内的环保积极性和责任意识,远比资金投入的效果更为显著和持久。因此,要通过生态补偿权责利的确定形成利益共同体,共同承担生态环境保护成本,才能更好地实现生态补偿的目的。

三、京津冀生态补偿方式的选择与完善

(一)生态补偿方式选择的一般原则

生态补偿方式是生态补偿机制构建中的重要环节,是生态补偿从理论到实践的桥梁,也是生态补偿制度发挥作用的手段与途径。我国目前的生态补偿机制主要由政府出资。从市场经济的角度来看,政府应该是生态补偿机制的倡导者和推动者,而不是承包者。生态补偿机制必须由生态环境利益相关者共同建立,成为生态产品和生态系统服务提供者与购买者和享受者之间的长效机制。由于生态系统的复杂性,生态补偿目标的实现不能仅从单一的生态要素出发,而是要设计和建立一个综合性的生态补偿模型,以维护和增进整个生态系统价值。

从我国生态补偿实践来看,目前主要有三种生态补偿模式,分别是:以财政转移支付为基础的政府主导模式,以产权为基础的市场交易模式和以非政府组织为代表的民间补偿模式。这三种模式都有各自显著的特征,也有基于其特征的适宜适用情形。在经济发达且政府财政能力较强的地区,财政转移支付的政府主导模式较为适用;在生态服务的产出方和消费方人数较为明确,并且二者之间有着清晰的利益关系时,市场交易的模式比较适合;在关注弱势群体的利益保护,弥补政府与市场的不足时,民间补偿模式可以有效发挥其独特的灵活性和中立性,推进生态补偿成功实施。

随着我国生态补偿理论和实践的发展,政府行政管制方式的局限性越来越明显,然而,鉴于我国目前尚不成熟的市场机制,区域生态补偿仍应坚持以政策手段为主,市场手段和其他补偿方式为辅。事实上,由于不同地区的地理位置差异,使它们在资源禀赋和经济发展水平之间存在重大差异,这就需要在生态补偿过程中充分考虑受偿主体的意愿以及实际情况,积极吸收实践中存在的效果较好的其他补偿方式,组合运用各种生态补偿的手段,才能有效保证生态补偿法律制度建设的顺利进行。

(二)政府购买模式的选择与完善

在生态补偿机制中,政府是生态补偿的组织者和管理者,也是生态补偿的最大责

任方,因此政府购买模式是国内外生态补偿实践中最主要的补偿方式。例如,美国大范围的保护区计划和纽约的流域管理计划,都是通过政府提供补贴的方式,使农场主积极改善水质和保护生态环境;法国、马来西亚等国家的林业基金中,国家财政拨款是其大部分基金来源;德国的生态补偿是由政府大比重出资购买生态效益。政府主导型生态补偿同样是我国目前最主要的生态补偿方式,在政府补偿中,补偿资金由国家财政进行统筹规划,政府作为唯一主体负责对补偿数额、标准、效果等制定政策,具有显著的行政命令型特征。而且,由于现阶段我国生态补偿市场机制尚未健全,使得生态补偿市场化运作方式缺少全面的法律保障,因此,尽管政府的公共财政支付方式存在着不足之处,但在实施生态补偿机制的初始阶段,政府购买仍然发挥着十分重要的引导作用。

目前,政府补偿的主要方式主要是财政转移支付和专项基金。在生态补偿的财政转移支付中,中央对地方的纵向转移支付占绝对比重,却鲜见区域之间的横向转移支付,严重限制了生态补偿的持续开展。因此,获得持续的资金支持是成功实施生态补偿计划的关键因素。改善政府补偿模式应重视扩大生态补偿的资金来源。一般来说,生态补偿融资来源包括:生态环境资源支出、生态环境税、环境责任保险、财政补贴等。根据国际经验和我国的做法,我国的生态补偿融资模式应转变为多边融资机制,使国家、集体、非政府组织和个人都能充分参与其中,通过扩大投资渠道,提高生态补偿的环境保护和建设成效。对于区域生态补偿而言,一方面,为了提高纵向财政转移支付水平,必须增加财政转移支付对生态环境易受影响地区的支持力度,特别是考虑到环境保护可能成为导致财政收入下降的重要因素。同时制定激励措施,对生态环境保护状况更好的地区,以及生态环境保护更有成效的地区,给予更多的生态环境保护奖励。另一方面,为改变地区间利益分配不均衡,推动基本公共服务均等化,建立健全横向财政转移支付。从京津冀三地现实情况来看,由于河北省与北京市和天津市在经济实力上差距悬殊,不同的利益诉求意味着合作的成本收益不平衡。2019 年,北京进入"人均 GDP 1 万美元俱乐部";天津也紧随其后,于 2010 年跻身"人均 GDP 1 万美元俱乐部"。根据 IMF 的数据,2020 年北京的人均 GDP 已经跨过了发达国家门槛,天津的人均 GDP 也与 2019 年世界人均 GDP 相当。而相比之下,河北省人均 GDP 在 2019 年全国 31 个省份排名中位居第 29 位,2020 年位居第 26 位,远远低于北京和天津的水平,经济增长压力巨大。

与此同时,河北省作为京津周边地区,特别是在京津冀一体化发展布局中,承担着北京生态屏障的功能,对其生态系统功能维护提出了较高要求,产业发展也因此受限。而河北省的产业结构长期以来以第二产业为主,这就必然承担起很大的生态环境治理压力和较高的生态环境治理成本。事实上在如京津冀三北防护林地区、张家口、承德地区也出现了环京津经济贫困带。尽管国家对重点生态建设区域安排了财政转移支付的补偿手段,但生态补偿标准偏低,往往不能为生态建设区域的经济发展提供有力保障。区域内横向生态补偿机制不足,导致区域生态受益者责任缺位,河北省为区域生态环境保护和建设付出的巨大代价不能得到有效填补。因此,京津冀生态补偿方式的完善必须考虑通过横向支付的形式由各地方合理分担生态治理成本,尤其是要发挥政府的协调作用,提高政府科学决策的能力和水平。横向财政转移支付既可以是生态受益地区对生态受损地区的直接资金形式的补偿,也可以在通过中央财政、上级政府、国际合作、社会援助等多种渠道吸纳资金的基础上设立区域生态补偿基金。在综合考虑地区人口规模、财政状况、生态环境效益外溢程度等因素的基础上,设定生态环境受益区和提供区的缴存比例并明确支付程序。根据以往的生态补偿实践经验,在区域生态补偿金的确定上容易存在协商具体金额耗时耗力、价值核算标准不完善、各区域间自由交易效率低下等问题,因此可以设立专门的京津冀区域生态补偿基金,其来源除了依靠国家和地方政府的财政资金,可以尝试通过个人、社会团体、非政府组织、国际组织等主体,发行生态补偿基金彩票或中长期环保债券,或提供各种优惠政策鼓励更多的环保企业上市,以筹集更多的生态补偿资金和接收社会捐赠等方式筹集资金,缓解国家财政压力,确保补偿资金来源的多元化和渠道畅通。京津冀生态补偿基金的建立对于解决区域内存在生态系统服务联系或生态矛盾的地区之间的生态环境冲突,以及维护共同的生态环境具有重要意义。京津冀区域生态补偿基金可以积极动员地方政府、企业和个人参与和生态系统服务相关的领域。现有的公共和社会手段的动员可以是灵活和广泛的动员,通过向地方政府、企业和个人筹集资金,生态系统服务的地区可以首先将从生态系统服务中获得的资金用于环境活动,而不需要为环境付出巨大的代价的同时还要担心补偿问题。在这种模式下,受益地区承担生态系统服务成本,不仅有利于资金的规模优势,而且有利于高效支付补偿资金和及时获得补偿资金,可以整体上降低生态补偿机制的运营成本,并提高生态补偿的整体效率,促进生态补偿机制的顺利运作。京津冀生态补偿基金的建立,将使京津冀相互之间存在生态系统服务关联的地区都参与其中,是一种利益共享、风险共担的方式。

在开展区域生态环境合作方面,政府在确定生态补偿方式、范围、标准、数额等具体细节问题的确定和生态补偿利益相关方的沟通、协调具有重要作用,因此,重要的是建立一个区域生态补偿协商机制。从公平角度建立区域生态环境保护合作和投票机制,通过协商将地区之间的利益冲突和对抗为对话和合作磋商,生态补偿从单向被动补偿形式走向双边积极参与共同建设和共享,从各自封闭转向共同合作,实现经济一体化和区域社会经济协调发展。在京津冀区域建立生态补偿协商机制至关重要。这是因为,首先,生态补偿不仅是一种常见的生态环境保护机制,而且是与纠正具有深远影响的各方关系中的利益直接相关的重要问题;其次,生态补偿不仅影响到一个领域的独立政策,而且影响到多个领域的综合利益和政策。这关系到国家生态环境和经济发展职能，需要全面协调。再次，部分生态补偿机制的建立要求政府为有关各方建立一个协商平台。最后，在生态补偿实施过程中，国家和地方政府的财政政策需要监督、管理和绩效评估。生态补偿是一个特殊的领域，其中一个重要特点就是许多生态收益难以准确量化。随着国家制定的生态环境标准的成熟完善，越来越多的指标将可以通过具体的数据表现出来。此时区域生态补偿协商机制对于数据共享平台的建立和运行也会发挥重要作用，使各利益主体的收益得以量化，使区域生态补偿具有更强的可操作性，使区域生态环境资源得到更加合理的利用和更加优化的配置。

此外，政府还应重视生态补偿方式中的政策补偿、项目补偿等，特别是在诸如改变税收优惠、加速折旧和其他形式的税收减免、减少能源税、降低生态环境税和财政补贴等相关领域，都应积极制定和完善相应政策。在发展循环经济、绿色经济，节约资源和生态环境保护和建设，以及创建跨行政区划的项目共同开发和建设等方面，政府主导具有不可比拟的优势，必须发挥其重大作用和意义。

(三)市场主导模式的选择与完善

生态补偿不能忽视市场的重要作用，这就要求生态补偿还应走上市场化的道路。具体来说，市场化的基本要求是通过建立生态补偿的市场体系和市场化运作方式，让生态补偿成为一种市场性的经济活动，利用市场手段来实现生态补偿的目的。生态补偿市场运作的目的就是为了在进行生态补偿的过程中发挥市场机制的作用，使生态资源资本化并能反映其稀缺程度，探索多种市场化的补偿模式。然而，由于我国生态补偿市场模式还不够成熟，市场补偿在政府的政策调控之下，要使生态资源产权通过市场机制得以体现，将生态环境成本纳入政府的政策实施中，使开发利用生态环境的生产者、消费者得到相应的补偿或承担相应的代价。基于这一现实情况，我国学者在研究上下游防洪、发电、航运、生态等流域生态补偿的过程中提出了"准市场"的概念，兼顾各地区的基本用水需求，部分多样化用水市场化，在上下游地区之间和区域内部，将基本用水需求和流域水资源多元化功能按市场化加以配置。这一概念下的市场成了一个宏观和微观相结合的水资源市场，同时通过建立地区间协商制度和利益补偿机制保障水市场的实施。从这一概念可以看出，"准市场"并不是完全意义上的市场，更准确地说，应该与政治要素相结合的市场，是建立在政府宏观调控下的市场，它较好地兼顾了单纯依赖市场调节和单纯依靠政府带来的弊端，成为现阶段较为适宜的方法，可以为区域生态补偿提供可行性借鉴。在市场化的具体补偿方式上，从国际上的流域生态补偿实践来看，生态系统服务市场及伴随该市场出现的市场化产品(见表5-3)，是国外进行生态补偿的重要依据与基础。在此基础上又可分为不同的生态补偿方式(见表5-4)。

表 5-3 国外流域生态服务的市场化产品

类别	内容
合约和契约类产品	最优管理措施合同、鲑鱼栖息地修复合约、流域保护合约
信用类产品	盐分信用、特定鱼类栖息地信用、蒸腾信用、水质信用
产品标记	生态树种种植、特定鱼类安全生产
其他产品	流量减少许可证、水权、流域租赁

资料来源：根据 IIED 2004 年报告整理。

表 5-4 国外流域市场化生态补偿的主要方式

类别	内涵及典型案例
一对一交易	自发组织的市场补偿，典型案例是美国纽约与上游的卡茨基尔河流域的清洁供水交易
市场贸易	典型案例是哥斯达黎加水电公司对上游植树造林资助
生态标记	上游以可持续生产的方式生产的产品经过认证在市场上的价格会更高，从而实现对上游的补偿
公共支付	政府提供项目基金或对项目直接投资，典型案例包括美国、巴西等国家的流域管理

资料来源：根据国家"十五"科技攻关课题《生态补偿机制与政策方案研究报告》整理。

由于生态环境服务的多样化，任何国家都不可能通过仅有的固定支付方式来实现生态系统环境服务的价值。实践中，各国根据具体情况使用不同的相关模式，以确保社会对生态环境服务的需求。根据国际生态系统环境服务的支付方式，特别是我国的现实状况，可以选择适合我国生态补偿的支付模式（见表 5-5）。

表 5-5 我国资源生态补偿支付模式选择

补偿模式	适用范围	适用条件
一对一交易	中小范围	生态环境服务的受益者较少且较明确，生态环境服务的供给人数可预见
公共支付	较大范围	生态环境服务的受益主体较多，生态环境服务提供主体众多
市场贸易	生态服务可交易	可被标准化为可分割、可交易的商品形式，建立起市场交易体系和规则
生态标记	生态产品认证服务	能为以生态环境友好的方式生产出来的产品

通过借鉴国外经验可以看出，必须制定与生态效益产出相关的制度保障，由生态效益受益地区对生态效益产出地进行补偿，同时要充分发挥政府和市场的互补作用。尽管政府是生态效益的买家，但市场在生态补偿中发挥了重要的社会力量作用。通过

政府管理和市场调控,生态补偿管理可以取得重大成果。例如,美国的退耕政策是建立在国家收购的基础上的,通过竞争机制和自愿原则确定补偿标准,采用分阶段的合同执行方案,反映了国家干预与市场机制的结合。同样,利用市场机制在田纳西河流域形成企业和政府结合开发的流域模式,通过市场化和经济政策的结合统一,不仅有效保护当地生态环境,而且促进当地经济发展和社会效益的提高。因此,在区域生态补偿的直接财政转移支付的同时,还应积极鼓励区域生态补偿市场交易方式的创立,并积极研究市场补偿机制,如一对一的市场补偿。市场交易主要是配额制度,如水权、排污权以及森林碳汇等配额交易,是解决生态环境责任问题的重要制度,能够解决生态环境维护和建设责任的不平衡问题。市场贸易这种市场支付方式适合买方和/或卖方数量相对较大且不确定的情况,同时买卖的生态环境服务通常是被计量为标准化的可分割、可交易的商品单位,如温室气体抵消单位(CTO)等。典型的一对一交易是与流域地区一对一的交易,即下游地区支付生态环境保护和改善的投入,或购买上游地区的开发权利。在这种模式下,交易当事人主要是通过直接或间接协商来确定交易的条件和金额。每笔交易的可行性取决于各方的清晰度和利益相关者的数量。双方越清晰,利益相关者的数量就越少,交易成本也就越低。政府可以在降低交易成本中发挥关键作用,如制定技术核算准则,为贸易协商提供标准、提供法律和技术咨询等协商条件支持、建立生态环境仲裁机制等,通过市场机制使各利益相关方实现权利并承担相应义务。市场交易的灵活性和多样化将为区域生态补偿方式的多样化提供自由和规范化的空间。

另外,在推进和完善京津冀市场主导的生态补偿模式方面,要在生态产权制度下构建区域生态补偿机制。由于所有权的定义是市场交易的先决条件,因此只有在建立所有权制度的前提下,才能确定交易边界、类型和属性,并得到市场交易主体的认可,以保障交易的顺利进行和市场的有序运行。因此可以说,生态产权制度是实现生态交易和推进区域生态补偿的制度保障。在使用市场机制来实现生态补偿时,都应将完善的生态产权作为交易任何生态环境资源的前提和基础。然而,由于生态环境资源的公共物品属性,区域生态环境产权长期未被明确界定,这使得在执行区域生态补偿方面很难进行责任划分,继而进一步限制了区域生态补偿的顺利实施和推进。国内外理论和实践表明,政府对公共资源产权的明确定义可以防止过度消耗公共资源。总的来说,产权明晰不仅对生态环境资源的市场交易十分有效,而且对优化资源配置和消除区域生态环境合作壁垒,也非常有效。

(四)多样化生态补偿方式的探索与完善

我国的生态补偿正在研究从最初的分类补偿转变为全面补偿,因此融合和统一生态补偿政策已经成为生态补偿方式的重要趋势。如果说国家的财政资金和政策补偿方式只是短期内"输血型"的补偿方式,那么,从我国华北地区经济发展和市场需求的长远角度来看,京津冀区域生态补偿在政府补偿和市场补偿之外,还要重视广泛开展智力补偿、民间补偿等"造血型"生态补偿方式,使各种补偿方式相互组合,为区域生态补偿提供更加多样化的补偿手段和方法。

其一是加强智力补偿。在发展市场方面,未来几年,北京、天津等发达城市的劳动力需求将会增加,特别是制造业人才,从而有可能从华北其他地区出口劳动力。从短期来看,这种劳动力出口可能会增加当地农民的收入。从长远来看,这种劳动力出口培养了大量的人才,促进了农民城镇化和农业产业化的进程。智力补偿有利于帮助生态系统服务提供者,往往也使得贫困地区建立起持续有效的自我发展机制,使外部补偿转化为自我积累和发展的能力,摆脱贫困状态,塑建可持续生计。

其二要重视社会补偿的作用。许多社会组织,如动物保护者协会、自然保护者联盟等由志愿者组成的环保组织,在传播环境保护理念,以及抵制政府和企业做出不利于生态环境保护的决定和行为方面,发挥了重大的推动作用,并产生了深刻的社会影响。在发达国家,它们是一股重要的新环境力量,受到各国的高度重视。我国也应鼓励这些机构或组织在有关规则的规范下,承担一定的功能,如这些组织或机构可以作为诉求主体,提出重要决策听证会,或是作为诉讼主体,就政府和有关人员影响生态环境的作为或不作为提起诉讼等。

其三是建立重大工程生态补偿机制。这对于加快在京津冀区域建立生态补偿机制、保护和恢复京津冀区域自然生态系统至关重要。京津冀区域协同发展是一项重要的战略安排。京津冀区域内任何一个地区生态建设的结果不仅影响了当地人民的生活质量,也影响了该地区的生态水平。鉴于此,应坚持按照中共中央在《关于制定国民经济和社会发展第十三个五年规划的建议》中提出的"加大重点生态功能区的转移支付力度,强化激励性补偿,建立横向和流域生态补偿机制",建立京津冀区域生态补偿机制,特别是加大对那些生态区位重要、生态环境脆弱、经济欠发达地区的生态补偿,关注重点领域,提高补偿标准,促进生态环境恢复和保护,使区域生态建设更加富有成效。

异地开发也是一段时期以来各地在生态补偿实践中探索出来的补偿方式。这一方式结合了当地的实际情况,有效解决了生态保护地区的经济发展需求。其中较为典型的是浙江金华的异地开发做法。磐安县作为水源涵养区牺牲了经济发展机会,为了实现落后地区的经济发展,金华市对磐安县实施了异地开发战略,即在金华市设立"金磐开发区",区域内实现的产值和税收归磐安县。这一做法一是促进了磐安县的经济发展,二是创新了流域生态补偿机制,三是提高了全县的森林覆盖率,保持了优良的水质,取得了较好的成效。除了浙江金华的异地开发方式之外,区域生态补偿还可以采取下山扶贫、生态脱贫的方式来进行。对于大山里的居民,生存条件恶劣,可以采取下山居住的方式,一方面避免对生态环境资源的破坏,另一方面也有利于解决贫困问题。

对于生态环境保护区内的居民,可以由政府购买当地居民的生态产品服务,实现生态环境保护和经济发展的双重目标。

其四是积极搭建区域生态协商平台,拓宽资金渠道,建立长效补偿机制。由于不同行政区域的地理位置和资源环境的差异,它们的发展重点也各不相同。区域梯度发展战略可以使各区域充分发挥自身的特点,发展其主导产业,并在区域间产业发展中发挥互补的优势。应区域发展战略的要求,我们将该区域视为一个完整的生态系统,建立区域协会、综合管理和共同保护的格局,促进各区域之间的劳动与合作,并建立共同发展、互惠互利的产业发展模式。因此,政府可以通过协商来确定生态补偿的方法,但协商的结果不限于财政资金支付,更多的是资源分配、协作建设、协同发展、异地开发等模式。区域生态协商的根本目的在于,建立由国家、地方、区域、行业多层次构成的生态补偿体系,实现政府主导、市场运作、公众参与的多样化生态补偿方式并使之良好运行,各方式取长补短,互相配合,将大大有助于实现生态资源的优化配置以及经济建设和环境保护的协调发展。

第三节　生态补偿范围和补偿标准

生态补偿范围的确定和生态补偿具体数量的计算是生态补偿的前提,生态补偿范围确定了"补哪些";生态补偿标准进一步决定了"补多少"。这与补偿主体的承受能力直接相关,并决定了生态补偿的影响。因此,可持续的生态补偿和标准是成功实施生态补偿机制的保证,也是构建生态补偿机制的关键环节。博弈模型分析结果显示,过高的生态补偿标准会使补偿主体的补偿意愿受挫,过低的补偿标准对受偿主体的生态环境保护和建设的激励作用下降,导致生态补偿的目标最终都无法实现。只有在补偿主体和受偿主体都能满足和接受补偿金额的情况下,生态补偿才能有效。考虑到这一点,确定生态补偿的规模和标准是建立生态补偿机制的最困难的挑战之一。目前,国际上尚未确定成熟和完整的测算系统,生态补偿标准在理论和实践中都需要加以改进。

一、生态补偿范围

(一)概述

生态补偿范围是指根据法律或其他约定,对在一定的社会经济条件和原则下开展的使用、保护、恢复生态和自然资源以及进行相关研究等活动进行补偿的行为。生态补偿的定义应考虑以下因素:①保护、恢复和建设的实际成本;②环境保护和建设导致人口收入和公共财政收入减少;③其他依法使用环境资源的人对权利人造成相应损害;④根据基本生态补偿协议支付的补偿费用;⑤投资于旨在保护和利用环境和自然资源的宣传、教育和科学研究;⑥对生态环境友好型生产生活方式给予的扶持和奖励等。

长期以来,我国的经济发展及环境资源的开发利用都是以牺牲生态环境价值为代价,伴随而来的诸多生态环境损害问题频发且未能得到有效解决。尽管出现了关于生态补偿的政策法律规范和实践,但基本上也只是着眼于解决对生态资源的经济补偿问题,却很少顾及这些资源所具有的不依附于任何个人主体的生态功能价值,从而使生态补偿范围和标准的确定往往只考虑自身利益的损失或管辖资源的更新,而不是整体生态自然资源,破坏生态环境造成的生态功能的长期损毁更没有得到适当的考虑。因此,为了实现生态补偿的主要目标,生态补偿领域必须包括生态环境资源的经济成本补偿和生态环境资源本身的生态功能补偿。生态补偿旨在实现生态系统功能的维持和恢复,因此确定生态补偿范围的一个重要因素就是要肯定生态环境具有非人类应用价值,其价值存在于任何平等关系中,包括非人类物质。故而生态补偿范围的划定必须充分考虑到自然资源保护和更新的环境功能,以及自然资源本身固有的环境价值。

(二)生态服务补偿范围

1.生态服务的范畴

生态学家格里钦·戴利认为,生态系统服务是维持和满足人类在自然生态系统及其组成下生存所需的条件和过程。生态系统服务的概念包括提供、供应、生产、保护或维护一些人类认为重要的产品和服务,包括海鲜、饲料、木材、燃料、天然纤维和工业产品;服务包括生物多样性和生命维持服务,以及废物管理、清理、回收和再利用以及非物质审美和文化服务。戴利指出,生态产品是我们日常消费的主要自然资源,但与之不同的是生态系统服务,它们无处不在,但大多数人在日常生活中却没有注意到它们。戴利在其非常有影响力的著作《大自然的服务:人类社会的生态基础》一书中列举了生态系统服务:净化空气和水、减少旱涝灾害、保持水土并增加土壤的肥力、降解有机废物以去除其毒性、为农作物和天然植被授粉、播散植物种子、促进营养物的循环和运动、抑制绝大部分害虫的繁殖、维持生物多样性、防止海岸线被海浪侵蚀、抵御有害的太阳光紫外线辐射、维持气候稳定、缓解天气的剧烈变化及其对人类社会的不良影响、用大自然的美景陶冶人类情操。这些生态系统服务包括:供给服务,如提供食物、水、木材以及纤维等;调节服务,如调节气候、洪水、疾病、废弃物以及水质等;文化服务,如提供娱乐消遣、美学享受以及精神收益等;支持服务,如土壤形成、光合作用以及养分循环等。后三类服务从大类上说,都属于生态系统服务,因此我们认为,生态系统服务包括供给服务和环境服务两大类。

2.生态服务补偿范围认定

根据戴利生态系统的概念和联合国《千年生态系统评估报告》(MA,2005),生态系统为人类提供了许多利益,包括供给功能、调节功能、文化功能及支持功能。供给功能是指生态系统提供的各种产品,如食物、燃料、木材、纤维、清洁水和生物遗传学。提供供给服务的成本可以通过市场机制来补偿,因为大多数生态产品是实际市场交易的主要对象,其中一些可以很容易地用市场手段来弥补。至于直接流通生态产品,根据传统经济理论,市场机制是反映生态产品价值、获得高效和有效结果的最好方式,而不具有利用生态补偿机制的必要性,因此生态产品供应不通过生态补偿机制补偿,不应纳入生态补偿范围。因此,生态系统服务补偿的范围应当包括全部的环境服务,即调节服务、文化服务和支持服务。其基础如下:

首先,环境服务具有外部性。当一些组织中的活动或贸易无意中增加了他人的福祉或损害了他人的福祉而没有得到补偿时,外部性问题就会出现。如果福利损失,就出现了外部性的负面影响。如果能增加财富,那就是积极的外部性影响。例如,森林生态系统可以为社会提供各种各样的服务,比如保护水源,保护土壤,保护二氧化碳,保护野生动物。因此,森林提供的服务具有独特的外部经济特征。另一个例子是传统农业方法中的化肥污染,这反过来又影响了附近饮用水的安全。这就是典型的外部不经济性案例。可以肯定的是,调节服务、文化服务和支持服务具有明显的外部性,这意味着环境服务用户可以在不付出任何代价的情况下随心所欲地使用服务。鉴于产权复杂的因果关系和差异,大部分环保服务市场失败,致使他人免费享用环境保护和建设的成果,而不须支付相应的生态环境破坏代价,所以为了解决这个问题,需要生态补偿机制。

其次,环境服务具有公共产品的属性。一方面,公共领域具有非涉他性,即一个人不影响另一个人的消费;另一方面,它具有非排他性的特征,即没有理由将其他人排除在公共物品的消费之外。生态系统在许多方面提供重要的生态服务,如涵养水源、保护土壤等。这些环境服务关乎区域、国家乃至人类共同利益。因此,生态系统提供的环境服务是重要的公共产品,这意味着它们不享有与生产者相同的权利。环境服务属于自然资本类别,自然资本通常被认为是足够的和自由的,所以导致人类对环境服务的破坏和浪费。然而市场机制无法克服这些缺陷,因而由于环境保护服务不能拥有所有权,也不能被排除在其他利益之外,故而,受益人很难有积极性和能动性采取可持续的方式使用环境服务。因此必须限制对环境服务的滥用和浪费,创造生态补偿机制,通过一系列经济工具间接反映环境服务的成本。实现生态系统功能维护和可持续的生态系统服务供给。

再次,环境服务没有完全的市场交换属性和市场价值。传统经济意义上的私人商品和服务具有完整的市场价格和市场价值,可以在市场上兑换。然而生态系统服务只有一小部分给市场收购,即生态供给服务的产品可以互换市场价格,但大多数生态系统服务具有公共性,如涵养水源、提供氧气、固定二氧化碳、吸收污染物质、净化大气等,没有市场价格,也没有市场上的产权人,同样也没有任何市场主体愿意为他人使用生态环境服务来买单。因此,市场机制不能成为生态环境服务盈亏的关键决定因素。只有通过生态补偿作为经济补偿手段,才能鼓励具有外部性的环境保护行为避免问题环境服务因其公共物品属性而被过度使用,实现生态平衡和环境稳定的目的。

最后,将文化服务和相关服务纳入生态系统服务补偿。在环境服务补偿中,对于调节气候、径流、净化水质等方面的调节服务的补偿容易确定,但是也应该强调将提供娱乐消遣、美学享受及精神收益等方面的文化服务,以及提供土壤形成、光合作用以及养分循环等方面的支持服务,纳入生态补偿范围之中。例如,生物多样性服务包括从分子到景观的各个层次的生命形式。生物多样性服务为不同的物种提供了繁殖的地方,并为物种的生存创造了有利的条件。生物多样性保护服务是支持服务,但就像调节服务一样,它们具有明显的公共产品特性。两者都具有积极的外部性,市场机制无法反映。因此必须通过生态补偿机制促进人们对生物多样性的保护。

二、生态补偿标准

(一)补偿标准的分类

1.根据生态补偿标准的确定方式

生态补偿标准的确定可以分为核算法和协商法。核算法基于对生态环境管理和生态环境损失的评估,即通过计算生态环境保护成本和生态系统服务功能的成本来确定生态补偿标准。因此,生态环境保护补偿标准的计算可以分为两种主要方法:第一,生态系统服务成本评估;第二,为生态系统服务提供者计算机会成本损失。前者主要的评估和计算是保护、供水、气候控制、生物多样性保护、绿化等等,但由于计算的巨大,很难为生态补偿提供直接依据。后者主要是计算弥补机会成本的数额,如水源地山区退耕还林造成粮食产量减少、部分生产工具闲置、劳动力剩余,以及保护生态公益林所放弃的森林砍伐或种植经济林的收益等。这种计算方式旨在补偿生态环境保护和建设的直接成本,以及为生态环境服务提供者提供的所有或部分机会成本,以使他们有足够的动力参与生态环境保护。因此,社会的其他成员可以继续使用生态系统提供的服务。在生态补偿方面,协商法是有关各方商定生态补偿规模和数额并确定生态补偿标准的方法之一。相比于核算法的复杂性,协商法具有较强的可行性与可操作性,因而在国内外生态补偿实践中运用得更加普遍。

2.依据生态补偿标准的制定依据

根据补偿标准的制定依据,可分为法定补偿标准和协定补偿标准。其中,法定补偿标准明确规定的生态补偿标准不能根据单方面或双边意愿加以调整,如森林生态补偿基金制定的国家标准。协定补偿标准是由生态补偿相关者协商决定的。例如,在流域生态补偿实践中,生态补偿标准往往是由流域上下游地区协商决定的。

3.依据生态补偿标准的性质

根据生态补偿标准的性质,生态补偿标准可以分为恢复保护标准、出让标准和激励标准。恢复保护标准是相对固定的标准,由相关支出,如补偿性实际损失或环境重建和建设构成。出让标准通常意味着基于市场交易价格,如土地出让金来决定。激励标准通常与特定的经济发展水平和环境条件相结合,旨在促进生态环境保护行为,如对清洁生产技术、税收优惠等生态环境友好行为的补偿。

(二)生态系统价值评估方法

生态系统可以为人类提供各种各样的服务。生态系统是自然的一个组成部分,作为对最终产品和服务生产的贡献,它具有直接或间接对人类有益的功能。生态补偿的标准是解决生态补偿数量问题的最终手段。因此,确定生态补偿标准对于准确评估生态系统的价值至关重要,因为在确定环境保护或破坏生态系统的行为补偿标准之前,必须对生态系统服务成本的增加和下降量进行评估,评估结果须成为确定补偿标准的基础。对国外生态系统服务成本的研究可以追溯到1925年,当时比利时的Drumarx首次将野生生物游憩的费用支出定义为野生动物的经济价值。我国生态价值的评估始于20世纪80年代初,自90年代以来已经公布了直接市场法、机会成本法、替代市场法、条件价值法、差别标准法等各级评价。

1.直接市场法

直接市场法是一种直接衡量环境质量变化的方法,可以用货币价格来衡量,包括费用支出法、市场价值法、恢复费用法、影子工程法、人力资本法等。

费用支出法,指的是人们利用生态系统服务功能来表达环境价值所支出的费用,最典型的例子是通过计算旅游、文化和娱乐功能来评估生态系统的休闲功能。市场价值法尽管不具有类似环境作为生产要素成本的费用计算,但生态环境质量变化会使生产力和生产成本变化,并影响在价格和产出上的变化或导致生产或收入损失,这些效果都是可以通过价格来体现的。例如,减少土壤侵蚀可以保护和增加作物产量,而保护土壤的项目可以从提高生产力中获益,经济效益可以用稻谷产量的增加及市场价格来计算。另一个例子是,提高灌溉水质可以提高作物产量,而提高定价产品的产量就等同于改善水质产生的经济效益。反之亦然,例如大气污染导致农作物减产和农产品价格受到影响,损失的农作物经济价值就可以作为减少污染所得到的利益。所以市场价值法是一种通过对某种生态系统服务功能的效果进行定量评价而得出生态环境的市场价值的方法。

恢复费用法取决于对环境服务恢复成本的评估,这些成本发生在环境资源被摧毁后需要恢复或保护。例如,矿井对农业生产的影响可以通过开发农业荒地来弥补。水质恶化后污染修复道路时,补偿和重建成本构成生态环境质量损失或生态资源环境成本。影子工程法与恢复和防护费用法的核算思路一致,也是与生态环境资源的恢复和防护的费用当量相对应,但它不是对受损的生态环境资源的直接修复,而是在生态环境遭到损坏之后,用人工替换原始环境建设功能,通过新建工程评估计算损失。这一方法通常用在遭到破坏的生态环境在技术上无法恢复或是恢复费用过高的情形,分析用于复制一个受到威胁或损害的环境物品或服务的成本的数量级。通过计算体现出生态环境资源替代的巨大成本,往往警示人们对这类不可置换的大自然杰作的关注。人力资本法主要是确定社会中个体通过市场价格和工资体现的潜在贡献,基于此评估环境变化对人类健康的损益。这种方法已经被用于环境污染所致的健康价值评估,或污染控制措施的健康评价。该方法曾被用来估算墨西哥的大气污染,包括总悬浮物 TSP、臭氧 O_3 和铅 Pb。所造成的损失分别为 8.5 亿美元、1.02 亿美元和 1.25 亿美元,总损失达每年 11 亿美元。

2.机会成本法

机会成本意味着在同等条件下,利用一种资源获得某种收入的同时,放弃另一种收入,或者利用资源的某种用途时放弃其他用途。因为生态环境资源的功能具有多样性,当某一环境资源或生态服务被选定某一种用途之后,就意味着意味着放弃其他功能目标,放弃其他收入或用途的预期可得就是此时的机会成本。例如,当某一区域的水资源同时具有饮用水、渔业用水、娱乐用水等多种用途时,如果选择了娱乐用水,那么饮用水、渔业用水、工业用水等功能就不复存在;而其中作为饮用水水源的效益最大,则作为娱乐用水的机会成本就是作为饮用水水源的效益。根据机会成本法进行生态补偿,意味着根据可能的环境成本,使由于生态环境保护和建设而丧失或放弃的发展权获得补偿,例如对自然保护区开发项目的评估。机会成本法在近年来的生态补偿实践中运用的比较多,例如,尼加拉瓜对植被的生态补偿是基于农民在最佳利用土地时所生产的价值。哥斯达黎加基于造林面积可能成本计算生态补偿标准。机会成本法的最大优点在于,当一些资源应用的社会净收益不能直接评估时,生态环境价值也很难评估,这种情况下运用机会成本法能够计算出自然资源用作其他用途时可能获得的收益及生态环境用于消费时的机会成本,进而对生态环境的价值做出评价。在此基础上,结合不同地区的资源环境状况等因素,就可以制定不同的区域补偿标准。正是基于机会成本法对于解决生态系统服务功能价值核算具有较强的易操作性,该方法在国内外生态补偿实践中被广泛采用,如野生生物保护区、人文或历史遗迹与自然景观的建立与保护;重大基础设施项目的选址决策等。

3.替代市场法

替代市场法包括旅行费用法、实验成本评估和分析方法。《运输成本法》规定了在使用生态系统服务时的成本,考虑到运输、住房和时间成本。这种方法经常被用来评估没有市场价格的自然景观或自然资源的旅游价值。它评估了游客从消费这些环境资源中获得的好处。从本质上讲,它认为游客愿意支付旅游场所的费用,就等同于游客支付的商品和服务的价值一样。实验评价法是依据个人需求曲线理论和消费者剩余,补偿变差及等量变差两种希克斯计量方法,这些变差通过消费者支付意愿或补偿意愿来衡量环境服务的价值。这种方法主要用于评估审美、文化、历史、环境或不可分割的公共资源,以及其他非市场价格商品和服务的价值。费用分析法是个人在自愿的基础上,为消除和减少污染的影响和遏制生态环境恶化所采取必要的措施进行保护。这些保护措施需要一定数量的费用,由此可以间接推断出环境成本的价值。这一方法反映了个人对环境质量的最低评价,用个人采取预防或治理措施的花费来评估环境价值。

4.条件价值法

条件价值法也称问卷调查法、意愿调查评估法等,在于获取公众对公共产品或服务偏好,然后评估人们支付或接收保护和改善公共产品或服务的意愿,以此确定公共产品或服务的价值。在缺少环境产品或服务市场或市场尚未健全,以及缺少替代市场提供数据依据时,生态环境价值难以通过市场或替代市场来体现,这些情况下就可以采用意愿调查,对人们对生态环境资源的假想变化的评价进行推导。这种方法通常分为两类:一是直接接受问询者是否愿意支付或得到补偿;二是通过询问和调查某些商品和服务的需求,来显示支付或受偿意愿。在用生态系统服务功能价值确定生态补偿标准的案例中,较典型的如2006年Whitehead等人对美国肯塔基州的湿地服务功能进行问卷调查以获得评价;1996年Robles等人对美国马里兰州Chasepeake Bay海岸林的潜在价值的评价;以及Costanza对全球生态系统服务的价值评估等。采用意愿评估的方法确定生态补偿标准的典型案例如Loomis在1998年对巴西东北部的森林生态系统的保护价值的评估;Holmes在1998年对美国西北部的森林保护价值的评估;以及2003年JamesBoyd提出的陈述支付意愿等。条件价值法属于一种模拟市场技术评估方法,通过支付意愿(WTP)和净支付意愿(NWTP)来表示环境产品的经济价值。是一种模拟技术市场评估方法,通过愿意支付(WTP)和愿意支付(NWTP)来表示环境产品的经济价值。条件价值法从消费者角度设置一系列假设存在,即公共产品存在于市场交换,通过调查问卷、投标竞价和其他手段获取消费者对公共产品的WTP和NWTP,再对所有消费者的WTP和NWTP进行整合,综合结果就是环境商品的经济价值。由于这一方法成为在缺少真实市场数据时唯一能够获取环境资源存在价值的方法,因此被认为是评估环境影响的最后一道防线。在许多情况下,条件价值法可以进行其他方法无法进行的环境评价,该方法的应用越来越广泛。

5.差别标准法

差别补偿法是美国生态补偿标准的制定依据。差别补偿法中的补偿标准不是由政府统一决定的,而是由根据不同环境标准开展评估的社会群体确定。因此,补偿标准具有灵活的特性。以美国耕地补偿政策为例,尽管政府提供补偿资金,但政府没有统一的补偿标准。美国政府首先根据森林生态效益的多功能目标,结合实际情况初步估算生态补偿标准,最终补偿标准则以此为依据,在农民自愿参与的基础上使用投标机制来确定,使生态补偿标准符合当地经济和自然条件。美国的生态补偿标准实际上生态主体和政府之间博弈的结果,可以结合不同地区的生态环境状况形成具有区域差异性的补偿标准,这在一定程度上体现出生态受损主体的诉求表达,能够提高相关主体生态补偿参与度,促进生态补偿的实施。但依据差别标准法确定的补偿标准也存在明显的弊端,由于补偿标准的确定依靠生态受损主体与政府的博弈,因而生态受损主体谈判能力等因素直接影响着生态补偿标准的高低,这就有可能使部分主体的利益受损或难以得到保障。

(三)我国关于生态补偿标准的立法现状及问题

由于我国目前没有生态补偿专门立法,缺少统一的生态补偿标准的立法规定,现有的补偿规则大多在许多单一的环境保护法律文件中散见。在现行的生态补偿立法中,主要存在的问题是补偿标准的不确定性、补偿标准的低水平、利益相关者在确定补偿标准方面的参与不足。

第一,法律文件只针对确定生态补偿标准的机构,而不是具体的生态补偿标准。这些机构通过何种方式和形式明确具体的补偿标准,并没有予以规范。例如,《贵阳市生态公益林补偿办法》第十条规定,"本市生态公益林补偿标准由市人民政府规定。生态公益林补偿标准应当随经济社会发展进行适当调整"。生态补偿标准的不明确使得生态补偿的实际运作变得困难。一方面,不确定的补偿标准给了补偿主体逃避责任的理由,另一方面,它们也可能导致执行机构任意设定和滥用标准。

第二,法律文件中规定的补偿标准偏低。以生态公益林补偿标准为例,《广东省生态公益林建设管理和效益补偿办法》第七条明确规定,该省政府对于核定的生态公益林,按照每年2.5元/亩的标准进行补偿。但据测算,林地每年实际应获得的经济效益36元/亩,可见过低的补偿标准对于满足补偿对象的日常所需而言,实属杯水车薪。生态补偿标准偏低,不仅对破坏环境的人造成经济损害,而且大大影响了他们保护环境和生态补偿的主观意愿。

第三,法律文件只包含了单位补偿数额,但不清楚它将如何支付。如《广东省生态公益林建设管理和效益补偿办法》第七条规定:"省财政对省核定的生态公益林按每年每亩2.5元给予补偿,不足部分由市、县政府给予补偿。"《长沙城市林业生态圈重点保护区域生态公益林补偿办法》第四条规定,"以《长沙城市林业生态圈重点保护区域定址勘界埋桩作业设计》所调查核实的城市林业生态圈重点保护区域的有林地和规划造林的荒山荒地面积为依据,作为核拨到区、县生态公益林补偿费的标准。补偿标准为每亩每年20元"。

第四,目前的补偿标准主要由政府单方面确定,这一过程中的公众参与几乎空白。听取意见和参与协商是公众参与的一种重要形式,在国外的生态补偿制度中,听取意见和协商程序非常受重视。我国目前的生态补偿标准和数额多由政府确定,忽略了公众的参与权,具有明显的不合理之处。

(四)确定区域生态补偿标准的一般原则

生态系统的复杂性以及地理位置和区域经济发展的差异决定了生态补偿标准的差异,其主要反映在三个方面:首先,在同一时期的同一环境因素中,在不同地区存在不同的生态补偿标准;其次,不同时期对同一类型生态补偿的标准各不相同;最后,不同生态类型的生态补偿标准不一样。因此区域生态补偿标准的确定是一个相对独立而又复杂的问题,它既涉及上述生态补偿标准的综合运用,同时又具有区域生态补偿标准确定上自身的特点和需求,如何确定区域生态补偿标准已成为解决区域生态补偿问题的核心和困难。但就生态补偿机制而言,必须明确界定生态补偿的规范性原则。根据目前国内外的做法,生态补偿标准应从下列角度考量确定。

1.从受损方和受益方的角度来看

从受损方来看,生态补偿标准主要由经济行为负外部性核算决定,包括直接经济损失、精神损失、机会和经济行为造成的其他附带损害。从受益人的角度来看,确定生态补偿标准主要是对经济行为的正外部性进行核算,主要是以生态受益者从经济行为中的获益为依据,计算商品或服务在市场机制下的价格和数量,并制定相应的补偿标准。从受益人的角度来看,这种核算方法更简单。从环境保护的角度来看,这也有利于通过环境保护促进和推广先进技术,从而降低环境保护的成本。但是,在实践中,生态补偿标准往往既涉及受损方的损失,也涉及受益方的获益。而且由于生态补偿本身具有的特殊性和复杂性,确定生态补偿标准是非常困难的。特别是环境受损方的经济损失难以计算,尤其是计算与发展权限制或发展机会丧失有关的间接经济损失。另一方面,环境受益方的获益往往是无形的,在经济上难以量化。在某些情况下,环境受损与受益发生重叠,生态受损方即为生态受益方。

从我国当前对生态受损方和生态系统服务贡献者的生态补偿标准的规定来看,大多数生态补偿标准都依赖于收入损失计算,从而降低了实践中的生态补偿标准。例如,对退耕还林户的补偿标准,根据《退耕还林条例》第三十五条规定:"国家按照核定的退耕还林实际面积,向土地承包经营权人提供补助粮食、种苗造林补助费和生活补助费。具体补助标准和补助年限按照国务院有关规定执行。"过低的退耕还林补偿标准使农民的生活变得困难,导致一些地方出现了森林的砍伐和返耕问题,不能促进公众参与环境保护的积极性和实际行动。因此,为了发挥生态补偿机制的激励作用,生态补偿必须至少高于或略高于生态系统和环境损害的损失或成本。否则,将不利于生态系统服务的供给和激励。

2.从经济效益与生态效益的角度来看

生态补偿标准是由保护和恢复受损环境所需的人力、物质和财力成本决定的。在与人类生态环境资源开发活动过程中造成的环境污染和损害,直接导致了生态系统服务功能遭受损抑,因此,根据生态补偿的基本原则,应将消费者支付生态环境整治和生态修复费用作为基准,来确定生态补偿标准。

从生态效益的角度来确定生态补偿标准,即以生态系统服务价值来确定生态补偿标准。从当前市场运作中的生态系统服务的经济价值的角度,不仅能确定生态环境和资源的价值,还可以以适当的措施改善环境质量和自然资源。作为一种有效的经济手段,生态补偿可以通过收取环境服务费用来有效地调节或减少对社会和其他成员的损害。因此,对生态系统服务成本的评估为确定评估生态补偿标准提供了重要的建议。

由于生态效益价值是根据生态系统提供给社会的所有潜在经济价值来衡量的,因此生态效益补偿必须反映它们所有的经济价值,生态补偿必须符合完整的生态价值。但在实践中,这一标准很少被使用,因为目前的评估方法表明,环境效益是巨大的,远远超出了经济发展的承载能力。以森林生态系统为例,该系统对日本国家森林的生态价值进行了研究和科学测量。一年的总体环境效益相当于同一年的日本国家经济预算。中国吉林省的环境保护部门还对长白山环境效益进行了评估,仅部分环境效益的成本大约是树年产量的13.7倍。因此生态效益只能作为确定生态补偿标准的理论标准,而不能作为具体成本的参考。

因此,从经济和环境效益的角度来看,生态补偿标准应寻求经济发展水平与环境效益需求之间的平衡。补偿金额可以根据经济发展水平和某些消费条件,或是以自愿协商的方式来确定。国家鼓励自愿协商在接受环境服务的地区和提供生态系统服务的地区建立生态补偿标准。这种自愿谈判模式可以充分考虑到双方支付和补偿生态服务的意愿,使双方的供需主动权最大化,发挥市场机制优化资源配置的积极作用。例如,在确定流域生态补偿标准时,既要考虑由于采取保护流域生态环境的措施而导致的收益损失,还要评估流域生态系统功能的价值,如水土保持、气候调节等。在确定具体补偿金额时,可以引入上下游之间的协商机制,以最大限度地动员环境保护,促进社会公正。此外,由于潜在生态效率的重大影响,生态补偿标准并非一成不变,而是随着社会的发展而逐步提高。例如,生态公益林的补偿标准首先是从经济效益出发,确保补偿数额达到不低于经济收入的最低水平或发展机会的预期收入。然而,随着公众对森林生态效益和环境需求日益增长的关注,生态补偿标准也可以提高。

3.从经济发展程度与生态系统贡献的角度来看

国外生态补偿的实践经验表明,生态补偿标准在一定范围内波动,不同地区之间存在差异。这是因为不同地区的经济发展水平不同,生态补偿无疑与经济发展水平密切相关。生态补偿应遵循利益衡平原则,这就意味着生态标准必须平衡环境破坏造成的损失和环境恢复和建设的效益。因此,生态补偿标准必须根据提供环境服务的地区环境恢复程度来确定,包括从该地区的人财物成本中计算损失和预期收益。同时,由于不同地区的社会、经济和环境条件的不同,需要考虑经济发展水平、环境资源类型、资源所有权、相关利益主体的实际损失或实际利润。

生态理论还表明,不同地区的生态系统具有不同的生态功能。一些地区具有高度重要的生态功能,受到经济发展建筑的限制。一些地区的环境服务功能相对较弱,因而受到城市和农村发展的限制。因此,生态补偿标准的确定也必须以环境服务功能为基础,评估不同区域单一环境服务的作用和对环境的贡献。环境服务的功能包括许多复杂的因素。例如,生态功能的大小、生态功能与人类生存的密切程度、人类破坏行为的可及性、当地人口与生态效率的联系程度、生态效益的社会认同、对国家、地区或城市安全至关重要的区域和生态系统等,根据生态补偿的重要性和水平确定生态补偿标准和优先事项。

综上可见,无论从经济社会发展还是生态系统服务功能角度来看,生态补偿的标准不可能也不应该完全一致。因此实践中应坚持因地制宜,根据国家和区域实际情况、经济发展水平和生态环境组成,特别是结合各种生态补偿标准确定方法,建立相应的补偿标准。同时,根据经济发展和生态建设阶段的特点管理环境并适当调整补偿,以确保在公平公正的基础上进行生态补偿。这对于区域生态补偿而言尤其重要,该补偿有利于根据该区域的具体情况确定和管理当地生态补偿,以促进生态补偿在实际运作中发挥应有作用,并鼓励公众积极参与生态环境保护和建设。

(五)生态系统价值评估方法的选择

生态补偿通常以货币补偿的形式来衡量,所以实际的生态补偿是根据生态补偿标准来衡量的。生态补偿标准的研究重点不在于具体的生态补偿数额,而在于生态补偿标准的原则和方法。

1.一般原则

从目前生态系统服务价值评估方法可以看出,生态系统服务的特殊性决定了其定价不能够完全依赖市场交易进行,而可以运用的评估方法又难免涉及评价者主观因素的影响,因而无法精准地评估生态系统服务功能价值。国外已有的实践中也的确没有明确的评价方法。所以在许多情况下,由于方法困难和缺乏必要的数据,无法准确评估生态系统服务的成本。例如,在现代先进技术中,评估湿地价值的方法集中在一些非货币指标上。这项研究分析了传统的生态物理方法,最终决定为人类提供这些服务的机会和影响。然而,这种评估方法也远没有反映出生态系统服务的价值。

因此,在实践中,决定生态系统价值的可行办法通常是,当行为外部性为正时,核算机会成本的损失,此时的生态补偿标准就是机会成本加上生态保护和建设成本;当行为外部性为负时,核算环境治理与生态恢复的成本,此时生态补偿的范围是生态恢复与治理成本加上直接损害补偿和机会成本。但实际上考虑到补偿者的承受能力、受偿者的基本利益等因素,往往在计算负外部性行为的补偿标准时,不计入机会成本。为了保护环境和支持环境正外部性行为的持久开展,生态补偿标准必须基于成本因素,即生态保护和建设直接运营成本,结合部分或全部机会成本进行补偿,这样经营者才可以获得足够的热情和动力参与生态环境保护和建设,使整个社会都能享受到生态服务。

2."生态足迹"的运用

1992 年,加拿大生态经济学家 William Rees 首次提出了生态足迹的概念,将其比作"一只负载着人类与人类所创造的城市、工厂……的巨脚踏在地球上留下的印记"。1996 年,Mathis Wackernagel 改进了这一方法,以衡量人类对自然资源的使用程度和自然在为人类提供生命维持服务方面的作用。生态足迹的理念是,为了生存,人们必须消耗不同的商品、资源和服务。每一项最终的消费水平都可以追溯到生态生产性土地,在那里,原材料和能源被生产出来生产消费,这被称为人类生态足迹。因此,生态足迹的定义是"The arrregate land (and water) area in various categories required by the people in a defined region: a. to provide continuously all the resources and services they presently consume; b. to absorb all the waste there presently discharge using prevailing technology[①]",即在既定技术、管理水平条件下,一个特定地区持续生产与提供人们所消耗的各种资源,承载他们所享用的各类服务,及分解其排放的各类废弃物所需的各类土地和水域的总面积。因此,生态足迹是一种基于生物物理值的度量对可持续发展程度进行评估的方法。自 1992 年生态足迹颁布以来,全球范围内都有强烈的反应,并在不同的区域空间和社会领域实施和实践。许多国家使用生态足迹来计算不同生态环境的承载能力。自 2000 年以来,世界自然基金会(WWF)和两个国际非政府组织(RP)每两年发布一次关于全球生态足迹的数据。这种方法在国内外都得到了广泛应用,现有的研究主要是测量和评估全球、国家、地区和城市的生态足迹。

在区域发展模式下,强调区域定位和特色发展,势必导致大多数国家和地区的发

---

① WACKERNAGEL M,REES W.Our ecological footprint:reducing human impact on the earth[M].Gabriola Island:New Society Publishers,1996:100.

展是不平衡的。随着区域失衡的加深,落后地区往往成为发达地区发展的障碍,从而限制整个地区的总体发展。区域的可持续发展不仅需要改善整个区域的经济发展水平,改善生态环境质量和可持续利用,还需要各区域、世代之间的协调和可持续发展。生态足迹研究不仅可以改善区域经济发展的资源和需求,还可以反映区域生态安全状况,为减少生态足迹和提高区域安全奠定基础。同时,通过分析区域资源环境中的供需空间差异,为区域生态补偿奠定基础。因此,在区域内经济发展不平衡的情况下,有利于消除资源和环境的不平等,促进区域资源和环境关系的协调发展。因此,在现有的生态足迹分析研究中,生态足迹是地区可持续发展中最为广泛应用的方法,即生态足迹是对该地区环境影响的评估,成为体现人类对该地区环境影响的重要指标。因此,生态足迹可以作为建立区域间生态补盈余面积做出生态补偿。例如,根据目前的研究,中国西部12个省级行政区划的生态足迹赤字为162.5 * 104公里,相当于新疆维吾尔自治区的面积。除云南和西藏外,其他10个省级行政区划的生态足迹为赤字。数据表明,西部地区的生产生活强度超过了生态系统的容载能力,而地区生态系统正承受着人类过度使用的压力。据此,我们可以进一步通过计算区域内人类生产生活的资源需求量,进而根据地区资源实际情况和横向比较,获得生产和生态的协调调度和特征数量评估,确定生态补偿标准。然而,从实际的角度来看,由于目前对生态系统服务功能的评估存在许多不确定性,因此缺乏衡量指标、价值评估方法的统一标准,这种方法的评估结果通常只作为衡量补偿标准的指导性参考。此外,生态足迹的测量和评估可以应用于确定环境指标配额制度,以实现区域间的生态补偿。例如,将各省(自治区、直辖市)的环境污染总量、生态用地、生态公益林面积、生物多样性保护、自然保护区面积等生态指标进行省级信用额度配置,让信贷分配可在区域间进行交易,以实现生态指标额度短缺的区域和指标富余的区域之间的信贷买卖。

3.确立方法

区域生态补偿标准是区域生态补偿立法的核心问题。制定区域生态补偿标准应基于机会成本、环境服务成本和其他区域生态补偿标准,以及区域生态补偿的基本要求和类型。

区域生态补偿的基本结构分为三个阶段。第一阶段是基本补偿,是针对直接损失和环境保护成本补偿的阶段。第二阶段是对工业结构变化的补偿。在产业结构调整中引入补贴。这是一种从"输血式"向"造血式"升级的补偿阶段。第三阶段是生态效益外溢补偿阶段,提供补偿生态系统改善的维护管理费用,实现生态服务的持续供给。这三个阶段不仅制定了区域生态补偿的基本标准,而且还为相关主体协商区域生态补偿标准提供了空间,避免只考虑直接损失的生态补偿,同时避免了生态补偿标准"一刀切"的情况。

区域生态补偿的基本标准是指导区域生态补偿活动的依据。不同类型的区域生态补偿可以设定不同的补偿标准。在纵向生态补偿中,如果没有受益区域,中央政府需要制定第一和第二标准的补偿标准,以便在区域生态补偿之前和之后提供足够的区域公共资金。如果存在受益地区,中央政府需要考虑三个补偿标准阶段,然后由中央政府和受益地区来共同衡量负担补偿,即大部分用于区域生态补偿的资金由中央政府承担,其余的由区域协商决定。在横向生态补偿中,根据第一和第三阶段的基本标准,应考虑第二阶段的标准要求,所有受益地区应共同承担补偿责任。根据受益者的直接受益、偿付能力的程度,协商决定补偿承担比例。如果没有达成共识,补偿分配原则上应该是平等的。

第四节 生态补偿程序

一、生态补偿程序的规定

程序公正是正确选择和执行法律的基本保证。权利保障和实现必须有程序保障。生态补偿程序是指生态补偿法律关系中,各方主体行使补偿请求权和履行补偿义务时必须遵守的法定步骤、顺序、形式、手续、时限等。科学合理的补偿程序可以作为一种制约机制,为有关生态补偿的法律和法规提供全面有效的执行,并为利益相关者提供表达意见的机会,确保他们的权益得到公平的补偿。因此,生态补偿程序的重要意义在于通过对生态补偿程序的监管确保生态补偿主体的合法权利和利益得到实现。

就我国现行的生态补偿立法而言,"重实体轻程序"的立法缺陷尤为突出。许多法律规定对生态补偿制度措施的规定都难免过于原则化,至于生态补偿程序如何启动、谁来启动、依照何种方式启动这些程序性规则,基本上都没有做详细规定。即便是在为数不多的地方性法律文件中涉及关于生态补偿程序方面的规定,也并不翔实。例如,《云南省重点保护陆生野生动物造成人身财产损害补偿办法》对于补偿程序的启动及基本步骤规定是:第一步,申请。该《办法》第四条规定,野生动物造成人身财产损害后,受害人如若要求取得政府补偿,应当立即做好现场保护工作,并于人身财产受损害之日起七日内以补偿申请书的形式向当地乡(镇)林业工作站或自然保护区管理机构提出申请。第二步,审查核实。根据《办法》第五条,当地乡(镇)林业工作站或自然保护区管理机构要在接到申请后的一个月内完成调查核实工作。调查核实工作必须做到客观、公正、准确,并做好调查笔录,如实填写调查登记表。受害人及其近亲属需协助调查人员并如实提供相关证据。第三步,发放补偿金。根据《办法》第八条,县级以上林业行政主管部门依法确认存在本办法第二条规定的造成财产损害情形之一的,应当以补偿金的形式对受害人予以补偿。补偿金按照当年的政府补偿费用与实际损害总额的比例计算,由县级林业行政主管部门在当年年底前确定具体的补偿金数额,并及时给付受害人。

缺乏生态补偿程序很容易导致生态补偿做法缺少实践指导,甚至造成行政机关滥用职权或不作为的行为产生。特别是当生态补偿的具体制度中包含明确的补偿措施时,这些措施可能会因程序不当导致补偿不畅,将极易引发社会矛盾和冲突。例如浙江省杭州市临安区的一起生态补偿案,就是由于政府对村民提出的补偿要求和建议虽然给予了肯定,确认了对规划绝对保护区内的村民应由市政府给予适当补偿,但却屡屡表示具体补偿办法和时间待研究后确定,然因种种原因研究结果迟迟没有出台,补偿事宜一拖再拖,最终村民们一纸诉状将政府告上法庭,生态补偿走上了法律诉讼的途径。因此,生态补偿程序规范对于促进生态补偿的实施,避免生态补偿法律关系主体之间的纠纷对立,以及对生态补偿实施过程中的争议提供救济,都是十分必要的。关于我国目前的生态补偿规定,可以说在程序方面的规定严重缺失,即使零散存在的规定也大多太过抽象和笼统。因此,改善和健全生态补偿程序至关重要。

二、生态补偿程序的启动

一般来说,根据生态补偿启动方式,可以将生态补偿分为两类,即依职权启动和应申请启动。前者是指根据相关法律和法规,由补偿主体在责任范围内,主动向申请补偿的主体提供补偿。后者是指由受偿主体提交补偿申请来启动生态补偿程序。

(一)依职权启动

法律规定的国家执行机构可以根据规定启动国家、地方对受偿主体的生态补偿,其范围包括国家对地方的生态补偿,地方对地方的生态补偿,以及国家、地方对私人的生态补偿。在这种情况下,生态补偿的启动通常按照以下程序:首先,生态补偿主体应对是否满足生态补偿要件做出判断。生态补偿应在符合生态补偿标准要件的情况下启动。再次,在启动生态补偿程序之前,应成立生态补偿专门机构,并确定机构管理人员的职责和责任。第三,生态补偿受偿主体应向提出生态补偿的请求主体履行告知义务,使其明确生态补偿的内容。

(二)应申请启动

从理论上讲,国家对地方的生态补偿也可以应申请启动,但在实践中却很少发生。地方和地方之间的生态补偿、国家对地方和个人的生态补偿,可应申请启动,在这种情况下,申请人即是地方或个人。作为生态补偿程序的一部分,申请启动生态补偿的请求权人应遵循以下步骤:1.申请。生态补偿的主要目标是生态补偿。生态补偿要求应以书面或口头形式提交给具体管理机构。在申请生态补偿时,要求生态补偿申请人应在申请书中说明生态补偿的理由和标准。2.受理。在请求权人申请生态补偿后,行政当局应在规定期限内做出决定。如果请求被批准,生态补偿将立即开始。

在生态补偿程序启动后,生态补偿将进入下一程序。根据不同的具体情况,下一程序将是生态补偿协商程序或生态补偿决定程序。

三、生态补偿协商程序

生态补偿协商程序是在生态补偿程序启动后,补偿主体和受偿主体在自愿和合法的基础上就生态补偿问题进行协商的程序。这一程序通过双方努力达成生态补偿协议,解决了相关主体之间的环境问题。

目前,生态补偿的法律和规则主要针对国家对地方和个人的生态补偿。而国家和地方政府之间,及地方政府之间的生态补偿很少受到规制。然而,在我们目前的生态补偿实践中,国家和地方之间的生态补偿以及地方之间的生态补偿主要是通过协商和协议进行的。以实践中较为普遍的流域生态补偿为例,许多流域生态补偿协议都依赖于上游和下游当局代表就湿地生态补偿通过协商达成协议。博弈论认为,上游和下游政府之间的谈判可以被描述为典型的"囚徒困境",即双方会寻找对自己最佳的解决方案,但最终结果不会是经济的最佳结果,这意味着双方都不愿合作。但上游和下游政府之间的关系也是反复的博弈,最终经过多次谈判达成妥协。然而,这个过程可能需要数年、几十年甚至更长时间。这对保护流域生态环境非常不利。与此同时,上游政府和下游政府之间的对抗可能是导致上游政府不合作的惩罚,使下游政府减少对上游生态环境的保护,使那些可能对环境造成不可逆转损害的污染行业被疏于监管。

因此,在改善我国生态补偿制度方面,迫切需要建立一个生态补偿协商程序。国家和地方之间的生态补偿应根据我国现实情况在协商过程中确定。国家和地方环境利益的冲突应由国家和地方协商解决。地方之间,无论其归属,生态补偿也同样应通过协商程序来确定。国家、地方和个人之间的生态补偿可以根据法律、法规进行,也可以在法律和监管范围内通过协商的方式做出决定。

根据生态补偿分类,协商程序的当事人有所不同。在国家对地方的生态补偿中,由代表国家的中央行政机关和代表地方区域的地方行政机关作为当事方;在地方对地方的生态补偿中,当事方是双方各自代表地方区域的地方行政机关;在国家、地方对私人的生态补偿中,则以代表国家的行政机关、代表地方区域的地方行政机关、公民、法人和其他组织为协商程序的当事人。

生态补偿协商的内容广泛,包括但不限于生态补偿范围、标准、补偿方式、补偿时限,这些都可以通过协商的方式寻求一致。同时,为了提高协商的有效性和效率,双方必须在生态补偿协商过程中遵循某些原则。首先,尊重客观规律,遵守法律。在协商的每一阶段,双方都必须尊重客观规律,根据相关法律进行协商,并以精确可靠的衡量结果进行协商。其次,公平合理原则。在协商过程中,双方应进行友好协商,争取达成共识。

如果通过生态补偿协商达成协议,生态补偿程序就宣告完成。如果不能通过协商达成协议,那么生态补偿必须通过生态补偿决策程序来解决。如果对补偿协议或补偿决定有异议,则还可以通过生态补偿救济机制来解决。

四、生态补偿决定程序

生态补偿决定程序包括生态补偿行政当局根据有关法规和法规决定生态补偿的过程。生态补偿决定程序是生态补偿方案的重要组成部分。这是因为,在启动生态补偿方案后,补偿主体必须做出是否对请求权人进行补偿的决定。

首先,确定在生态补偿决定过程中可以决定生态补偿的执行机构。根据生态补偿的类型,如果国家和地方政府或地方政府之间不能达成共识的话,具体分为以下几种情形。第一,国家对地方的生态补偿,理论上存在无法达成协议的可能性,但在我国目前的实践中,这种情况并没有发生。第二,不存在隶属关系的地方之间的生态补偿,应由地方政府共同的上级行政机关做出生态补偿决定。第三,存在隶属关系的地方之间的生态补偿,理论上存在经过协商程序无法达成合意的情形,但是在我国的实践中,这种情况亦不存在。第四,国家、地方和个人之间的生态补偿,由代表国家的国家行政机关和代表地方区域的地方行政机关做出生态补偿决定。

其次,在生态补偿决定过程中确定具体步骤。一般来说,生态补偿决策程序应包括以下步骤:1.申请。当请求权人和补偿主体在生态补偿协商程序中无法达成协议,双方可以就生态补偿争端向特定行政机构提出请求。2.受理。这意味着执行机构必须在特定时间内做出是否受理的决定。同时如不予受理,说明做出不予受理决定的理由。3.审查。是指接受申请的行政机构根据相关法律和规则对申请进行实质性审查。4.决定。根据有关法律法规和法规,由受理机关做出生态补偿决定。

第五节 京津冀区域生态补偿立法的优先领域

从严格意义上讲,生态补偿的领域应覆盖整个生产生态服务功能的所有生态系统。但从当前情况来看,区域生态补偿机制存在着基础法律缺失、利益难以协调、补偿标准不易量化等多方面问题,区域生态补偿机制的构建与完善需要较长时期的探索与实践。所以,京津冀区域生态补偿可以按照从点到面的规则逐渐展开。换言之,建立健全京津冀生态补偿机制不仅要着眼于未来的理论支持和制度的系统设计,探索区域生态补偿模式,更要基于当前,在充分分析当前形势和总结现有生态补偿实践经验的基础上突出重点,选择某些基本核心要素领域作为实施生态补偿的优先领域,使生态补偿机制发挥最佳的整体效益。

从确定京津冀区域生态补偿立法的优先领域的一般原则而言,京津冀环境领域有更多的类型,不同类型具有不同的特点。一些生态环境长期以来一直受到污染和破坏而变得非常脆弱。因此,在这些领域迫切需要建立生态补偿机制来遏制环境退化。这些类型的生态环境必须作为生态补偿的关键区域确定。还有一些环境利益相对清晰、生态补偿标准相对容易定义确定,当地政府、企业和公众对生态补偿的愿望明确而有力的领域,也应当被定义为生态补偿的优先领域。京津冀区域生态补偿类型的划分要以区域生态功能区划为依据,做到统筹兼顾,重点突出。对不同类型制定不同的生态补偿规划,建立不同的生态补偿标准体系,明确区域内的重点生态补偿领域,优先推进重点领域的生态补偿。据此,在京津冀区域生态补偿机制的构建中,尤以构建流域、森林、大气、矿产四大领域的生态补偿机制其迫切性凸显。随着京津冀一体化政策的进一步实施,需要建立与之相适应的区域生态补偿机制。另外,从全国层面来看,自20世纪80年代以来,国家就开始了一系列的生态补偿实践,在地方一级也有许多关于生态补偿的研究和实践探索。目前,在政府协调和主导下,综合考虑生态环境因素和环境经济价值,主要建立了对森林、草原、湿地、流域、矿产资源、海洋和重点生态功能区的生态补偿机制。这些区域生态补偿实践所积累的经验对于构建京津冀区域生态补偿机制具有重要的参考价值。

一、流域生态补偿

(一)流域的区域生态补偿

流域生态系统直接影响着人类的生活和生产。多年来,为了确保流域内的生态环境安全和可持续用水,上游地区在生态环境保护和建设护方面投入了大量人力、物质和财力资源。

建立流域生态补偿机制的关键是确定根据流域面积而决定的责任主体之间的关系。建立一个流域生态补偿系统的总体思路包括:1.确定流域大小;2.确定流域补偿责任主体,根据上级环境主管部门的要求,依据流域分配订立流域协议,并确定流域行政区域的水质要求,补偿金额取决于水质情况;3.根据上游生态环境保护和建设的投资及发展机会损失,综合考虑制定流域生态补偿标准;4.选择可接受的生态补偿模式;5.针对不同的流域制定生态补偿政策。

对现有生态环境服务市场的研究表明,国家或地区选择的生态补偿模式在很大程度上取决于特定生态环境服务的特征和性质。由于流域提供的生态环境服务的多样性以及每个流域的社会经济特征,没有一个国家能够通过单一的补偿方式实现生态服务的价值。在现实生活中,人们总是把所有可能的方法结合在一起,在适当的时候,应社会需求选择和确定生态补偿方式。现有的补偿形式主要包括以下方面:

根据补偿对象的不同,可以划分为对流域生态环境保护者的补偿和对减少流域生态环境损害者的补偿。对前者进行补偿原因在于,对流域生态环境来说,环境保护具有很强的公共性,不能完全按照市场机制提供给市场,如在水源保护、水资源建设、河流清理、公共渔业保护等情况下,产量可能不足,甚至产出为零。这需要另一种机制。通过向提供给公共产品的经济主体进行补偿,将激发经济主体致力于生态环境保护的积极性和行动力。对后者进行补偿,是因为一些破坏是由生计和"贫困污染"造成的。这在发展中国家很常见。越是贫穷的国家和地区,就越依赖于有限的自然资源,就势必会导致如过度放牧、过度捕猎和过度开发等现象。但是,对自然资源的依赖越大,生态环境就越被严重破坏,经济增长越慢。这个贫穷—破坏—贫穷的循环持续进行。在这种情况下,如果没有外部资金和机制的注入,就无法改善环境。因此,对减少生态环境损害者给予补偿。例如,在退耕还林还草中,通过采取粮食援助形式,减少游牧民对森林和草地的砍伐和过度开发,减少生态环境损害的行为。

从条块角度来看,生态补偿可分为上游与下游之间的补偿,以及部门与部门之间的补偿。上游和下游的补偿意味着上游的环境保护直接影响下游的生态环境质量,下游地区补偿上游地区为生态环境保护付出的努力和机会成本。环境资源是典型的公共产品,由社会成员共享,只有上游贫穷地区承担着保护流域生态环境的负担,而下游地区则从中受益,所以下游的经济发达地区必须通过生态补偿机制加以补偿。部门之间的生态补偿意味着一些部门努力保护流域生态环境,而另一些部门从中受益,受益部门应向生态环境保护部门进行补偿。例如,森林、水产领域实施了生态环境保护项目,使旅游业受益于有利的生态环境条件,为生态旅游带来了良好的环境效益。又如,水利部门和环境保护部门执行水净化工程,而航运部门则受益于河流疏浚带来的运输收入的增加,通过生态补偿的实施可以在这些部门之间实现利益的重新分配。

根据补偿主体,生态补偿可以分为政府补偿和市场补偿。政府补偿是政府通过财政转移支付来实现流域的生态环境保护补偿机制。实践中,基于流域的公共性、环境问题的外部性和流域主体法律关系的复杂性,单一的经济主体在许多领域和情况下很难得到补偿。政府补偿尤其适用于下列情况:1.生态环境保护的主要投资方不确定;2.生态环境保护的受益方不确定;3.生态环境资本增长值难以衡量;4.生态环境效益的"溢出"部分难以衡量。市场补偿意味着在政府指导下,生态环境保护者和生态环境受益人在自愿协商的基础上形成的补偿。国外经验表明,市场机制在执行生态补偿政策方面发挥着重要作用。

按照补偿效应,可以分为"输血型"补偿和"造血型"补偿。"输血型"补偿是以资金的形式进行补偿,由政府或其他补偿主体向受偿主体转移资金。这种方式使受偿方可以灵活的支配补偿资金,但与此同时,补偿资金的支出渠道十分多元,难以从机制上严格把握确为保护生态环境支出。"造血型"补偿主要是国家或补偿主体以项目支持或奖励的形式将补偿资金注入技术项目中,向受偿主体提供补偿。这种补偿方式的目标是帮助受偿主体或地区将外部补偿转化为自我积累和发展能力,提高落后地区的自我发展能力和机制。

"造血型"生态补偿机制通常是一种针对贫困地区发展和环境保护的结合机制。这种补偿方法的好处是,它有利于支持受偿方的可持续发展,但其弊端在于项目投资主体的依赖性和受偿方支付能力的不灵活性。"造血型"补偿金通常与政府补偿相结合,这种补偿主要出现在下列领域:首先,扶贫必须建立在项目而不是政策之上。例如,在这些地区实施环境和经济扶贫计划,不仅能改善环境质量,防止水土流失,还能促进当地农业的全面协调发展,加速农民的致富进程。其次,重点是加强交通、通信、水资源和其他基础设施,尤其是改善生产条件、降低进入市场成本和提高"造血"功能。再次,必须高度重视人力资源发展、文化教育和卫生、科技知识传播、提高人口质量和人力资源建设,以促进流域可持续发展。最后,充分利用自然和人文景观特色,打造生态旅游的区域经济增长点。

(二)已有实践

我国2002年修订的《水法》规定了合理开发利用、节约、保护和管理水资源,制定了水资源管理的基本原则和制度。2008年修订的《中华人民共和国水污染防治法》第一次以法律形式规定了流域生态补偿。该法第八条明确规定:"国家通过财政转移支付等方式,建立健全位于饮用水水源保护区区域和江河、湖泊、水库上游地区的水环境生态保护补偿机制。"这为流域生态补偿提供了依据。据此,以法律规定为依据,由于流域生态系统的复杂性,流域生态补偿实践具有多样性和差异性。目前,流域生态补偿的成熟实践主要包括跨省生态补偿、省级生态补偿和小型生态补偿。

1.跨省生态补偿

根据流域跨越行政省份的范围,跨省生态补偿可分为两类:一类是如长江和黄河流域这样的跨越省级行政区划的流域,很难确定受益者和补偿者,故由中央政府目前负责统一管理。另一类是跨越省级行政区划较少的流域,如江西东江源、安徽新安江等流域。此类流域跨越省份范围小,因此确定受益人和受偿主体相对容易,可以通过区域合作协商来解决。新安江流域生态共建共享机制便是这一类生态补偿机制的典范。安徽省黄山市是整个新安江流域的主要发源地和水源涵养区,浙江省杭州市则处于新安江的流域下游。为了保护新安江流域的生态环境,黄山市采取了一些措施,旨在严格控制污染、生态建设措施和绿色化发展模式,做出一系列努力和牺牲,确保了下游地区的生态安全和水环境质量。然而,在为下游河流创造有利的生态环境时,会给上游地区相对落后的经济发展带来更加严峻的挑战,人均收入差异比下游城市更大,地方政府和人民推动经济发展的愿望也更强烈。而且,新安江水库还是浙江省重要的水电发电站,因此,有效的生态补偿政策必须通过协调区域发展来调节和引导对经济发展的强劲需求。否则,上游环境将受到威胁,甚至整个流域的生态安全也将受到影响。为解决保护经济发展之间的矛盾,安徽省提出建立"新安江流域生态共建共享机制",由安徽省黄山市和浙江省杭州市共同出资建立一个共建共享基金,对上游流域生态保护和建设的生态环境投资和发展机会进行补偿,并开展与下游区域的环境保护合作。同时还积极发展低污染产业,取得了明显的生态建设效果。

2.省级流域生态补偿

首先是福建省旅游生态补偿协议的模型。福建省属于我国水资源较为丰富的省份,通常承担生态建设和保护的重要任务。许多上游地区为保护水资源生态环境限制了当地经济发展和项目引进。因此,福建省积极部署管理流域生态补偿工作,成立了专门资金调节流域上游和下游生态环境治理,鼓励以自愿协商的方式厘清各方主体责任和流域管理目标,从而确保有效使用资金。这对福建省流域的污染控制和环境保护起到了重要作用。

其次是浙江省自我监管的生态补偿模式。浙江省经济较为发达,省域内水系也很发达。针对流域生态补偿,省政府采取了一系列调整和监管措施,具体包括:设立生态补偿专项资金,通过立法对补偿资金进行调整和配置,建立环境绩效考核机制,完善水质监测系统以改善流域水源涵养条件。这些做法在生态补偿的具体实践中都收到了良好成效。

3.小型生态补偿

在较小的流域中更容易开展灵活的生态补偿形式,一些城市对此进行了积极和有益的研究,例如浙江省金华江流域水权贸易与异地开发相结合的做法。

金华江起源于浙江省,是浙江省的主要水源地。为了确保其生态环境资源,浙江省引入了金华河流域生态补偿模式,这是一种水权交易与异地开发相结合的生态补偿模式。第一个水权交易协定是在流域中游的义乌和东阳之间签署的。根据协定,东阳市将横锦水库的永久用水权以2亿元的价格一次性转让支付环境保护、项目运输等管理费用,可以视作经济补偿,以保证东阳市所承诺的持续水资源保护。此外,流域上游的磐安县和流域中下游的金华市之间还开展了异地开发。磐安县是一个重要的生态屏障功能地区,经济相对落后,地理位置偏远。为了确保河上游工厂的水质符合饮用水标准,金华工业园区里还成立了一个交易磐安县污染专营权的经济开发区,所有税收都用于保护磐安县的水资源和发展。在此,市场机制在金华江流域水权贸易和异地开发模式的结合中起着重要作用。由于政府的支持和市场的参与,来自市场竞争的收入成为政府财政转移支付之外的另一种生态补偿的资金来源。这一模式也成了在流域生态效益货币补偿之外的一种全新模式。

(三)京津冀流域生态补偿

目前,我国面临着水资源短缺和水质恶化的问题,尤其是京津冀区域的水质问题严重。区域内的海河、滦河、渤海水污染严重。区域分割造成的相互作用不足是导致河流流域生态环境问题的一个重要原因。河北是京津冀区域的源头和主要流经地,其保护水资源的能力较弱。

首先是污染控制的效果并不理想。例如一度成为北京最大的供水水源地的官厅水库就是因为上游生态环境变化导致的水质恶化,被迫退出了城市居民生活饮用水供应体系,这增加了已经面临严重水资源短缺的京津冀区域的资源压力。其次是污染控制成本的不公平分配导致了河北省的地方财政为京津冀区域生态环境问题买单。在上游流域进行水土保持和土壤保护的巨大成本都落到经济相对更加落后的河北。因此,在京津冀区域实施生态补偿是对区域流域生态环境管理的根本解决办法。

在京津冀流域生态补偿方式的选择上,除了现有模式,最大的尝试是在京津冀流域中建立生态补偿做法流域生态补偿基金模式,每年从北京和天津的纳税中留下部分区域生态补偿资金,并设置流域生态补偿机构,由国家及专门机构共同监管这笔资金。与此同时,在政府监督下,通过审计监督、市场监督和公众参与建立一个生态补偿基金,提高生态环境效益。区域生态补偿的基金来源包括受益地区政府向生产区政府转移的资金,以及该区域政府为生态工程提供的生态补偿等项目的收入。此外还可以提高下游水价,并将其纳入生态补偿基金,以补偿流域上游地区在水源涵养、污水处理等方面的投入,以及张承地区为生态环境保护和建设而放弃的发展机会成本和经济损失。

京津冀区域生态补偿标准必须通过一系列生态环境成本评估和计算来确定。以密云、官厅水库的调查数据为例,流域生态补偿的综合最大支付意愿为 86,245 万元,仅以赤城县、丰宁县、滦平县的年机会成本损失对比,就已经分别达到 2,870 万元、2,207 万元、5,066 万元。因此,具体的生态补偿标准要以生态补偿基本原则为遵循,以货币化计量为参考,综合考量生态补偿的区域实际,特别是通过区域主体间的充分沟通和协商,从流域水质、水量及水体的生态标准等方面制定具体的补偿标准,保障流域在区域主体之间的公平分配。

二、森林生态补偿

(一)中国的森林生态补偿方案

1998 年特大洪灾后,生态补偿政策陆续制定实施。实践中根据国家林业局和财政部联合发布的《森林生态效益补偿基金管理办法》来补偿森林生态效益。但是,随着中央和省级森林生态效益补偿基金制度的完善,森林生态效益补偿进一步扩大,为恢复森林生态的自然特性,实现森林生态效益和社会效益的优化,依法建立的天然林保护工程区、自然保护区、退耕还林后的林区,都成为森林生态效益的补偿对象(见表 5-6)。

表 5-6 森林生态效益补偿

大类	类型组	类型	划分标准	补偿原则
生态公益林	防护林	水源涵养林	以涵养水源、改善水文状况、调节水的小循环和防止河流、湖泊、水库淤塞以及保护居民点饮水水源为主要目的的森林	水源涵养林主要提供生态环境服务,保护水资源。按照目前的财力,采取不充分补偿的原则,调整水资源价格,成为一种有效的外部成本内部化的经济补偿形式
		水土保持林	以减缓地表径流、减少冲刷、防止水土流失、保持和恢复土壤肥力为主要用途的森林	除了水土保持林的造林、抚育、管护费用外,从事生产建设等活动损坏水土保持设施,使其水土保持功能降低或丧失的,应根据其生态环境破坏的估算价值缴纳水土保持林补偿费
		防风固沙林	以降低风速、防止风蚀、固定沙地、保护农田、果园、经济作物、牧场免受风沙侵袭为主要用途的森林	对于符合条件的防风固沙林,根据其保护的效果,给予相应的资金补偿和经济补偿
		护岸林	以防止岸坡被水冲刷崩塌、固定河床为主要目的的森林	政府应支付征用或占用林地的土地补偿费和安置补助费等
	特种用途林	国防林	为军事需要而划定的森林,如沿海边疆或要塞、基地等有利于我方军事隐蔽的森林	具有特殊的用途,不以经济收益为目的,根据造林、抚育及管护的成本由国家进行补偿
		自然保护林	指专门划定的,用以保护珍奇动植物资源、典型的生物群落和自然景观等的森林	补偿主体是中央地方财政、受益地区以及保护区内依托森林资源的相关产业
退耕还林	生态林		为维护和改善生态环境,保持生态平衡,保持生物多样性等满足人类生态、社会需求和可持续发展为主要功能的森林	补贴的期限是 8 年,生态区域内的重要生态林需要延长补贴年限,将其纳入环境效益补偿基金之中,并接受诸如公共采购等合理的宏观效益补偿机制。对非重要生态林,可以限制森林砍伐的范围、数量和方式,以保持生态效益的稳定。
	经济林		营造以生产果品、食用油料、饮料、工业原料和药材为主要目的的森林	补助年限 5 年,在停止补助后要纳入林地范畴管理,国家可对林产品税收政策进行适当调整,使农户得到更多的经济回报
天然保护林	天然林		适合本地气候、土壤、地理、生物等因素,经过自然发育和演替形成的,具有相应群落组成和结构的林被	补助年限 5 年,在停止补助后要纳入林地范畴管理,国家可对林产品税收政策进行适当调整,使农户得到更多的经济回报
	人工林		人工育苗造林的方式建造的森林	天然林应对后期的抚育、管护费用及禁伐损失进行赔偿,而人工林应根据造林、抚育及管护费用实施补偿。必须根据林种、树种、树龄,区别人工林和自然林,实施补偿,通常天然林影视人工林补偿标准的 1—3 倍

(二)已有实践

我国森林生态补偿实践的起步较早,1998年的《森林法》修正案是我国第一次在法律条文中出现"生态补偿"。其中第八条第二款规定:"国家设立森林生态补偿效益补偿基金,用于提供生态效益的防护林和特殊用途林林木的营造、抚育、保护和管理。森林生态效益补偿基金必须专款专用,不得挪作他用。具体办法由国务院规定。"此后,国家陆续制定出台了一系列有关森林生态补偿的制度措施,各地在森林生态补偿方面也开展了广泛实践,取得了一定的成效。

1.生态公益林补偿金

我国在1998年通过的《森林法》修正案中明确规定了国家建立森林生态效益补偿基金,专门用于生态公益林管护人员进行公益林保护和管理的劳务费以及林农营造、抚育林木的补偿费。2000年的《森林法实施条例》将森林生产经营者获取生态公益林补偿金的权利用法律的形式固定下来,同时将公益林的范围限定为防护林和特种用途林。2007年的《中央森林生态效益补偿基金管理办法》进一步完善了森林生态补偿机制,细化了生态公益林补偿金的相关规定,进一步提高了地方在生态公益林建设方面的动力。2020年修订实施的《森林法》明确规定了国家建立森林生态效益补偿制度,加大公益林保护支持力度,完善重点生态功能区转移支付政策,指导受益地区和森林生态保护地区人民政府通过协商等方式进行生态效益补偿。《森林法实施条例》规定,防护林、特种用途林的经营者有获得森林生态效益补偿的权利。

2.退耕还林补偿

长期以来,我国盲目地毁林开荒和沙化地耕种,导致严重的水土流失和风沙危害,洪涝、干旱、沙尘暴等自然灾害频频发生。这严重影响了人们的生产生活和国家的生态安全。在经历了1998年的长江流域洪涝灾害之后,国家开展重视并大力开展了江河上游地区的生态环境整治,1999年,四川、甘肃和陕西成为首批退耕还林的工程试点。2002年开始在全国范围内实施《退耕还林条例》。退耕还林工程投资大、政策性强、涉及面广、群众参与程度高,涉及经济、财政、生态、法律等方方面面。为此,国家实施了多项生态补偿措施,包括以提供种苗和造林费的形式补偿退耕农户的直接损失;以粮食补助和现金补助的形式帮助退耕农户维持收入以支持必要的生活开支;以"谁退耕、谁造林、谁经营、谁受益"为原则的税收减免政策和延长土地承包经营期政策,调动农户退耕还林的热情。

3.天然林保护资金

1998年,国家林业局制定了《长江上游、黄河上中游地区天然林资源保护工程实施方案》和《东北、内蒙古等重点国有林区天然林资源保护工程实施方案》,以实施天然林资源保护工程试点。经过两年时间,2000年国家正式启动了天然林资源保护工程,主要在我国长江上游地区、黄河中上游地区及内蒙古、东北等国有重点林区实施,其中长江、黄河流域工程区全面停止了天然林商品性采伐,东北内蒙古等重点国有林区大幅度调减木材产量。这项工程被誉为我国难度最大、影响程度最深的一项林业生态建设工程。

坚持"森工企业由采伐森林向营造林转移"是天然林资源保护工程的一项基本原则。这就意味着多年来一直以森林采伐为主的森工企业失去了劳动对象,因此,必须改变商业经营理念,充分利用森林从砍伐转变为营林的好处。大多数工人从砍伐森林变成了营造和管理森林。为了保障森工企业的正常运营,更好地促进天然林资源保护工程的实施,国家设立了天然林保护专项资金,向那些原本以砍伐天然森林为主要生存手段和生产模式的自然森林管理者和森林农场工人支付天然林保护资金,作为生态补偿,保障了其必要的生活支出,基本有效遏制了森林砍伐,促进对天然林的有效保护和生态效益的实现。

(二)京津冀森林生态补偿

与其他领域相比,京津冀区域森林生态补偿取得了一些成果,但由于资金短缺的压力,预期目标与京津冀区域森林生态补偿尚有差距。河北北部山脉和森林已经成为京津地区的氧吧和防护栏。在很长一段时间里,森林保护主要依赖于中央财政拨款,而当地财政力量有限,共建支持不足。例如,2006年北京和河北签署护林建设备忘录,由北京补充建设资金,重点支持密云、官厅水库上游位于河北丰宁一带的水源保护林。但具体的森林共建措施还留待通过京津冀区域生态补偿机制构建加以进一步地深化和完善。

鉴于森林的重要生态功能以及当前森林生态补偿存在的重面积轻生态、重自然轻个体的情况,京津冀区域森林生态补偿标准的制定要综合考量森林自然资源和社会经济发展多方面因素。例如,依据森林的生态价值,设立水土保持、防风固沙、气候调节等生态效益补偿;依据被限制或禁止砍伐所带来的损失,设立不同程度的损失补偿基金;依据森林生态系统修复成本,设立森林发展基金等。另外,森林生态补偿标准还可以在诸如禁伐区和限伐区、经济发达地区和落后地区、生态功能维护较好与相对较差地区之间,通过调整生态补偿标准的比例以区别对待。也可以通过森林生态补偿主体与受偿主体主体之间的协商确定采取不同的生态补偿方式,更好地发挥生态补偿的激励作用,使京津冀区域之间的森林生态补偿更加高效合理可行。

三、大气生态补偿

(一)已有实践

近年来,我国日益严重的大气污染直接导致了重大财产损失,阻碍了经济发展,同时给人们的正常生活和公众的身心健康造成严重的损害和影响。甚至从国际层面来看,气候外交业已成为当今世界各国环境外交的核心。2012年国家《重点区域大气污染防治"十二五"规划》中就明确指出,"在全国环境保护联席会议制度下,定期召开区域大气污染联防联控会议,统筹协调区域内污染防治工作"。2013年,国务院发布了《大气污染防治行动计划》,这是一份更加严格的管理文件,前者明确提出了截至2017年京津冀地区大气污染治理指标,以及建立联防联治法制协作机制的要求。2014年新的《环境保护法》确立了污染治理的联合协调机制,其中第二十条第一款规定"国家建立跨行政区域的重点区域、流域环境污染和生态破坏联合防治协调机制,实行统一规划、统一标准、统一监测、统一防治的措施";第二款规定"前款规定以外的跨行政区域的环境污染和生态破坏的防治,由上级人民政府协调解决,或者由有关地方人民政府协商解决"。鉴于此,建立区域联防联治制度已经成为治理大气污染的重要措施。

(二)京津冀大气生态补偿

河北省2012年1月17日发布的《河北省生态环境保护"十二五"规划》中提出"制定实施京津冀区域大气污染联防联控规划,落实京津冀城市群大气污染防治统一规划、统一监测、统一监管、统一评估、统一协调的总体要求"。此后,国家和河北省又先后出台了《京津冀及周边地区落实大气污染防治行动计划实施细则》和《河北省大气污染防治行动计划实施方案》,规定了治理大气污染的严格手段,标志着河北省大气污染治理由此步入制度化轨道。这两项制度较好地解决了政府间的纵向协同和横向协同问题,但对于社会力量、社会协同尚未提及,法律制度和措施也没有精确化、细致化,缺乏可操作性。

而且,随着京津冀一体化下区域布局规划的调整,越来越多的重污染企业从北京、天津迁入河北,汽车尾气、工业粉尘等排放污染也增加,京津冀区域本就糟糕的空气质量每况愈下。因此,建立京津冀大气生态补偿制度迫在眉睫。在这方面,我们可以借鉴现有排污权交易的相关制度,也可以考虑设立"项目支持基金",制定项目奖励办法,列出项目支持计划,转移到被补偿的地区或企业。基金的主要目标是解决因为削减产能而附带的社会问题,如因此失业的人员的再就业问题;落实对污染排放少或无污染排放的新兴产业的资金补贴;鼓励生态产业的发展,弥补因保护环境使产业选择受限而导致的经济发展和财政收入损失;通过项目资金支持,促进经济欠发达地区由外部辅助发展向自我积累、自我发展、自我创新转变。

四、矿产资源生态补偿

(一)矿产资源生态补偿的内容

生态补偿主要包括两个方面:一是对废弃矿井和旧矿区造成的生态环境损害的补

偿;二是对不断增长的矿产资源开发造成的环境损害。其中,由废弃矿井和旧山区造成的环境污染是由国家通过建立废弃矿山生态环境恢复治理基金来管理的。恢复山区生态环境的主要资金来源财政拨款和废弃矿山生态补偿费,这些资金是从矿产开采中提取出来的。开发公司对由于其开发造成的损害,以现金补偿和修复的形式承担全部责任。直接现金补偿针对煤炭开采造成的损害,如地上附着物损害、人员安置、耕地占用等。这些损害的受害人相对容易确定,故可以直接进行现金补偿。修复矿山生态系统的形式旨在使矿山生态环境恢复到开采之前的状态。修复可以由企业自主组织开展,也可以是政府通过大型工程进行修复治理。与此相应,矿产资源生态补偿主要包括两方面的内容,一是对废弃矿山生态,主要通过设立废弃矿山补偿费来进行生态补偿,二是对于新建和正在开采矿山生态,以生态环境修复治理金的形式实现生态补偿。

(二)已有实践

1.矿产资源税及矿产资源补偿费

2009年第二次修正后的《中华人民共和国矿产资源法》第五条第二款规定:"开采矿产资源,必须按照国家有关规定缴纳资源税和资源补偿费。"

矿产资源税自1984年开始征收,于1994年扩大了征收范围,并在全国范围内推广实施。这是国家对国有矿产资源的开采利用征税。这一税种的目的是通过调节矿产资源开发中因自然条件优劣不同而产生的级差收入,为矿产企业营造公平的竞争环境,促进资源的合理开发与利用。矿产资源补偿费则是专门针对矿产资源耗竭的补偿,旨在通过征收矿山的绝对地租,避免开采者无偿使用。1994年,国务院颁布实施《矿产资源补偿费征收管理规定》,明确了矿产资源补偿费的费率及分成比例等。该文件于1997年进行修改,详细规定了收费标准、费率、征收单位和使用管理等。

2.煤炭资源生态补偿费

在生态补偿基本原则的指导下,甘肃、江苏、福建等省份对当地煤炭资源进行了生态补偿费的探索实践。甘肃省专门在油田开发生态补偿机制。生态补偿费的征收和使用直接由省级政府负责,石油开采单位应根据有关规定支付补偿费。自1989年以来,江苏省对所有煤矿征收生态补偿费,用于矿山的生态环境治理,其征收标准是企业销售收入的2%—4%。自1992年以来,福建省对全省煤炭企业征收生态补偿费,用于矿山的生态环境和景观修复。该省的补偿标准为省内0.5元/吨,省外为5元/吨。

3.矿山生态环境治理备用金

1998年,根据浙江省《浙江省矿产资源管理条例》,首次创设了矿山生态环境治理备用金制度,以确保顺利筹集资金以实现矿井生态补偿。按照规定,所有采矿人在获得采矿许可的同时,必须签订矿山自然生态环境治理责任书,明确采矿对矿山生态环境治理和恢复的义务,并根据矿山开采方式、矿区面积、影响程度等,确定矿山生态环境治理备用金的缴纳标准。这一标准要高于矿山生态环境的实际治理费用。同时,如果采矿人不能依约履行义务,有关机构有权从其已经支付的矿山生态环境治理备用金中提取资金,并将其用于矿山生态环境保护。此后,浙江省又制定出台了针对矿山生态环境治理备用金的实施办法和细则,为发展对矿产资源开发利用的生态补偿提供了良好的参考借鉴。

(二)京津冀矿产生态补偿

矿产资源是人类赖以生存和发展不可或缺的基础性物质。矿产资源的稀缺性和不可再生性,决定了人类的矿产资源开发利用活动必须充分认识到不可避免和一定程度的资源消耗,并且基于这一信念尊重客观规律,禁止和限制过度使用和浪费资源。另外,这种特殊物品又要求通过适当的方式对其稀缺性与耗竭性做出替代或补偿,即以未来收益的现值与该矿藏的现值的等量性为其衡量标准,对开采不可再生资源所获得的收益,进行其他资本形式的投资,使得自然资源资本由等量的其他资本形式所补偿,保障矿区居民的永久生计。因此,从这一角度延伸,矿产资源生态补偿是一种使矿产资源的消耗得到替代和补偿的方式。它能够使得矿产资源开发利用以有益和可持续的资本形式创造新的财富,造福子孙后代。

长期的掠夺性致使京津冀区域的矿产资源迅速枯竭,矿区周边环境恶化,地貌和植被大面积损毁,在部分地区出现了地质灾害,既给矿区人民的生活带来严重影响,也导致生态系统不可逆转的极大破坏。我们必须通过法律规范的调整使区域矿产资源的开发利用活动有节有度,避免矿产资源的破坏和浪费;同时还要通过矿产生态补偿制度的确立使矿产资源的使用价值持续,以实现京津冀区域矿产资源的可持续利用,以及区域社会、经济和生态环境的全面协调发展。

建立京津冀区域矿产生态补偿,首先要明确矿产生态补偿的法律关系主体。矿区开发者和受益人应当成为补偿主体,通过建立矿产开发相关制度,以确立开发者的权利义务。受益者的确定则由于相对分散而变得复杂,可以通过对相关行业收税或能源计价收税等方式确定。而矿产生态补偿的受偿主体主要是受到采矿环境影响的地区的居民。在区域矿产生态补偿资金来源方面,一方面可以扩大税收,提高税收之间的税收负担水平,另一方面是建立健全矿区恢复治理保证金制度,使之有利于京津冀区域矿产资源的稳定发展。在目前的生态环境条件下,区域矿产资源的生态补偿标准应根据恢复生态环境的成本来确定,既可以保护和恢复生态环境损失以及保护被破坏的生态环境基本利益,同时也符合受损者和补偿者的实际情况,使矿产补偿具有更加可持续的发展动力和功能。

五、生态功能保护区生态补偿

(一)主体功能区的开发理念

《中国生态功能区划》将全国初步划分为 208 个生态功能区,并确定了 50 个重点生态功能区,包括生物多样性保护、水源涵养、土壤保持、防风固沙、洪水调蓄等。这些区域对保障国家生态安全具有重要意义,同时也是划分禁止开发区域和限制开发区域的主要依据之一。主体功能区的开发要坚持以尽可能少的资源和尽可能小的环境代价,实现区域经济社会更好的发展的理念。这就为生态功能保护区的生态补偿提供了基本依据,也为区域生态补偿体系的建立打下了重要基础。推进主体功能区的形成和实现国土空间的均衡发展,必须开展生态功能保护区生态补偿。

1.生态产品的理念

随着社会的发展,人们对生态产品的需求日益增长,已经同农产品、工业品和服务产品一样,成为人类生存发展所必需。而生态产品本身就具有产品的性质,能够为人类提供维系生态安全、保障生态调节、保持良好人居环境等重要价值,提供生态产品的过程也是创造价值的过程。因此,要对提供生态产品的限制开发区、禁止开发区进行生态补偿。

2.国土空间均衡发展的理念

不同国土空间具有不同的主体功能,空间开发的均衡发展就是要充分发挥不同国土空间的资源禀赋优势,通过不同地区之间的分工合作,实现区域经济与社会、人与自然和区域间的协调发展。各主体功能区之间要通过生态产品的提供与补偿,整治生态空间。

3.生态和环境优先的理念

在区域发展过程中,自然生态系统和资源环境系统是影响区域发展格局的重要长效因素。区域开发必须以人与自然和谐发展,保护自然生态为前提,服从区域可持续发展的要求,发展必须在自然生态系统的承受范围内。生态与环境优先,意味着生态建设与环境保护仍是整个社会发展的重中之重。

(二)已有实践

重要生态功能区生态补偿是生态补偿的一个重要领域,也是一种特定类型的生态补偿。重要生态功能区生态补偿立足于保护和可持续利用重要生态功能区的生态系统服务,通过生态补偿的一系列制度安排和实施,实现对重要生态功能区的利益主体行为及其关系的调整。重要生态功能区生态补偿区域主要集中在生物多样性保护区、水源涵养区、土壤保持区、防风固沙区、调蓄防洪区等。① 目前在国外有关重要生态功能区保护制度中已有许多行之有效的生态补偿措施,我国的重要生态功能区生态补偿实践主要集中在生态建设工程和重大基础工程方面,前者如退耕还林、退牧还草、天然林工程、防护林建设、风沙源治理等,后者主要包括水源涵养、土壤保持、防风固沙、调蓄防洪等领域的流域污染防治、水土流失综合防治等。但在重要生态功能区生态补偿实践中,针对生物多样性保护方面的生态补偿相对较少。

根据世界粮农组织的研究调查,在当前全球对于重要生态功能保护区的生态补偿中,由政府主导的补偿数量更多,但也有数据表明,市场和私人正在越来越多地参与到重要生态功能保护区的生态补偿之中,并且更多数量集中在碳固存、水资源和生物多样性领域。② 由于生态功能保护区本身具有一定的特殊性,包括生态功能需求定位的差异、所处区域经济社会及环境因素的影响等,因此重要生态功能区的生态补偿在实践中往往会涉及不同的补偿类型,进而采取不同的补偿方式和具体制度措施。但从生态补偿的空间层次来看,重要生态功能区生态补偿属于区域生态补偿。

(三)京津冀生态功能区生态补偿

京津冀协同发展是一项重大国家战略,为河北省提供了重要的历史机遇,以解决与京津区域的合作难题,并促进京津冀城市群的协同共建。《中共中央关于全面深化改革若干重大问题的决定》提出,坚持"谁受益、谁补偿"的原则,完善对重点生态功能区的生态补偿机制,推动地区间建立横向生态补偿制度。因此,加快建立京津冀生态保护区并完善生态补偿制度,是对国家战略的具体落实。

生态功能保护区生态补偿立足于对生态环境整体的补偿,通过建立保护区并配套相关的政策支持,可以最大限度地减少人类活动带来的不利影响,促进保护区内生态系统的保护恢复和稳定发展。根据生态学上的测算,每个生态系统需要10%的保护才能维持整个区域的生态平衡,然而事实是,现行生态功能保护区由于生态补偿机制不完善及其投入不足、运转不畅等原因,保护区面积在不断减少,保护区生态功能也不断减损,因此,在原有国家生态保护区的基础上,结合京津冀生态环境问题的特殊性和生态补偿机制的需要,由京津冀联合建立和维护一些生态保护区,将有助于京津冀生态补偿机制的有效运行和生态补偿目标的实现。

京津冀三方政府是生态功能保护区的生态补偿主体。中央政府可以弥补三方资金投入的不足,同时也可设立专项生态补偿基金或对口援助合作机制等,为生态补偿提供足够的资金。受偿主体主要是保护区的居民、保护区建设者和因设立保护区而受损的其他主体。补偿范围应包括对保护区内生态利益减少的补偿和对保护区内生态

---

① 资料来源:生态补偿机制课题组报告,http://www.cciced.org/。
② The state of food and agricultrue 2007 paying farmers for environmental services[R].Rome,Italy:Food and Agricultrue Organization of the United Nations,2007.

恢复的补偿。补偿方式上既要坚持现有的以政府为主体的项目形式的生态补偿,也要重视发挥市场的作用,积极探索并展开多种市场为主体的补偿形式,如清洁供水、土地租赁、生态旅游、信用额度交易等。同时还应关注当地社区和个人的广泛参与,协调不同主体利益,实现区域经济社会发展的和谐统一。

第六章 京津冀生态补偿机制构建之保障机制

第一节 一般机制

一、概述

生态环境问题通常不会在一个地区独立存在,而是会随着地区范围的扩大而扩大,生态环境破坏将会形成环境不平衡,并通过区域间的相互作用呈现出加速恶化的趋势。因此,生态环境问题的非区域自主性需要区域间协调。当一个地区的污染物排放量减少,它的经济就会变得环保,它的环境也会改善,它对生态环境,如大气和水资源产生积极的外部影响,从而降低整个地区的污染水平。当几个地区意识到生态经济正在发生变化时,环境外部性将变得更加明显。

生态补偿机制是一种利益协调机制,也是一种矛盾协调机制。通过这种机制的利益和矛盾协调,最大化地实现了生态系统服务提供者和生态系统服务享受者之间的利益平衡和生态系统稳定。然而,中国目前没有生态补偿立法,有关生态补偿的规定大多停留在政策层面,依靠行政力量推行,尚未形成法律规范的政策要求和行政实施,这使得生态补偿活动面临诸多障碍和限制。因为生态补偿政策或生态补偿协议的短期性和可变性,会使生态服务提供者和生态环境保护和建设者对自己的活动预期不够明确,甚至会对由于自己的生态环境保护和建设以及生态服务而造成的自身利益损益充满担忧,进而对长期的生态环境建设和保护行为失去热情和动力。因此,生态补偿机制必须成为一个长效补偿机制。要实现生态补偿机制的长效化,最直接、最便捷的方式就是立法。只有当生态补偿机制被引入法律体系和生态补偿实现合法化和标准化时,生态补偿机制在保护和建设生态环境和促进可持续发展方面的作用才能充分发挥,以确保生态补偿机制的长期有效性。

在国外的生态补偿实践中,日本、美国、英国等许多国家很早就认识到通过立法方式来保障区域生态利益补偿机制有效实施的必要性。一个典型的例子是1972年日本的《琵琶湖综合开发特别措施法》确保了琵琶湖地区生态补偿活动的顺利开展。1973年,日本通过一项特别措施法——《水源地区对策特别措施法》,将水资源区的综合利益补偿规定为一项普遍的法律制度,来弥补水源区的总体利益。强有力的法律保障促进了日本生态补偿机制的有效实施和运转。鉴于此,在京津冀区域生态补偿机制的建立和完善过程中,我们必须通过立法确定生态补偿机制标准化工作的法律框架、目标、范围、方法、标准和责任形式,以加强对生态系统服务提供者的保护,确保生态补偿机制的有效实施和运行。通过立法构建京津冀区域生态补偿机制,京津冀三地可以厘清法律关系主体之间的生态补偿权责利,减轻生态补偿主体的负担,同时通过充分及时的补偿,平衡生态补偿各方利益主体,最终实现生态环境保护的目标。

二、财政保障机制

建立一个区域生态补偿机制必须得到充分的金融资源和可靠的金融体系的保证。首先,中央政府必须在地方政府的财政和行政权力之间取得平衡。根据现行的财政分摊制度,当地方政府的财政收入不足以履行其生态补偿职能,而企业的权力不适合财政时,中央政府必须通过财政转移支付来弥补当地资金的短缺。与此同时,地方政府的财政资源必须逐步增加,以减少经济发展和环境保护之间的冲突。其次,要建立横向财政转移支付制度。横向财政转移支付制度是解决问题的重要途径。通过横向财政转移支付为实现生态环境保护的受益者和保护者的公平分配成本和效益实现区域间分配资源和保护责任分配。再次,设立生态补偿资金的特别账户。为区域生态补偿设立专门的特别账户,中央政府提供的生态补偿基金以及省级财政支付的生态补偿基金应纳入生态补偿资金账户。资金的使用应在生态补偿机构的监督下进行,有关政府应共同协商,制定生态补偿特别基金的预算。预算可分为两部分:一些资金直接流向生态环境受益地区政府,由政府直接补偿本地区为促进生态环境保护和限制发展的行政区域、企业和个人;一些资金直接通过基金或特别基金进行区域生态环境管理和生态环境保护项目。

三、监督管理机制

(一)概述

区域生态补偿机制是系统工程,在实现保护和恢复生态环境的目标中,其包括区域工业结构的调整、能源结构的转变和生存环境的改变,具体行动包括筹集和实现资金和物资、执行情报和项目、政策实施等。就利益主体而言,生态补偿机制涉及多个主体,个人利益与公共利益,短期利益与长期利益,经济利益与环境利益以及地方利益之间存在冲突和矛盾。从本质上说,生态补偿是对共同利益的修正和变革。在这样一个复杂的过程中,如果监管系统真空或监管薄弱,会给社会稳定和经济发展带来巨大的负面影响。因此,生态补偿监督管理机制为生态补偿法律体系的动态运行提供了组织管理和监督机制,保障并促进了生态补偿目标的实现。中国目前的环境管理制度基本上是一个单一的垂直执行模式,缺乏跨省市和机构间的协调系统,这给区域生态补偿,特别是跨省之间和跨行业跨部门之间的生态补偿带来一定的困难。因此,重要的是改进区域生态补偿监督机制,帮助区域各方切实履行好各自的权利、责任和义务。

虽然区域生态补偿在决策和执行过程中具有很强的行政意义,但它与该地区的共同利益和发展直接相关,故而监测和管理区域生态补偿机制必须是一个多维监督系统,包括行政监督、公众监督、舆论监督等。在建立京津冀区域生态补偿监督管理机制时,应考虑到不同地区生态补偿的不同水平和规模以及环境因素的特点。概括说来,京津冀区域生态补偿监督机制应统筹考虑生态补偿政府监督体系的完善;生态补偿监管委员会、生态补偿管理联席会议等专门委员会的建立健全;生态补偿资金的监督管理等内容。此外,我们还必须建立一个机制来评估执行区域生态补偿所产生的影响,并通过环境影响评估制度和环境监测系统对关键区域的影响进行持续评估。这项评估体系应以法律规则的形式确定。同时,必须改进公众参与和信息公开制度,使生态补偿基金的引入和使用在它们自己的倡议和公众监督下实施。与此同时,充分探索和发挥专家在参与生态补偿监督、评估和提出改进措施等方面的作用。

(二)政府监督体系

生态补偿的成功实施取决于若干补偿机构和机构之间的劳动分工和合作,不同的部门和组织扮演不同的角色,不同的生态补偿机构相互依赖和监督,从而建立了强大的生态补偿组织系统,监督和实施生态补偿活动。补偿的每一个环节都需要政府的宏观干预和监督,建立严格的监督制度,实现补偿系统内的相互制约和自律,以确保不受阻碍地实施生态补偿。

政府是生态补偿法律关系的重要主体,在区域生态补偿监督管理过程中首先应明确界定政府作为区域生态补偿主要主体的权利和责任。在纵向生态补偿中,上级行政机关和下级部门的权利和义务是相互对应的。上级政府有开展行政和有约束力的领导、行政奖励和命令、监督和调查权以及行政补偿的义务,下级部门处于被领导和服从的地位,但上下级行政机关在纵向区域生态补偿中还存在着相互监督的关系。横向生态补偿双方主体的行政地位平等,双方的权利和义务不存在领导和服从关系,但它们必须在平等基础上讨论协商,依法解决地区之间的生态补偿和妥善解决环境争端。

(三)专门委员会

我国没有生态补偿监督管理制度,也没有在行政区域之间建立有效的生态补偿协调系统,只有在一些特定的生态补偿实践中存在如长江水利委员会、珠江水利委员会等机构,但这些机构只是作为负责分配水资源的部门归水利部管理,法律没有赋予其协调、监督和执行水资源补偿的相关权力。在美国,流域管理委员会的权力超过了区域水资源补偿协调和管理权力,使流域各方能够在流域生态问题上采取统一的方法。例如田纳西州流域委员会在整个田纳西州流域执行环境保护水资源的职能。在短期内,我国必须加强在部门和行政区域的生态补偿工作,并整合生态补偿条款的内容,同时还必须在行政区域之间建立生态补偿协调系统,并成立一个特别委员会。区域生态补偿由区域一级生态补偿领域的省级部门组成,负责区域生态补偿监督,协调区域间生态补偿问题,并帮助区域各方认真履行生态补偿义务。管理委员会成员可以由专家、学者、社会成员及其建议和认可的代表组成,并以法律的形式确立管理委员会的权利和职责,包括召集区域内的各行政部门、企业团体以及公众代表组织会议和协商生态补偿中关于确定补偿主体、补偿依据、补偿数额及环境污染与生态破坏的鉴定、补偿资金的使用、违约金的计算等事项的具体问题。管理委员会对环境管理、环境安全以及不同利益主体在生态补偿方面的利益协调,可以有效解决生态补偿中的矛盾和冲突。与此同时,管理委员会可以负责地方政府资金的横向转移、环境资源市场管理以及为水权和排放贸易提供适当服务,或者是联合技术咨询委员会,由负责政策和技术咨询的专家组成。

(四)生态补偿资金管理监督

生态补偿监督机制是促进区域生态环境保护的激励政策。在这一过程中,不同的生态补偿管理部门和其他机构,如环境保护部门,联合起来建立具有权威性的机构体系并代表国家来行使监督和管理的权利。政府必须科学地界定和组织补偿基金的收集和使用。建立生态补偿受益区年度生态补偿资金实施与运作报告机制,生态补偿基金必须完全纳入地方政府的财政预算,建立专门的账户以确保资金的独立使用。建立生态补偿基金使用审计和监督机制,根据财务和审计的既定程序严格监督,及时向公众提供反馈和评估生态补偿基金持有和使用效率等。完善的监管系统可以促进跨区域生态补偿的顺利推进,以充分发挥生态补偿的环境、经济和社会效益。

在区域生态补偿过程中设立区域生态补偿资金理事会,也就是说,区域生态补偿资金理事会可以由有关区域政府主动设立,负责区域生态补偿基金的收集、分配、管理和实施。该基金的理事会由当地政府的相关人员、共同的上一级政府人员和专家学者组成。理事会下设常设委员会、秘书长和专家委员会。作为一个日常工作机构,常设委员会成员主要采用招聘、派驻和任命的形式,并定期更换。理事会应共同商讨和决定资金提取的方法和数额、支付方式、补偿数额,监督整个过程以及生态补偿各方的行为以及时对违法违纪行动进行纠正和制裁,确保区域生态补偿活动不受阻碍地开展。区域生态补偿基金理事会是一个区域生态补偿基金管理机构,它实际上是发挥一个区域生态补偿基金管理委员会的职能,该委员会是管理和监督区域生态补偿基金的区域专门委员会。如果区域生态补偿主体不能及时履行其偿付义务,区域生态补偿基金理事会可以通知或要求该主体有效履行。如果区域生态补偿主体继续拒绝履行其义务,区域生态补偿基金理事会应召集所有区域生态补偿的相关方进行协商和建议,并支持区域政府申请由共同上一级政府做出裁决。同时,理事会可以根据市场经济的基本原则,委托专业资产管理机构投资和管理生态区域补偿基金,以确保维持和评估生态补偿基金的价值。

四、协调保障机制

(一)概述

在生态补偿法律机制的运行过程中,政府和市场都可以发挥作用,但从目前的生态补偿实践的现状来看,政府仍发挥着主导作用,一方面政府代表国家对环境资源行使所有权并进行重新配置和调整;另一方面政府通过颁布有关生态补偿的法律法规和政策来维护代内公平和环境正义,甚至在有些时候政府还扮演着生态补偿的主要买单人的角色。然而,通过财政转移支付、政策补偿等政府补偿方式对生态服务提供者进行补偿也存在着缺陷,如补偿资金来源单一、资金缺口大;资源定价体系不合理、补偿不足和不到位等,而且生态环境保护者和受益者往往是不一致的,难以实现生态补偿的基本权利、责任和义务的统一。政府失灵是市场参与生态补偿的一个重要原因,因为市场参与可以有效地调节政府的刚性程度,激发市场的热情和主动性,最终实现补偿的高效率。但市场补偿有时也可能会失灵,例如,它很难明确确定区域生态环境服务的提供者和受益者,需要在生态系统服务提供者和受益人之间进行长期协商和谈判,以达成生态补偿协议,也可能导致交易延迟和交易成本增加。

生态补偿机制本身就是一种协调利益和矛盾的机制,在区域生态补偿方面,建立协调机制尤其重要。由于生态补偿的实施不可避免地会导致经济效益和环境效益的重大调整,当许多利益交织在一起时,必须在所有形式的生态补偿中实施统一的生态补偿制度规范,通过协调机制形成区域生态系统的协调。鉴于政府的潜在失灵风险和生态补偿实践中的市场失灵,需要充分利用政府和市场的优势,建立一个协调的保护机制来构建区域生态补偿体系。要想使京津冀生态补偿机制在区域经济社会协同发展和环境保护方面发挥出最佳作用,必须有效协调政府主导和市场机制。

(二)政府管理体制

政府应当在生态补偿法律法规和政策的制定中发挥主导性作用,对生态补偿工作进行宏观调控和部署,制定长远规划及管理政策并适时调整有关的补偿标准,确保生态服务提供者和受益者之间的交易公平和交易秩序、维护两者间的利益平衡。

生态补偿法律关系分析表明,区域生态补偿的主要问题是地方政府之间的生态补偿博弈,当缺乏约束机制时,政府间生态补偿极易陷入"囚徒困境"。因此,区域生态补偿机制应明确规定地方政府机构分工配合、协调行动和权责利统一的管理制度。特别是要在省级层面建立生态补偿管理中心和协调中心,作为生态补偿的省级管理与运行机制,统筹协调区域内涉及生态补偿的各个部门的相关工作,整合区域内生态补偿力量。主要任务包括:第一,执行国家有关生态补偿政策和解决问题;第二,协调有关省级部门之间的相关利益;第三,制定监测和评估生态补偿基金影响的规则;第四,确定纵向转移支付的生态补偿方式,申请中央公共财政特别基金以保护环境或生态补偿;第五,研究制定生态补偿的方针与政策和具体实施措施;第六,制定生态补偿项目的申请规则和批准;第七,协调区域生态补偿的争议。与此同时,在区域内建立由市级相关部门共同组成的生态补偿市级管理与运行机构,执行国家和地区生态补偿方针和政策,实施生态补偿基金和生态补偿项目的相关工作,制定生态补偿实施的具体规范和监督规则等。区域生态补偿统一机构的设计将会大力减少由于多领域、多部门执法所导致的不同利益群体对生态补偿和生态恢复的阻碍,同时有利于有效避免政府在生态补偿中补偿成本过高的问题。

(三)市场管理模式

市场应当在区域生态补偿中发挥其在优化资源配置、引导资源供求中的重要作用,充分调动生态服务提供者和受益者在保护环境和促进发展中的积极性和主动性,弥补政府补偿的不足,发挥好配套和协调作用。针对环境管理依靠单纯的行政手段的成本高、经济效率低等缺点,应该建立市场本位的环境管理模式,重在发挥市场的流通功能,主要包括:其一,建立成本—效益模型,核算生态资源活动的成本收益,使其发挥出最大的经济价值。其二,对生态资源合理定价,合理补偿生态服务提供、资源环境、生境与生态敏感区保护、生物保护等投资者。促进生态资源市场交易,利用市场手段协调生态保护区域与受益区的利益关系。其三,建立和完善生态环境保护与修复以及建设重点区域与受益区域的协作机制。通过制定区域生态补偿措施规范受益地区对生态环境受损地区和发展受限地区的生态补偿,以及建立宏观经济监管和控制机制来控制生态环境保护和生态补偿,更加有力地促进生态环境保护和重点功能区建设。

五、生态补偿评价机制

(一)生态补偿评价机制的构成

生态补偿机制的可持续性在于有效实施和发挥生态补偿的应有功能。建立生态补偿评价机制有助于充分了解生态补偿实施的实际情况和程度,对于根据系统评估发现的生态补偿实施的低效率原因及环节,采取有针对性的措施纠正和改善。随着生态补偿评价机制的适用和完善,它也可以在生态补偿基金的使用和管理、生态补偿政策的实施,生态补偿活动的实际结果等方面进行监督和审查,从而促进生态补偿机制的良好运转,提高生态补偿的质量和效率,实现生态补偿的根本目标。生态补偿评价机制从构成来看,主要包括以下内容:

1.生态补偿评价依据

生态补偿评价的基础必须建立在生态补偿制度的立法目标和价值的基础上。补偿资金和实物是否可以不受阻碍地实现补偿目标,并带来明显的生态效益——这是有效生态补偿的基本前提,如果补偿不能满足这一基本要求,生态补偿便是无效的。一般来说,为了判断生态补偿是否有效,重点是看其是否包括以下方面的内容:生态补偿资金及非金融形式补偿是否充分;生态补偿能否及时、顺利地给予受偿主体;生态补偿是否有助于恢复和创造生态环境;生态补偿是否带来了积极的生态效益。这是评估生态补偿的基本依据和必要内容。当然,由于区域生态补偿差异,评估的基础可能与该地区的现实情况略有不同,但其核心内容不能偏离上述方面。

因此,有效的生态补偿主要反映在以下方面:补偿资金充足,非金融补偿形式充分且成熟,整个补偿过程保持一定的压力、激励和动力,激活所有相关权利主体并发挥其主动性,激活物质元素,使它们流动并结合,实现最优的生产要素分配以及多种形式的补偿,以满足生态补偿本身的多样化需求。事实证明,有效的生态补偿可以帮助该地区摆脱贫困,及时调整产业布局,促进健康发展,将环境效益与社会效益和经济效益结合起来,使生态补偿可持续,为之后的生态补偿进程及时开发新的金融或非金融资源。它可以协调各主体的生态利益并公平且合理地分配生态利益,确保可持续的生态环境管理和生态系统功能供给,实现环境正义。

2.生态补偿评价内容

生态补偿是一个持续而渐进的过程,涉及许多相互关联的环节。如果想要使生态补偿评价保持全面、科学、准确,就必须基于生态补偿的过程完整性和不可分割性,同时根据评价的预期结果来实现生态补偿的目标。

生态补偿评估的内容主要包括:第一,生态补偿的方式、范围和程度;第二,生态补偿及时、资金可用、非金融形式的实现、补偿的公平和合理性、改善该地区人民生活条件的效果;第三,生态补偿政策制定的合理性、群众参与度、在政策制定过程中公众表达和合作程度;第四,生态补偿机制的完善和效率;第五,生态效益是在生态补偿实现之后,以及生态系统功能的改善;第六,补偿者和受偿者的互动关系状况以及改善受偿的心理、信心和能力。与此同时,生态补偿评价的内容也存在区域差异问题,根据每个地区的实际情况,评价的内容可能略有不同,但至少应该包括上述方面。

3.生态补偿评价结果

生态补偿评价结果是调查和解决用于监测生态补偿的执行和实际效果的问题的

基础。生态补偿评价的结果可以根据评价情况分为几个层次。例如,对于生态补偿方面相对成功和有效的工作,生态效益得到了改善,生态环境建设与经济发展之间的冲突和矛盾得到了缓解,有关利益相关者之间的生态利益和经济利益得到了妥善协调和合理分配,人们积极参与生态补偿,促进了补偿地区和受偿地区的可持续发展,生态补偿取得了肯定性的成果。对于生态补偿未能取得预期成果的评价结果,例如补偿基金不足进展缓慢,补偿过程存在强烈的行政强制,出现贪污腐败等问题,导致公众自愿参与生态补偿的积极性不高,生态效益不明显,就应该找出失败的原因并通过调整生态补偿政策、改进生态补偿系统和其他方法加以解决。如果生态补偿过程中出现违法情况,还必须使相关人员依法承担相应的法律责任。简而言之,我们必须根据生态补偿评价的不同结果采取不同的措施,以确保可持续补偿的立法目标得到有效实施。

(二)生态系统生产总值核算

1. 生态系统生产总值(Gross Ecosystem Product, GEP)概念的提出

人类社会及其生存和发展所依赖的生态环境构成了经济社会的自然复杂生态系统。我们用GDP或者用绿色GDP衡量经济,用HDI[①]人类发展指数衡量人与社会的发展,用GNH[②]国民幸福指数衡量社会发展和人们的生活质量,那么,我们同样需要用一个指标参数来衡量生态。因此,世界自然保护联盟(IUCN)提出并倡导生态系统生产总值核算。

2. GEP的含义

简单地说,GEP就是把一个行政区域内的生态系统看作一个经济单位,核算出生态系统为人类提供的最终产品和服务。这里的生态系统由三个基本元素组成:1.自然生态系统,如森林、草地、河流、湖泊、海洋、沙漠、冰川、雪山;2.人工自然生态系统,包括农田、牧场、农场、水产养殖等;3.一些物种资源、生物多样性包括遗传、物种多样性和生态系统多样性,物种资源在环境资产中,用于GEP,但也用于环境资产,是自然资产的重要组成部分。

GEP和GDP主要在产品中重叠,但在文化中,如旅游价值的一部分,也被纳入GDP中,生态系统的大部分产品都已经被纳入GDP中。总的来说,如果我们观察整个地球,GEP一定大于GDP,否则就不能支持社会的发展。但对于不同的行政单位,GEP就可能低于GDP,如北京、上海这样的经济和服务业较发达但面积有限的地区,

---

① 人类发展指数(HDD):联合国开发计划署从1991年开始提出,指的是在同样GDP的经济发展水平下,人的平均寿命和人的教育水平可能是不一样的,这样更多地考虑了人和社会的发展。联合国每年都发布人类发展指数。

② 国民幸福指数(GNH):最早由不丹国王提出。国民幸福指数从九个方面来衡量社会发展情况和人们的生活质量,现在世界上有越来越多国家采用国民幸福指数来衡量社会发展。近年来,联合国每年也发布世界各国的幸福指数。

它们自身所能提供的产品和服务是不够的,像南水北调工程就是解决水资源供给不足的问题。通过这样一种核算,我们可以了解到不同行政单位之间、不同的省市县之间有什么样的生态联系。大部分来说,如果作为一个国家来说,GEP 应该大于 GDP,才能实现可持续发展。[①]

GEP 和绿色 GDP 也是有区别的。绿色 GDP 仍然是 GDP,只是减去了环境治理的成本,增加了额外的资源盈余,或是减掉了自然资产的损耗,比如说某县 GDP 是 100 万亿的话,空气、水、土壤、环境治理等消耗掉了 1%,就变成 99 万亿,这就叫绿色 GDP,仍然还是经济指标的考量。但如果森林资产增加了 2%,那绿色 GDP 就是 101 万亿。但是我们还没有直接了解,究竟森林、草原、农田为该县和周边地区提供了多少产品和服务,因此 GEP 与绿色 GDP 虽然有部分重叠和匹配,但并不是一回事。

3.GEP 的意义

我国十八届三中全会提出了建立生态文明制度以及自然资产核算,提出了对重点生态功能区和一些贫困县取消 GDP 的考核,提出了自然资产负债表和领导干部离任审计,也发布了生态文明建设目标评价考核体系,每年要对生态文明目标实现的情况进行评价,结合每五年国民经济发展计划,对生态文明建设的目标进行具体的考核。事实上,GEP 可以部分满足这些需求,并可以作为衡量生态文明建设的指标,这是一个非常重要的方面,即生态产品。呼吸干净的空气,享受蓝天绿地碧水,这是每个人的愿望。使用 GEP 量化生态系统和绿色发展的价值,填补了目前国内外生态环境核算指标的空白。这是一种有效改善目前生态环境状况的方式,也是推动生态文明建设和绿色发展的重要途径。

一位诺贝尔经济学奖获得者也提到,当我们过度使用 GDP 时,我们会误导世界。现在每个人都在谈论寻找超越 GDP 的核算指标。当然,GDP 对经济功能的评估是有效的,但是用它来衡量整个社会的可持续性将是错误的,因为它忽略了非常重要的生态环境问题。

GEP 是一个货币化指标,是用数字来表示生态系统提供了多少产品和服务,为企业、环境组织、科学和技术提供了适当的标准和方法。例如,我们使用的大理石的微晶体实际上是一种自然资产,是我们所依赖的矿物资产的一部分,而这个过程正在污染生态系统,如水和土壤。我们同时研究企业在其活动中对生态系统的依赖程度以及它对生态系统和自然环境的影响,以便通过将 GEP 的统计数据合并到不同的行业来量化核算。在国际层面,GEP 可以被用作国际谈判,例如湄公河流域。当我们讨论我们是否提供水利和生态环境服务的问题时,GEP 可以提供一定数量的科学依据。

---

① 资料来源:世界自然保护联盟中国代表处驻华代表朱春全对 GEP 的解读,新华网 http://www.xinhuanet.com/fortune/2017-03/29/c_1120718911.htm。

同样,在国内不同行政区域之间,比如 31 个省市自治区,可以通过 GEP 排名使大众容易了解。如此,GEP 可以发挥一个衡量生态状况变化的指示作用,成为衡量可持续发展的一个指标,也就是衡量生态良好的指标,也可能将来成为碳交易、水交易,实际上生态产品交易的依据。①

4. GEP 的发展过程及方法

(1)过程

2000 年,联合国千年生态系统的全球评估评估了全球生态系统,其中包括四个方面的服务:供给功能、调节功能、文化功能及支持功能。联合国环境规划署和德国政府于 2007 年开始研究生态系统经济和生物多样性并持续进行。世界银行开展了财富核算与生态系统服务价值评估,也在一些国家进行一些试点工作。联合国统计署在 2013 年出版了环境经济核算试验性生态系统核算。

世界自然保护联盟和中国科学院生态研究中心在内蒙古兴安盟、阿尔山和鄂尔多斯,吉林省通化市,四川省甘孜州和贵州省习水县等地进行试点工作,取得了一些成果。例如核算案例中,贵州省的核算结果 2010 年是当年 GDP 的 4.3 倍;阿尔山是以森林和牧场生态系统占主导地位的地区,它的 GDP 非常小,而 GEP 是 GDP 的几十倍。这项工作得到了国家发展和改革委员会、环境部、国家林业局、国家标准委员会和中科院的支持。环境部还支持开发和培训 GEP 核算技术规范,并提出将 GEP 纳入生态文明目标考核体系的建议。亚洲开发银行也支持国家发展和改革委员会将 GEP 与青海省、云南省和贵州省的生态效益补偿联系起来。希望 GEP 能被用作今后跨省区域间财政转移支付生态补偿的定量基础。

(2)方法

生态系统生产总值核算包括三个方面,一个是生态系统为我们提供的各种产品,如农林产品、衣服、食物、饮用水等,它们以产品的形态进入市场,是可以看得见、摸得着的产品。另一个重要的是调节服务,如土壤保护、洪水管理、二氧化碳吸收以维持大气中的温室气体平衡、氧气排放以稳定空气浓度、清洁空气等。最后一个重要方面是提供生态系统的文化服务,包括精神文化。

(3)途径

生态系统的总产值通过环境统计监测储存在不同部门的数据非常重要,包括远程探测或地面研究的数据,特别是用于功能性容量的生态系统产品和服务的核算。核算出功能量之后,再确定它的单价,进而就可以核算出不同的产品和服务的价值,核算成价值以后就可以加总成一个数字,最后形成一个生态系统生产总值。

---

① 资料来源:世界自然保护联盟中国代表处驻华代表朱春全对 GEP 的解读,新华网 http://www.xinhuanet.com/fortune/2017-03/29/c_1120718911.htm。

(三)生态补偿评价机制的实施

生态价值的测算存在诸多技术难题,例如各种生态环境贡献产品差异应该分类计算,难以估算价值的生态产品人工劳务、保证生态产品生产质量涉及价值难以估计的人口迁移,带来补偿标准的动态变化难把握等。针对这些问题,可以尝试在生态补偿评价机制中建立评估体系,具体而言,我们可以根据生态系统服务成本、生态保护成本和发展机会成本来平衡生态环境资源,推行生态系统生产总值(GEP)核算,建立完善的生态补偿价值评估体系。在此基础上,根据政策的基本目标,结合生态环境评价结果,对区域生态补偿实施绩效评价,判断生态补偿政策是否科学有效,实施效果如何,在多大程度上实现了既定目标。通过评价可以提高生态补偿资金的使用效率,指导下一步的生态补偿实践。

与此同时,由于区域生态补偿通常是在平等和自愿的基础上,利益相关方政府之间经过多次博弈协商达成补偿协议来实现的。补偿协议中的补偿标准通常基于监测数据,因此要保证生态补偿协议得到切实执行,就必须有公正的监测数据作为依据,这使得环境指标监测在区域生态补偿评价中至关重要。目前我国各类环境监测指标一般由生态环境受损地区政府或者相关政府共同监测,但一方政府或监测数据往往不能说服双方,在这方面我们必须探索建立第三方监测评估机制,这样将由中立的第三方进行监测,以确保监测结果的公正。建立第三方监测机制,要确立"地方为主、中央监管,监测为据、以补促治"的原则,并指定由第三方监测环境指标和公布监测结果,由第三方根据国民经济增长速度和人民生活水平进行综合性的年度损失评估,确定科学合理的生态补偿内容和标准,明确生态补偿范围,并作为区域生态补偿的考核依据。中立的第三方使脆弱的省份之间的契约关系更加稳定和有效。同时为确保跨区域环境指标考核机制的实施,应该尽快建立在线自动监测制度,合理设置监测站点,加强对监测设备的监管和校正。建立健全信息公开制度,实现监测数据公开透明,接受社会有效监督。

六、责任机制

(一)生态环境目标责任

1.生态补偿政府执行中的问题

在我国目前的生态补偿实践中,政府不仅制定了生态补偿政策,而且是生态补偿政策的主要执行者。特别是在区域生态补偿方面,地方政府的执行力将直接影响区域生态补偿的实现。但从目前情况来看,地方政府在强化执行力方面仍然存在诸多障碍。

首先是监督机制不健全。政府的生态补偿政策应由政府有关部门和公众共同监督,但由于目前的行政监督机制尚未完善,缺乏严格可操作的监督程序过程,造成实践中的监督往往采用视察、抽查、材料汇报等各种周期性的活动,使监督流于形式,影响了生态补偿的实施效果。

其次是缺乏资金保障。目前,我国的生态补偿主要是政府管理下的财政转移补偿,这意味着生态补偿基金的主要来源是财政拨款和补偿税费。单一的生态补偿资金来源和有限的融资渠道是生态补偿严重短缺的直接原因。此外,生态补偿基金的监督和管理仍然存在问题,例如中央和地方各级政府和相关主管部门之间法律关系和法律责任不明确以及金融和行政权力的模糊划分等问题,导致生态补偿资金的使用和管理程序不够规范,进而影响了生态补偿的实施效果。

再次是区域间的保护权属关系不明确。一级政府的环境部门只负责各自行政区域的环境保护和生态补偿,但实际上生态环境是没有界限的,所有的自然资源之间相互联系、相互影响,生态环境资源保护很难通过地域划分而割裂开来。环境无界性和行政区划有界性的矛盾和冲突难以协调,也在相当大的程度上影响了生态补偿的实施效果。

2.政府生态环境目标责任制的构建

鉴于上述问题的存在,构建政府生态环境目标责任制对于完善政府监管与执行力而言尤为重要。环境目标责任制,是通过责任制度下权利、责任和利益的有机结合而形成的一系列法律措施,这些措施明确规定了地方各级政府和环境污染单位在环境保护和环境质量改善上的权利、义务和责任。环境目标责任制是一种法律制度,根据这一制度,地方政府和环境污染单位应通过行政限制手段来量化政府在环境保护中的目标、权利、义务和责任,以实现环境生态环境和改善环境质量。

为了落实地方各级人民政府和环境污染单位对环境质量负责,第三次全国环境保护会议将环境目标责任制确定为八项环境管理制度之一。该系统制度确立了各级政府领导应依法承担的责任、权利和义务,并将这种管理模式引入环境管理。《中华人民共和国国民经济和社会发展第十二个五年规划纲要》中明确规定:"加强环境监管,健全环境保护法律法规和标准体系,完善环境保护科技和经济政策,加强环境监测、预警和应急能力建设。加大环境执法力度,实行严格的环保准入,依法开展环境影响评价,强化产业转移承接的环境监管。严格落实环境保护目标责任制,强化总量控制指标考核,健全重大环境事件和污染事故责任追究制度。"该制度体现出以下要点:第一,明确行政首长环境问责制,落实了不同部门之间相应的责任,使环境保护在行政一级得到执行;第二,环境保护的目标责任是由用于绩效考核的定量评估决定的,使环境保护的落实有了强制保障;第三,环境保护责任书是其主要方式。据此,环境目标责任制也成了区域生态补偿的一项重要依据,通过设定一个环境质量的基本目标,在此目标之下应认定进行生态赔偿;若是优于该目标,则可获得相应的生态补偿。

《中华人民共和国国民经济和社会发展第十三个五年规划纲要》中进一步阐明了地方政府的环境责任。提出"创新环境治理理念和方式,实行最严格的环境保护制度,强化排污者主体责任,形成政府、企业、公众共治的环境治理体系,实现环境质量总体改善"。要求"建立环境质量目标责任制和评价考核机制。实行省以下环保机构监测监察执法垂直管理制度,探索建立跨地区环保机构,推行全流域、跨区域联防联控和城乡协同治理模式。实行领导干部环境保护责任离任审计"。"完善生态环境保护制度。加快建立多元化生态补偿机制,完善财政支持与生态保护成效挂钩机制。实行领导干部自然资源资产离任审计。建立健全生态环境损害评估和赔偿制度,落实损害责任终身追究制度。"据此,生态环境目标责任制与评价考核机制具有了更强的联动性,监测监察、生态评估、财政支持、离任审计、责任终身等制度和机制的设计,使生态环境目标责任制更易落实。而且,跨区域联防联控和城乡协同治理为将涉及跨区域生态建设和环境保护的指标纳入地区党政领导干部的考核体系提供了依据。

(二)京津冀区域生态补偿责任制度

区域生态补偿责任制度特别强调生态责任,即当区域生态补偿双方根据各自的权利和义务达成区域生态补偿协议时,一方不履行义务或违反约定,应追究其不履行或违反约定的责任。这是生态补偿利益衡平原则的重要体现。在区域生态补偿活动中,双方应享有适当的权利和义务,以确保实现区域生态补偿。如果一方行使权利而不履行相应的义务,或者一方履行义务但不享有相应的权利,这对于双方而言都是不公平的,不利于区域生态环境的保护。因此,在确立区域生态补偿的权利和义务时,必须明确生态环境责任制度,建立健全与环境保护目标责任制考核挂钩的补偿分配体系,明确区域主体的生态补偿任务责任,并形成对区域补偿主体的监督,着眼于京津冀地区生态环境的综合治理与改善,规范和约束区域生态补偿双方的行为,进而推动京津冀区域生态补偿目标的实现进程。区域生态补偿责任制度的健全和完善主要体现在责任形式、内容、方式和程序等方面。在纵向区域生态补偿中,上下级之间是内部行政责任,任何一方违反权利义务都可能导致行政处分或纪律责任,并可能导致行政补偿终止;横向区域生态补偿的任何一方不履行权利和义务可能要求通过内部行政救济或请求共同的上级机关裁决,而不履行义务的一方应该恢复履行支付补偿金的义务,并对相关负责人给予警告、记过等行政处分,如果情节严重,甚至可降级、撤职或开除。无论何种形式,当区域补偿主体不承担法定义务时,应该承担相应的责任,并且这一责任应当是明确地体现在法律条款中的法律责任。

第二节　环境教育与环境法教育

一、环境教育

环境问题的产生虽然是多种因素综合作用的结果,人类对环境的基本认识和态度却不能不说是其中的一个重要的因素。可以说,环境问题的产生与发展是与人类环境意识和环境观紧密相联的,环境问题归根于人们的环境意识。对于具有主观意识的这些人群,改变其行为的有效途径就是教育。教育是培养新理念以育养新行为并证明价值和澄清观念的过程。

环境教育是一系列可以告知、激发和予以人们关心、爱护、支持、践行环境保护的过程,不仅可以改变生活方式,而且有助于改变制度、商业和政府行为。环境教育的目标是提高人们对环境问题的认识和兴趣,并使他们拥有知识、技能、态度、动力和决心,独立或集体解决当前的环境问题。环境教育也培养了人们全面认识自然环境和人工环境之间的密切关系的能力,赋予了人们在改善生活和保护环境方面发挥积极作用所需的技能、观点和价值观。环境教育具有综合性、实践性、全民性和终生性的特点。环境教育是提高人类整体素质的综合性教育,它引导人们努力践行环境道德义务。人们生活在环境中,环境质量与每个人的生产和生活密切相关。人的一生在生活、生产、参与决策过程中都对环境产生影响,处理自身与环境关系是生存主体不可回避的一个问题。维护生态平衡,人人都应关心、参与、决策并身体力行,必须承担起维护、保持和提高环境质量的共同责任。

关于区域生态补偿,在建立生态补偿机制和改进法律制度时,不能忽视有关环境教育。环境教育对于育养现代环境理念至关重要,尤其是在生态文明的背景下。环境理念是一种思想观念和信仰,是基于人们对环境的认识与实践的高度理论概括而形成的,是人的世界观的重要组成部分,是环境行为的指针。当前,污染者付费的观念已被人们广泛接受,但是人们没有形成"生态有价"的概念,反而认为生态资源作为公共品是不用付费的,因而难以普遍接受"生态环境受益者有责任和义务为生态环境保护付出代价者提供适当补偿"的观点,社会对生态补偿的内涵及重要性的认识程度还远远不够,生态功能价值没有被承认,尤其是在贫穷的生态脆弱的地区和发达地区之间的经济交流中。例如,自然森林的生态价值远高于其经济价值,但这种巨大的生态价值不能反映在经济建设和市场交换中。这种不公平的现象很容易导致贫穷地区失去保护环境的热情,甚至会为了实现暂时的经济效益而去破坏生态环境。因此,我们必须通过广泛的环境教育使全社会普遍接受并树立"环境资源有价,生态系统服务有价"的观念,纠正以破坏生态平衡和污染环境为代价实现眼前经济利益的短视行为,自觉防止和控制污染和维持自然的平衡;关注对贫困地区的"受益者补偿"的生态安全新观念,调动人们保护和改善生态环境的热情。因此,促进环境理念的育养和环境教育的普及对推动生态补偿乃至环境保护和可持续发展具有十分深远的影响和不容忽视的重大意义。

同时,我们还必须调动整个社会的力量,通过各种媒体、学校和群众组织加强区域生态补偿的科学普及和宣传工作,建立一个共同的观念,即生态补偿影响到整个社会的重要利益。对于直接涉及公共利益的生态补偿建设项目,通过听证会和其他形式的公开披露,倾听公众的意见,接受社会监督。通过制度创新吸引社会科研机构参与区域生态补偿过程,为生态补偿提供理论依据、统计数据分析、技术支持咨询等服务,为区域生态补偿的顺利开展提供智力保障。逐步增强社会各界对生态补偿的认知和参与程度,不断提高区域生态补偿中各利益相关者对生态补偿的认识,使全社会都参与到区域生态补偿中来,以促进区域人与自然和谐共生、持续发展。

二、环境法教育

建立一个良好的环境法律体系并确保其实现是建立生态文明的基本途径。只有当公民知法懂法,既能遵守环境义务,又会有效使用合法武器保护自身的环境权利和利益时,生态文明的实现才会有希望。环境法治能否实现,或者在多大程度上实现,与环境法教育密切相关。如果没有丰富的环境知识、深刻的环境伦理成就和良好的法律专业知识,就很难建立一个完善的环境法律体系。从这个意义上说,环境法教育是环境保护和生态文明建设成败的关键。

生态系统危机是现代工业文明面临的最大危机,这一危机给人类带来了前所未有的诸多难题,人类必须寻找到解决这些问题的根本途径。最终,所有社会都必须有解决冲突和维持秩序的程序,法律是实现这些目标的手段之一。法律是社会成员必须遵守的明确规则或原则,违反这些规则和原则应承担责任。因此,法律必须随着社会的发展而发展。法律制度不断改进和法律建设的加强是人类文明的重要形式和方法,而转变旧的观念和培养先进文明的法治观念,以及建立合理和和谐的法律制度并将其不断改进,其根本就在于教育,在于培养、改进和提高每个人的人文素质。毫无疑问,生态补偿机制是一种协调矛盾和冲突的机制,其法律体系的构建必然包括限制人们相互作用的方式和人们与自然互动的方式。建立一个牢固的法律体系将是对市场运作的约束,并确保遵守这些约束,使市场为整个社会的共同利益和活力而运转。法律是建立和维持秩序的保证。为了充分发现法律的社会功能,必须根据正确的法律观念梳理生态文明观。生态文明观提供了一种基本的秩序概念,可以用来评估和维护各种法律制度。因此,我们必须开展教育改革,育养新的法律理念来指导生态文明的建设。真正的自由必须伴之以重任:建立一完善的法律体系并培养强烈的责任感。我们必须放弃旧的观念,认识到地球不能被我们无限攫取,我们必须利用集体智慧集中我们的努力,认识生态补偿的重大意义,在改善环境法教育和促进环境法理念的进程中,我们需要继续努力。

伴随着人们思想观念、生活方式的变化和接受教育能力的增强,区域生态补偿的环境法教育也将与区域法制宣传工作相伴而行,以实际的普法效果为追求目标,通过传统和现代媒体的融合,区域生态补偿的宣传和培训可以利用广泛的媒体形式来进行,进而促进生态环境补偿立法。还可以充分发挥基层法律服务工作的作用,积极推进生态补偿法律法规的公众宣传和教育,促进区域生态补偿和提高区域生态保护意识,调动区域主体参与区域生态补偿的积极性。在京津冀区域的生态补偿中,积极推动华北农村地区的区域生态补偿法制宣传教育,可以为发展区域生态补偿机制和实现生态文明奠定良好的基础。

第三节 公众参与

一、公众参与区域生态补偿的基础

生态补偿不仅要为生态系统功能提供可持续供给,还要协调有关行动者的生态利益,确保社会公平。目前,国家补偿是我国生态补偿的主要形式,但社会参与生态补偿的形式也在增加,而且其对生态补偿的参与变得越来越重要。由于生态补偿包括许多利益相关者,生态补偿本身也是一种利益协调机制,其实施效果与有关利益主体的广泛参与密切相关。只有当利益相关者参与生态补偿时,生态补偿的理性和可持续性才能得到保障,生态补偿系统的立法目标才能得到有效实施。公众参与的指导思想必须纳入生态补偿制度的制定和实施过程,必须建立一个促进公众深入和充分参与的机制,以确保有关利益主体能够真正参与生态补偿。

事实上,公众参与生态补偿已经是生态补偿制度不可避免的发展趋势,在国外有很多成功的案例。例如,墨西哥没有正式的生态补偿机制,从业者的生态补偿主要来自农村社区和社会研究机构,其特点是将广泛的使用和管理自然资源的权利赋予农村社区,生态补偿通过各种手段使大多数农民能够充分参与其中,成为改善农民收入的激励机制。又如,日本是亚洲第一个实施森林生态补偿的国家,早在19世纪末,它就引入了保安林制度,为保安林提供各种补偿。由于林地和树木是私有财产,国家为实现增加森林生态效益的目标,就必须弥补私人森林被指定为保安林所造成的经济损失,日本中央和地方政府之间共同分担这一损失。此外,日本森林生态补偿制度中有许多合理的规定,不仅考虑到森林人的经济利益,而且考虑到森林的各种用途,重视利益主体参与生态补偿过程。再如,巴西公众参与森林生态补偿的主要方式是创造"采集区",并在采集区为采集者提供补偿。在巴西建立的"采集点"是橡胶采集者和国家森林砍伐政策之间斗争的结果,旨在保护他们的林地和维持生计,以及正式承认橡胶采集者的权利。在采伐和保护森林的承诺范围内,政府委托地方社区采集协会负责此区内的自然资源恢复,因为采集者在保护森林方面的重要作用,对他们的生态补偿非常可观。由于采集区的生态补偿与采集者的广泛参与结合在一起,采集区保护森林的成本大幅下降。由此可见,如果公众参与机制被纳入生态补偿体系,就可以促进积极的环境行为,并通过扩大权利范围和机会促进社会其他方面的发展和进步。

二、公众参与区域生态补偿的内容

(一)生态目标与社区发展相联系

为了确保生态补偿机制的运作得到广泛的公众支持,生态目标应与社区发展目标相结合,以促进社会公正。国内外的研究表明,生态环境退化通常是由于过度使用环境资源造成的,而环境恢复和保护往往与该地区的短期经济发展相冲突。如果政府努力创造环境,也可以实现环境目标,但是投资是巨大的,还会有一些阻力。因此需要整合生态环境目标和社区共同发展,充分利用社区的力量,提升公众参与的程度。

(二)强调发挥社区的权利能力

自然资源的利用和管理权是实现生态补偿的先决条件,尤其是在农村社区。当农村社区有权使用和管理资源时,生态补偿政策的实施必须涉及提高农民生活水平的方法。如果农村社区得不到资源和管理权,应考虑将权利移交给农村社区。扩大地方社区的权利和能力意味着扩大公众的权利和能力,提高社区的金融能力,鼓励当地人们积极提供生态环境服务。此外,如果社区使用资源渠道和社区权利过窄,也会影响到生态补偿目标的实现。因此,必须进一步扩大社区使用资源的渠道,扩大社区使用资源的权利,为社区管理提供适当补偿,并建立促进社区生活条件的激励机制,同时确保将可持续的环境服务提供能力与社区全面发展有机统一起来。

(三)确保相关利益主体的广泛参与

合理和适当的生态补偿方案必须反映公众的一般要求和符合公共利益主体的要求,因此,生态补偿方案必须得到有关利益相关者的广泛参与。由于不同的价值观和不同群体的利益要求,生态补偿方案应协调和整合这些利益主体的意见和建议,找到利益平衡并尽可能合理地制定补偿方案。虽然有关利益主体的广泛参与主要存在于生态补偿方案的早期阶段,但这个问题对方案的可行性和实施效果至关重要。无论是国家生态补偿还是社会生态补偿,利益主体的行为都是最终的载体。如果没有相关利益主体的实际参与,补偿计划可能无法实现或不能达到生态补偿目标。此外,确保相关利益主体的广泛参与也可以加强生态补偿方案的倡议,减少执行阻力,改善实施补偿方案的效果。

(四)加强社区组织能力建设

相关利益主体通过社区组织参与保护和恢复生态环境,特别是在社区有权使用和管理资源的情况下,社区组织本身具有决定性的力量。在生态补偿过程中,社区组织在制定有关协定、遵守规则和规定、解决冲突、代表群众处理外部事务以及获得外部支持方面发挥着非常重要的作用。一个强大的社区组织可以扩大其参与,并在制定生态补偿方案方面促进社会公正。因此,加强社区组织的能力对于有效运行生态补偿机制和可持续提供生态系统服务至关重要。

(五)完善政府的调配作用

强调公众参与生态补偿不能忽视政府在其中的作用。在实施生态补偿计划的过程中,政府在保障相关利益主体的广泛参与和生态补偿公平方面的作用不可替代。如上所述,享有使用和管理资源的权利对于公众参与很重要,在社区已经享有使用和管理资源的权利的情况下,政府的主要作用是调配资源。政府对社会公平保障的实现主要体现在以下事实:如果相对强势的群体制订了生态补偿计划,这对相对弱势的社区群体将极为不利,其群体利益很容易被忽视,从而导致不公平。因此,政府应参与生态服务市场的设计和生态补偿计划的制订,以确保弱势社区群体的真正参与和维护社会公平。

(六)健全信息机制

生态服务市场信息稀缺,导致利益相关者缺乏了解和支持,是生态补偿市场发展的重要制约因素。人们在不能确定他们将会收到同等价值的回报之时,往往倾向于不愿意支付补偿费用,倘若生态产品和生态系统服务的买卖双方相距甚远,缺乏足够的信息沟通,就更加不愿意参与到生态补偿中,这就成为生态补偿体系中的一个致命弱点。因此,此时对于双方而言,足够的可靠信息的提供就显得十分重要。政府应当加大力度,宣传和健全信息机制,使公众能够了解和掌握相关信息。要强调生态产品和生态系统服务的供给,发展当地经济和满足消费者需求,按照公众所需的关于供给、需求、价格、成本等方面的信息要求,向他们提供信息,为公众参与区域生态补偿提供支持。

三、公众参与区域生态补偿的意义

公众参与是生态补偿索要遵循的一项基本原则。区域生态补偿无论从理论研究还是补偿实践来看都还处于不断探索之中,因而有必要将社会各界的力量引入区域生态补偿机制的构建当中,广泛而切实的公众参与对保障区域生态补偿机制的顺利进行有着重要的意义。一方面,在区域生态补偿的协商时引入公众参与,公众意志可以更广泛地呈现,例如,在确定补偿范围时,可以广泛收集和探索区域主体的支付意愿,使企业和地区居民的意见和建议被广泛吸纳到具体形式补偿谈判中,使各种补偿政策在地区居民和企业中最终实现。另一方面,为了积极引导公众参与区域生态补偿,可以扩大市场化和社会化生态补偿的方式,研究多渠道和多种形式的生态补偿。此外,公众参与可以改善区域治理的民主和科学性。虽然政府是区域管理的公共代表,但主要利益相关方是居民、地区企业,他们完全有权利对区域管理和决策发表意见。公众参与有效保证了生态补偿机制的公正、公正和透明度。

因此,必须建立和改进制度措施,以确保公众充分参与包括实体和程序在内的区域生态补偿。在实体方面,必须有国家宏观经济调控和监督模式、区域民主协商、准市场行动和利益相关者的参与,以便有关国家部门在区域管理过程中采取民主和协商的形式,并与利益相关者合作,确保公众的监督和参与权利。在程序方面,我们必须保护公众知情权、异议权和申诉权。区域行政机构应通过电视、报纸、期刊等媒体及时公布相关政策立法,建立各种形式的公共言论途径,如听证会、论证会、专题讨论会和专家咨询会等,通过规定特定期限、程序、成员选择和结果发布等形式,扩大公众参与的规模和渠道。公众的广泛参与要求有关各方,包括补偿方、受偿方、受益方,充分区分和认识其必须实现的环境目标和必须遵守的权利义务,积极参与到生态补偿的实施过程中来。

第四节 环境公益诉讼

一、环境公益诉讼的提出和发展

生态环境的利用、开发和保护关系到全人类的共同利益。对于这些区域的环境污染或破坏,损害的是当代以及后代人的利益,任何一个人(包括未出生的后代人)、任何一个组织或国家都是这一环境污染或破坏活动的受害者,他们的环境权都受到了侵害。因此,从这一意义上来说,他们都是生态环境污染或破坏的受害者,他们在环境权利受到伤害时寻求救济的权利,即诉讼权。

环境法是由国家制定或认可,并由国家强制力保证实施的关于调整因保护和改善自然环境而产生的各种社会关系的法律规范的总和。环境法通过法治而不是道德规范来保护和改善环境。"有权利就有救济。"传统的救济方式包括司法救济、代替性纠纷解决机制、监督解决机制和特殊解决机制等。随着实践的发展,司法救济成为现代权利救济的主要内容,诉讼救济成为权利救济的主导方式。

"没有救济,便没有了权利。"然而,我们的法律经常关注给予权利,但缺乏权利保护。当权利被侵犯,无法及时有效地得到救济时,权利就变得毫无意义。生态系统的失衡将使生态系统的所有参与者陷入危机,这意味着生态系统中的所有决定都必须建立在保护公众利益的基础上。

从国内法的角度来看,环境公共利益的损害者也可能包括施害者本身。根据传统的诉讼制度,起诉人本身必须具有"直接利害关系",这是行使诉权的前提条件。例如《中华人民共和国国民事诉讼法》第一百一十九条中关于起诉条件的规定,以及《中华人民共和国行政诉讼法》第二十五条提起的关于诉讼条件的规定,将很多破坏生态环境的行为排除在法律保护范围之外,亦即排除了其他利益方诉诸法庭的可能性。人们担心,在这样的制度下,没有人能起诉公共财产的损害或公域环境的污染。随着社会的发展,必须扩大"利害关系"的范围,特别是环境权作为一种新的权利,使环境公益诉讼主体作为原告成为可能。许多国家的宪法都有保护环境和资源的具体规定,国内也有保护公民环境权的先例。例如,"大阪机场案"中关于认定宁静环境遭到破坏并对机场公共性加以限制的上诉审判决便是对环境权主张表示同意的一种表现。在印度,法院接受了私人对政府决定允许许多皮革厂向恒河排放污染物的命令提起的诉讼,并判决关闭这些皮革厂直至废物处理系统建立为止。最为引人注目的当数"菲律宾儿童案"。在该案中,42名儿童代表他们这一代及其下一代向法院提起诉讼,指控菲律宾政府环境资源部门所签发的木材许可证合同超出了森林的采伐能力,要求停止大规模地出租供采伐的森林特别是原始森林。法院授予了这些儿童诉权,承认他们作为自己和后代人的代表基于环境保护的立场对政府提出诉讼具有保护子孙后代环境的权利,声明当代人和后代人都享有生态平衡的和健康的环境的权利。迫使政府下达行政命令取消了65个出租森林的合同项目。

二、环境公益诉讼于生态补偿的意义

在生态补偿中,"无利益则无诉权"不利于实现生态环境保护目标。因为一旦生态系统被摧毁,人们就会背负着巨大的环境债务,然后就会出现连锁反应,有时甚至付出再多的努力也难以逆转和恢复。因此,对生态系统来说,事前预防比事后救济更为有效。我们要想避免将潜在行为变成现实侵害,就有必要将环境公益诉讼纳入生态补偿机制。

环境公益诉讼是指为维护环境公共利益不受损害,社会成员依据法律规定,在环境受到或可能受到污染和破坏的情形下,针对有关行为主体而向法院提起诉讼的制度。① 环境公益诉讼有以下三个特征:首先,原告不是利益遭受侵害的直接主体,原告起诉所维护的不是他自己的利益,而是保护被侵犯的公共利益;其次,与传统的司法制度相比,环境公益诉讼具有预防性,即对环境公共利益提起诉讼并不意味着对公众造

---

① 林灿铃.荆斋论法[M].北京:学苑出版社,2011:412.

成重大损害。即使在科学不确定性的情况下，也可以提起诉讼，只要这种情况可以合理评估出具有侵害的可能性。这对防止大规模污染和环境破坏的产生具有重要作用，因此保护环境的公共利益尤为重要。最后，环境公益诉讼不是一个独立的司法领域，可以在民事和行政诉讼中使用，这取决于诉讼的对象。

生态补偿关乎公共利益。虽然生态补偿立法中设立了专门的管理和评价机构，但为了公共利益，必须建立环境公益诉讼制度。一方面，生态补偿极其复杂，涉及众多主体利益，专门的生态补偿行政机构都有自己的局限性，可能导致生态补偿整个过程由国家机关和其他组织单位管理，使得申诉人难以参与这一进程，也难以确保实现生态补偿的公平。在这种情况下，环境公益诉讼意义重大。当主体认为生态补偿未能有效履行时，根据法律可以提起诉讼。另一方面，国外关于环境公益诉讼制度的理论和实践对社会可持续发展和生态环境保护发挥的突出作用，值得我们学习。

三、生态补偿中公益诉讼制度的实施

如何在生态补偿过程中执行公益诉讼制度，是问题的核心所在。这主要涉及管辖法院，以及原告和被告的确认。

(一)管辖法院

生态补偿包括流域、森林、湿地、矿产资源、自然保护区等，这些领域覆盖面积大，涉及领域广，具有广泛的影响，所以原则上不适宜由基层人民法院管辖。因此环境公益诉讼案件的一审管辖法院原则上应是中级人民法院。针对这一问题，2015年《最高人民法院关于审理环境民事公益诉讼案件适用法律若干问题的解释》第六条明确规定，第一审环境民事公益诉讼案件由污染环境、破坏生态行为发生地、损害结果地或者被告住所地的中级以上人民法院管辖。中级人民法院认为确有必要的，可以在报请高级人民法院批准后，裁定将本院管辖的第一审环境民事公益诉讼案件交由基层人民法院审理。同一原告或者不同原告对同一污染环境、破坏生态行为分别向两个以上有管辖权的人民法院提起环境民事公益诉讼的，由最先立案的人民法院管辖，必要时由共同上级人民法院指定管辖。第七条规定，经最高人民法院批准，高级人民法院可以根据本辖区环境和生态保护的实际情况，在辖区内确定部分中级人民法院受理第一审环境民事公益诉讼案件。中级人民法院管辖环境民事公益诉讼案件的区域由高级人民法院确定。

(二)原告的问题

《环境保护法》第五十八条对环境公益诉讼主体做出了规定，即："对污染环境、破坏生态，损害社会公共利益的行为，符合下列条件的社会组织可以向人民法院提起诉讼：(一)依法在设区的市级以上人民政府民政部门登记；(二)专门从事环境保护公益

活动连续五年以上且无违法记录。"社会组织和人民与生态环境有最直接的联系,生态环境恶化主要影响它们的生活,因此其作为原告能够及时地发现和解决问题。但是,考虑到涉及生态环境问题的主体较为广泛,不能再诉讼中将它们全都作为原告,而是可以考虑将其作为间接原告。社会组织或个人如果发现生态问题严重恶化需要补偿,或者生态补偿中行政机关不作为造成生态补偿不公平的情况出现,可以请求检察院提起环境公益诉讼。这是因为,检察机关作为法律监督机构,有其独特的法律地位,而且比起其他组织和个人,检察机关拥有相对完备的人力、财力和专业人才,作为环境公益诉讼的原告来承担为公共利益进行诉讼的责任。

2015年7月1日,十二届全国人大常委会第十五次会议做出《全国人民代表大会常务委员会关于授权最高人民检察院在部分地区开展公益诉讼试点工作的决定》,随即最高检发布《检察机关提起公益诉讼试点方案》,将民事公益诉讼的案件范围确定为检察机关在履行职责中发现的污染环境、食品药品安全领域侵害众多消费者合法权益等损害社会公共利益的案件。将行政公益诉讼的案件范围确定为生态环境和资源保护、国有资产保护、国有土地使用权出让等领域负有监督管理职责的行政机关,违法行使职权或不作为,造成国家和社会公共利益受到侵害。并且还强调,在试点期间,重点是对生态环境和资源保护领域的案件提起行政公益诉讼。方案设置了诉前程序,亦即,在检察机关提起公益诉讼试点中,检察机关在提起民事公益诉讼之前,应当依法督促或者支持法律规定的机关或有关组织提起民事公益诉讼。根据方案的规定,经过诉前程序,法律规定的机关和有关组织没有提起民事公益诉讼,或者行政机关拒不纠正违法或不履行法定职责,社会公共利益仍处于受侵害状态的,检察机关可以分别提起民事或行政公益诉讼。方案强调各试点检察院从影响群众生产生活、社会反映强烈的方面入手发现适宜提起公益诉讼,尤其是行政公益诉讼的案件线索。同时,《最高人民法院关于审理环境民事公益诉讼案件适用法律若干问题的解释》第十一条规定,检察机关可以通过提供法律咨询、提交书面意见、协助调查取证等方式支持社会组织依法提起环境民事公益诉讼。

(三)被告的问题

在环境公益诉讼中,被告的确定相对简单,在生态利益关系明确时,生态补偿的责任主体根据生态补偿的补偿原则加以确定。在生态利益关系不清晰的情况下,也可以对行政机关的不作为提起诉讼,以保障申请者有可以实现权利救济的现实途径。

此外,值得一提的是,在建立了与公共利益有关的环境公益诉讼制度之后,原告的范围延伸到所有相关利益主体,很容易引起滥诉现象,从而给企业或其他机构造成不必要的问题。因此,为使法庭能够根据实际情况责令起诉主体提供适当的诉前担保,应建立一个诉讼担保程序,同时保证金额不可设定太高,否则不利于实施生态补偿监督程序,因而担保的规模和标准应当取决于当地实际情况。

结 论

　　区域生态环境是一个自然—经济—社会复合的生态系统。京津冀区域生态环境的保护需要统筹区域整体利益并进行区域整体统筹规划,改变区域各部分之间被行政区域割裂的状态。通过加强各地区生态保护与环境治理方面的协调合作,加快区域一体化开发,寻求共同发展,突破行政区域的限制,构建新理念下的区域生态补偿机制。跨区域生态是一个整体性较强、关联度很高的完整的生态系统,所以应该把统筹协调、共建共享作为区域生态补偿的总体指导思想,将整个区域环境作为一个整体,制定一个综合、全面、系统的区域生态补偿法律规范体系。

　　完善京津冀生态补偿机制必须做好顶层设计。立法体系的完善与否,根本在于其系统性和完整性,以及不同位阶、层级立法之间的相互协调和配合。区域生态补偿立法是区域生态补偿活动开展的法律依据和保障,具有重要的意义。我国区域生态补偿立法虽已有理论和实践支持,并不断发展,但与此同时,区域生态补偿立法也凸显出其存在的不足和问题。健全和完善区域生态补偿法律体系,应当在宪法的指导下,对环境保护法律进行修改,并通过国家和地方立法,建立统一、协调、完善的区域生态补偿制度。

　　完善京津冀生态补偿机制必须认识地方性立法的重大意义。一方面,环境保护法律和行政法规中确立的区域生态补偿制度原则和框架需要地方性法规来细化,地方性法规需要立足于本地的具体情况,灵活制定出解决问题的具体规则;另一方面,地方性法规是否规定区域生态补偿制度以及如何规定区域生态补偿制度,无不影响到区域生态补偿能否顺利进行。就京津冀区域而言,应根据各地实际制定生态补偿的地方性法律法规和地方政府规章,以推动区域生态补偿机制的法治化进程。事实证明,省际生态补偿的开展,不能只依靠省与省之间的协商,生态补偿机制的关键是长期、稳定、有效运行,这就需要法律法规对区域各部分之间的利益分配关系进行调整,促进地区间的利益平衡,对受影响地区或受损地区的损害进行补偿,使生态补偿机制在法律框架内依照法律有序运行,保障地区平等的发展权利。

完善京津冀生态补偿机制必须明确京津冀生态补偿立法的基本构建。为了使京津冀区域生态补偿机制具有长久性，必须通过法律法规将跨省区域生态补偿的具体权利义务以法律的形式固定下来，保证区域生态补偿机制的公平性、长久性和稳定性。为此，我们需要通过借鉴国内外相关立法经验，立足于京津冀区域生态补偿实践，从立法依据、立法原则、立法现状等重点问题出发，探索京津冀区域生态补偿机制的构建和法律制度的完善。通过建立健全京津冀区域生态补偿机制的法律体系，确定区域生态补偿主体的权利义务和责任，最终实现对京津冀区域生态补偿的直接调整和规范。

参考文献

一、中文参考文献

林灿铃,吴汶燕.国际环境法[M].北京:科学出版社,2018.

林灿铃.国际环境法理论与实践[M].北京:知识产权出版社,2008.

林灿铃.国际环境法[M].北京:人民出版社,2011.

林灿铃.荆斋论法:全球法治之我见[M].北京:学苑出版社,2011.

裴广川.环境伦理学[M].北京:高等教育出版社,2002.

周忠海.和平、正义与法[M].北京:中国国际广播出版社,1993.

张文显.法理学[M].北京:高等教育出版社,2001.

刘金国,舒国澄.法理学教科书[M].北京:中国政法大学出版社,1999.

基斯.国际环境法[M].张若思,译.北京:法律出版社,2000.

魏智通.国际法[M].吴越,毛晓飞,译.北京:法律出版社 2002.

韩德培.环境保护法教程[M].北京:法律出版社,2003.

金瑞林.环境法学[M].北京:北京大学出版社,1990.

吕忠梅.环境法新视野[M].北京:中国政法大学出版社,2000.

陈慈阳.环境法总论[M].北京:中国政法大学出版社,2003.

蔡守秋.环境资源法教程[M].北京:高等教育出版社,2004.

王曦.美国环境法概论[M].武汉:武汉大学出版社,1992.

吕忠梅.环境法原理[M].北京:复旦大学出版社,2007.

王晓光.财政学[M].北京:清华大学出版社,2019.

城仲模.行政法之基础理论[M].台北:台湾三民书局,1994.

曾广权.建立云南省生态补偿机制的研究[M].昆明:云南科技出版社,2006.

吕忠梅.超越与保守:可持续发展视野下的环境法创新[M].北京:法律出版社,2003.

杜群.生态保护法论:综合生态管理和生态补偿法律研究[M].北京:高等教育出

版社,2012.

任勇.中国生态补偿理论与政策框架设计[M].北京:中国环境科学出版社,2008.

张世义.保护人类之友:动物[M].北京:中国环境科学出版社,2001.

中国 21 世纪议程管理中心.生态补偿原理与应用[M].北京:社会科学文献出版社,2009.

河北省社会科学院.河北蓝皮书:河北经济社会发展报告(2017)[M].北京:社会科学文献出版社,2017.

联合国环境规划署.全球环境展望 3[M].北京:中国环境科学出版社,2002.

谢剑斌.持续林业的分类经营与生态补偿[M].北京:中国环境科学出版社,2004.

钱俊生,余谋昌.生态哲学[M].北京:中共中央党校出版社,2004.

叶平.环境的哲学与伦理[M].北京:中国社会科学出版社,2006.

张锋.生态补偿法律保障机制研究[M].北京:中国环境科学出版社,2010.

卢风.应用伦理:现代生活方式的哲学反思[M].北京:中央编译出版社,2004.

付子堂.法律功能论[M].北京:中国政法大学出版社,1999.

万光侠.公平与效率:法律价值的人学分析[M].北京:人民出版社,2000.

环保总局行政体制与人事司.环境保护基础教程[M].北京:环境科学出版社,2004.

朴光洙.环境法与环境执法[M].北京:中国环境科学出版社,2002.

杨娟.生态补偿法律制度研究[M]//王树义.环境法系列专题研究.北京:科学出版社,2006.

中国生态补偿机制与政策研究课题组.中国生态补偿机制与政策研究[M].北京:科学出版社,2007.

郑海霞.中国流域生态服务补偿机制与政策研究[M].北京:中国经济出版社 2010.

张锋.生态补偿法律保障机制研究[M].北京:中国环境科学出版社,2010.

世界自然保护同盟.保护地球[M].北京:中国环境科学出版社,1991.

李爱年.生态效益补偿法律制度研究[M].北京:中国法制出版社,2008.

龚高建.中国生态补偿若干问题研究[M].北京:中国社会科学出版社,2011.

坎宁安.美国环境百科全书[M].张坤民,译.6 版.长沙:湖南科学技术出版社,2003.

庇古.福利经济学[M].金镝,译.北京:华夏出版社,2007.

世界资源研究所,联合国环境规划署,联合国开发计划.世界资源报告(1994—1995)[M].夏坤堡,译.北京:中国环境科学出版社,1995.

庞德.法理学(第三卷)[M].廖德宇,译.北京:法律出版社,2006.

罗尔斯顿.环境伦理学[M].杨通进,译.北京:中国社会科学出版社,2000.

纳什.大自然的权利[M].杨通进,译.青岛:青岛出版社,1999.

福格特.生存之路[M].张子美,译.北京:商务印书馆 1981.

魏伊丝.公平地对待未来人类:国际法、共同遗产与世代间衡平[M].汪劲,译.北京:法律出版社,2000.

罗尔斯.正义论[M].何怀宏,何包钢,廖申白,译.北京:中国社会科学出版社,1988.

雅维茨.法的一般理论:哲学和社会问题[M].朱景文,译.沈阳:辽宁人民出版社,1986(6).

西季威克.伦理学史纲[M].熊敏,译.南京:江苏人民出版社,2008.

金勇义.中国与西方的法律观念[M].陈国平,译.沈阳:辽宁人民出版社,1989.

科特威尔.法律社会学导论[M].潘大松,译.北京:华夏出版社,1989.

庞德.通过法律的社会控制:法律的任务[M].沈宗灵,董世忠,译.北京:商务印书馆,1984.

博登海默.法理学:法律哲学与法律方法[M].邓正来,译.北京:中国政法大学出版社,1999.

康芒纳.与地球和平共处[M].王喜六,王文江,陈兰芳,译.上海:上海译文出版社,2002.

张之婧.生态补偿基本问题初探[J].法制与社会,2008(20).

沈满,洪杨天.生态补偿机制的三大理论基石[J].中国环境报,2004.

李爱年,刘旭芳.生态补偿法律含义再认识[J].环境保护,2006(10A).

林灿铃.实现可持续发展促进人与自然的和谐[J].当代广西,2007(15).

王蕾,胡伟禄.浅谈生态补偿机制的法律完善[J].法制与社会,2014(30).

林灿铃.论华侨权益的法律保护[J].暨南学报(哲学社会科学版),2014(11).

二、外文参考文献

DAILY G G.Nature's service:societal dependence on natural ecosystems[M].Washington DC:Island Press,1997.

Millennium Ecosystem Assessment. Ecosystems and human well-being:biodiversity synthesis[R].Washington:World Resources Institute,2005.

MAYR K,PAQUIN M. Payments for environmental services:a survey and assessment of current schemes[R].Montreal:Unisféra International Centre,2004.

WACKERNAGEL M,REES W. Our ecological footprint:reducing human impact on the earth[M]. Gabriola Island:New Society Publishers,1996.

The state of food and agricultrue 2007 paying farmers for environmental services[R].Rome,Italy:Food and Agricultrue Organization of the United Nations,2007.

LOOMIS J B.Assessing wildlife and environmental values in cost benefit analysis:asate of art[J].Journal of environmental management,1986(2).

PEARCE D,TURNER K.Economics of natural resources and the environment[M].New York:Harvester Wheatsheaf,1990(6).

WESTMAN W.How much are nature's service worth? [J].Science,1977(197).

CARINS J.Protecting the delivery of ecosystem service[J].Ecosystem health,1997(3).

CONSTANZA R.The value of the world's ecosystem services and natural capital[J].Natual,1997(387).

CUPERUS R,CANTERS K J,PIPERS A A G.Ecological compensation of the impacts of a road:preliminary method for the A 50 road link[J].Ecological engineering,1996(7).

CUPERUS R,CANTERS K J,DE HAES HA,et al. Guidelines for ecological compensation associated with highways[J].Biological conservation,1999(90).

CUPERAS J B.Assessing wildlife and environmental values in cost benefit analysis: asate of art[J].Journal of environmental management,1996(2).

Lofo Resources Focus. Financing environmental services: the costa rican experience and its implications[J].The science of the total environment,1999.

JENKINS M, SCHERR S, MBAR M. Markets for biodiversity services: potential[J].Roles and challenges,environment,2004(6).

Environmental resources and applied welfare economics: essays in honor of John V. Krutllla[C].Washington D C: Resources for the Future Press,1988.

MICHAEL T,BENNETT,LOUGHNEY M,et al.Developing future ecosystem service payment in China: lessons learned from international experience[R].Washington D C: Forest Trends,2006.

图书在版编目(CIP)数据

京津冀生态补偿机制构建研究/吴汶燕著. --北京:中国传媒大学出版社,2021.9
ISBN 978-7-5657-3009-2

Ⅰ.①京… Ⅱ.①吴… Ⅲ.①区域生态环境-补偿机制-研究-华北地区 Ⅳ.①X321.22

中国版本图书馆CIP数据核字(2021)第173123号

京津冀生态补偿机制构建研究
JINGJINJI SHENGTAI BUCHANG JIZHI GOUJIAN YANJIU

著 者	吴汶燕
策划编辑	曾婧娴
责任编辑	曾婧娴
特约编辑	沈刘红
封面设计	运平设计
责任印制	李志鹏
出版发行	中国传媒大学出版社
社　址	北京市朝阳区定福庄东街1号　邮　编　100024
电　话	86-10-65450528　65450532　传　真　65779405
网　址	http://cucp.cuc.edu.cn
经　销	全国新华书店
印　刷	唐山玺诚印务有限公司
开　本	787mm×1092mm　1/16
印　张	15.5
字　数	312千字
版　次	2021年9月第1版
印　次	2021年9月第1次印刷
书　号	ISBN 978-7-5657-3009-2/X·3009　定　价　76.00元

本社法律顾问:北京李伟斌律师事务所　郭建平
版权所有　翻印必究　印装错误　负责调换